梦想的导师：特殊教育教师培养与专业化发展研究

周在玲　著

中国商业出版社

图书在版编目(CIP)数据

梦想的导师 : 特殊教育教师培养与专业化发展研究 / 周在玲著 . -- 北京 : 中国商业出版社 , 2020.12
ISBN 978-7-5208-1407-2

Ⅰ . ①梦… Ⅱ . ①周… Ⅲ . ①特殊教育 - 师资培养 - 研究 - 中国 Ⅳ . ① G76

中国版本图书馆 CIP 数据核字 (2020) 第 237788 号

责任编辑:王　静

中国商业出版社出版发行
010-63180647　www.c-cbook.com
(100053　北京广安门内报国寺 1 号)
新华书店经销
定州启航印刷有限公司印刷
*
710 毫米 ×1000 毫米　16 开　15.5 印张　275 千字
2020 年 12 月第 1 版　2020 年 12 月第 1 次印刷
定价: 59.00 元
*　*　*　*
(如有印装质量问题可更换)

前　言

特殊教育教师的专业化是我国教育事业的一大发展趋势。而教师专业化水平的提高是整个教育事业不断繁荣与进步的必然结果。特殊教育事业要想获得内涵发展，必须将教师的专业化发展作为核心主题。《国务院关于加强教师队伍建设的意见》中明确提出了教师队伍建设的目标是“教师队伍整体素质大幅提高”“特殊教育教师队伍建设要以提升专业化水平为重点”。总体来说，近几年我国在校残疾学生人数持续增长，特殊教育教师队伍也在不断壮大，这不但为残疾学生实现受教育的权利提供了可靠的师资保障，而且也增强了我国特殊教育事业发展的中坚力量。目前，虽然我国特殊教育事业发展态势整体向好，但是特殊教育教师稳定性不强，专业化水平不高的现实，成为我国特殊教育事业发展的一大瓶颈。

特殊教育教师除了要具备普通教师所要具备的专业性知识和技能外，还要满足在特殊教育领域独特的专业性要求。特殊教育教师自身要意识到专业化发展的重要性，并且有意识地围绕专业化发展来进行自我学习和完善。这不仅是特殊教育教师个人的职业需求，也是我国特殊教育事业的发展需求。只有这样，才能保证特殊学生享有优质的教育，促使我国特殊教育事业蓬勃发展。因此，在面对特殊教育师资严重缺乏的情况下，师资队伍专业化水平不高问题更是亟待解决的。

本书以特殊教育为切入点，将特殊教育教师专业化发展为研究对象，采用理论结合实践的方式，从特殊教育的基本理论开始讲述，以特殊教育教师及其专业化发展、特殊教育教师培养与发展等为理论基础，从培训的内容上讲述了精神培养和职前培养的相关内容，又从特殊教育学校类型入手，讲述了培智学校和聋校教师专业化发展。本书内容丰富全面，阐述有理有据，适合研究特殊教育及其教师发展的人员和学生阅读与参考。

由于作者水平有限，写作时间较为仓促，难免存在不足之处，敬请各位专家学者提出修改意见或建议，以便进一步完善。

周在玲

目　录

第一章　特教 123：特殊教育及其发展概览　/　001

第一节　特殊教育基本理论　/　001
第二节　特殊教育的理论基础　/　015
第三节　特殊教育在我国的发展演变　/　020
第四节　特殊教育发展的成就及意义　/　025

第二章　专业素养：特殊教育教师及专业化概述　/　032

第一节　特殊教育教师素质要求与作用　/　032
第二节　特殊教育教师的构成与培养　/　040
第三节　特殊教师专业化概念及发展历程　/　045
第四节　特殊教育教师专业化发展现状　/　050

第三章　“导师”培养：特殊教育教师培养与发展　/　063

第一节　国内特殊教育教师培养发展演变　/　063
第二节　国外特殊教育教师培养发展历程及其对我国的启示　/　111
第三节　我国特殊教育教师培养路径构建　/　118

第四章　追求卓越：特殊教育教师职前培养实施策略　/　124

第一节　我国特殊教育教师职前培养的现状与问题　/　124
第二节　国外特殊教育教师职前培养的现状与问题　/　136
第三节　我国特殊教育教师职前培养的问题路径　/　152

第五章　精神培养：特殊教育教师工匠精神培育　/　159

第一节　特殊教育教师工匠精神的要素分析　/　159
第二节　特殊教育教师工匠精神培育的影响因素　/　163
第三节　特殊教育教师工匠精神培育的路径　/　168

第六章　启智教师：培智学校教师培训与专业化发展　/　178

第一节　培智学校教师专业化发展的内容　/　178
第二节　培智学校教师专业能力及培训情况分析　/　181
第三节　培智学校教师专业化发展的现状与路径　/　198

第七章　聋校教师：特殊教育聋校教师专业化发展　/　205

第一节　聋校特殊教育的基本思想　/　205
第二节　聋校教师专业化发展的意义　/　208
第三节　聋校教师专业化发展的现状　/　210
第四节　促进聋校教师专业化发展的路径　/　223

参考文献　/　236

第一章　特教123：特殊教育及其发展概览

第一节　特殊教育基本理论

一、特殊教育的“特殊”性

从语意构词的成分来分析，特殊教育表明教育活动受到“特殊”的修饰和限定，是一种特殊的教育活动；在概念逻辑上，特殊教育从属于教育，是教育的一个组成部分，与一般的教育或普通教育相对。通常我们把一些特殊学生的教育称为特殊教育，习惯上我们一般把他们称为特殊儿童。也就是说，特殊教育与普通教育的关键区别在于教育对象的不同，即学习者有其特殊性，由此而引起教育者和教育影响等诸要素的一些特殊性。那么，我们要进一步追问：特殊教育对象“特殊”在何处？如何理解他们的“特殊性”？这就涉及下列一些概念。

（一）“特殊”的含义

特殊教育一词在英语中以“special education”或“education of exceptional children”来表示。“exceptional”在英语中主要突出事物的例外性、异常性。汉语中“特殊”是特别、有特点的意思，有“超出一般”“不同于同类的事物或平常的情况”[①]之意，是相对于一般、普通或平常而言的。因此，结合汉语和英语的语义，特殊教育对象的特殊性在于其自身显现出来的个体差异具有显著性。也就是说，在统计学的意义上，疏离于一般的常规范围之外，体现了一

① 中国社会科学院语言研究所词典编辑室．现代汉语词典[M].7版．北京：商务印书馆，2016.

种“异常”的特性，或“非典型”特征。需要说明的是，这种“异常”只有描述意义，没有评价意义，它是指在统计学意义上与所确立的统计常模有显著差异（即在所测量的标准常模范围内与总体的平均值有偏差，并仅限于此意义，下同）。这样，所谓的特殊儿童的“特殊”应是指“与教育密切相关的身心某些指标异常或在常态之外（非常态）的儿童”①。这就涉及另外一个重要概念——个体差异。

（二）个体差异

个体差异又称个别差异，是个体区别于他人的身心特征，即“不同个体之间在身心特征上相对稳定的不相似性”②。人的个体差异性主要表现为群体差异、个体间差异和个体内在差异三个方面。

1. 群体差异

群体差异是指具有某些共同特征的个体组成的群体之间的差异。从群体的角度看，首先表现为男、女性别的差异，它不仅是自然性别上的差异，还包括由性别带来的生理机能和社会地位、角色、交往群体的差异。

2. 个体间差异

个体间差异是指不同个体之间的差异。个体间差异表现在个体身心的所有构成方面。其中，有些是发展水平的差异，如能力及其构成方面；有些是心理特征表现方式上的差异，如兴趣、认知风格等；有些是生理机能上的差异，如视力、身高、体重、容貌等。

3. 个体内在差异

个体内在差异是指个体内身心诸要素之间存在的差异，主要表现为诸要素之间的不平衡、不协调性。例如，一个学生自身的生理发展水平高于心理发展水平，或心理成熟度高于生理发展水平，所谓“少年老成”指的就是这种现象。

由于个体差异的存在，它对教育教学有着复杂而重要的影响。差异不同，学生个体的教育需要往往也有所不同，当影响学生的个体差异因素达到一定的度时，必然会引发个体的特殊需要，即学生学习的特殊需要，或者说是学生在教育上的特殊需要。

① 朴永馨．主特殊教育概论[M]．北京：华夏出版社，1999．

② 顾明远．教育大辞典[M]．8版．上海：上海教育出版社，1991．

（三）特殊教育需要

1.需要与特殊需要

要理解特殊教育需要，首先要弄清楚什么是需要？心理学认为，需要是指人对事物的一种欠缺状态及其心理体验。但是，“需要”一词在不同的学科中或不同的语境中又有不同的用法，有的被视为内驱力，有的被视为动机、诱因，有的又与愿望、理想甚至欲望同义。从人的生存发展意义上看，我们认同这样的定义：“需要是人对其生命的存在、延续和发展所不可缺少的条件的依赖性。”[①] 这就意味着需要是人为了求得生存和发展而产生的。对于人来说，需要不仅有存在的必然性和合理性，还有重要的功能。它既是生命发展的前提，又是社会生产的原动力。就此而言，它不同于愿望或欲望。愿望或欲望的对象并不一定是不可缺少的；需要也不同于奢侈，不能以需要为借口替奢侈辩护。从这个意义上说，需要的满足与生命的发展是同义语，“满足学生的教育需要”是指合理的教育需要，而非过度的或是消极的教育需要，阐明这一点对于理解特殊教育非常重要。还必须强调的是，需要的满足与发展必须依赖一定的条件，生产发展、科技进步和社会的文明程度是影响人的需要满足与发展的最重要的因素。

理解了需要，再来探讨什么是特殊需要。根据前面我们对需要的理解，从词语所表达的逻辑概念上，我们可将特殊需要定义为人基于个体差异的独特性对其生命存在、延续和发展的特殊条件的依赖性。特殊需要体现了群体生命中不同个体生命之间的差异性。因此，考察特殊需要必须以人的个体条件为依据，从身心差异开始，进而延伸到社会文化的差异。身心差异主要是指人的身心构成及其发展水平方面的差异；社会文化差异则是指个体之间的政治、经济、家庭背景和生活环境等方面引发的差异。这些差异性可以通过所谓的“正常”与“异常”、“典型”与“非典型”、“残疾”与“健全”、“弱势”与“优势”的比较加深认识。特殊需要体现了人与人之间的差异性。

2.特殊教育需要

特殊教育需要是学生在学习过程中产生的特殊需要。依据我们对需要与特殊需要的理解，结合下定义的方法，我们可以对特殊教育需要做如下界定：特殊教育需要是学生基于个体差异的显著性，在身心发展上对特殊的教育条件的依赖性。这里的“条件依赖性”意味着，缺少某种条件，个体就无法顺利学习，也无法顺利发展。譬如，盲童由于视觉障碍，普通的汉字课本无法适应他

① 黄鸣奋.需要理论及其应用[M].北京：中华书局，2004.

们的学习，必须提供盲文课本或其他的条件来替代。因此，对于一个全盲的学生来说，盲文就是他在学习过程中不可缺少的一个特殊教育条件；同样，聋童因为听觉障碍，一般无法感知有声语言，以手语来传递教学信息、进行沟通交流也是一种特殊的教育需要。

特殊教育需要的本原来自学生的个体差异，但不是说个体差异就一定引发特殊教育需要。因为构成个体差异的因素是多方面的，就其对学生学习的影响来看，不是所有的差异因素都对学习产生影响。同时，在影响学生学习的因素中，每个因素影响的度也不均衡。因此，个体差异是否引发特殊教育需要取决于两个条件：个体差异的教育意义和个体差异的程度。

（1）个体差异是否具有教育意义。只有影响教育教学的个体差异才有教育意义，才会引发特殊教育需要。如生理方面的容貌差异，一般不具有教育意义，因为它一般不会影响到学生的学习，自然也就不会引起特殊教育需要，而生理方面的视力差异则肯定会影响学习，对教育教学来讲就有意义了。

（2）个体差异是否达到一定的度。具有教育意义的个体差异必须达到一定的程度，才具有区别性意义，也才能引发特殊教育需要。轻微的差别并不引起特殊教育需要。比如，一般性的近视与正常视力之间虽然存有差异，但对教育教学产生的影响很小。但是，全盲或低视与正常视力之间的差异就具有重要的教育意义。也就是说，差异“偏离达到这样的程度，即需要改进学校的实践活动，或需要特殊的教育服务，儿童的能力才能得到最大限度的发展”①。

引发学生特殊教育需要的条件表明，教育学中的“特殊儿童”术语的应用不同于生物学、心理学、社会学或其他学科中的概念，否则仅以“特殊”或人与人之间的“差异”来判断，就会导致特殊教育对象的极端泛化。

二、特殊教育的概念

特殊教育的概念是随着社会的变化和特殊教育对象的扩大而不断变化的。

（一）特殊教育定义

早期特殊教育的定义很简单，就是从教育对象出发，把有关残疾儿童（或称为缺陷儿童、损伤儿童）的教育称为特殊教育，后来逐渐结合教育方法进行定义。例如，1948 年出版的《第二次中国教育年鉴》认为“特殊教育系对于精神或身体之一方或双方感有异常者所施之教育……因其必须用特殊教学方

① ［美］柯克·加拉赫．特殊儿童的心理与教育［M］．汤盛钦，银春铭，译．天津：天津教育出版社，1989．

法，与常人教育不同故称特殊教育。”不过，仅从特殊教育对象和方法来理解特殊教育，并不能对特殊教育的本质进行全面的概括。

目前，影响比较广泛的是朴永馨教授的定义。朴永馨先生是新中国特殊教育理论的奠基者。他分别从教育的对象、形式、方法等多角度下定义，认为“特殊教育是教育的一个组成部分，是指使用一般的或经过特别设计的课程、教材、教法、教学组织形式和教学设备，对有特殊需要的儿童进行的旨在达到一般或特殊培养目标的教育”[①]。这个定义主要从教育影响着手，强调了特殊教育对象、方法和任务的特殊性，比较清晰地描述了特殊教育与教育的关系，成为中国大陆特殊教育界关于特殊教育定义的一个基础，为其他特殊教育工作者广为引用。但是，从教育影响的角度强调它的一般的或经过特别设计的特点，并不是特殊教育区别于其他教育的根本属性。例如，高等教育相对于初等教育，也是使用一般的或经过特别设计的课程、教材、教法、教学组织形式和教学设备，这就不能区分特殊教育与其他教育的关系。

此外，方俊明先生对特殊教育的定义也是比较有代表性的一种。他认为“特殊教育是根据一定的社会需要与特殊儿童身心特征和教育需要，最大限度地发挥受教育者的潜能使他们增长知识、获得技能、增强适应能力的一种教育”[②]。该定义最突出的特点在于强调了“最大限度地发挥”特殊教育对象的潜能，从而突出了特殊教育对象身心特征的特殊性，反映了特殊教育目标和任务的特点。但是，如果这种潜能“最大限度地发挥”只是聚焦在“增长知识、获得技能、增强适应能力”上，实际上是把一些超常的儿童排除在特殊教育对象之外。

包括以上两种表述在内的各种现有的定义，尽管具体的说法不尽相同，切入的角度也不完全一样，但大体上都涉及特殊教育的对象、目标、任务和方法等几个方面。其中，它们的共同点都指向了教育对象“特殊儿童”或“特殊需要儿童”。我们认为，在当代特殊教育发展的新形势下，这些定义还没能更好地、全面地概括出特殊教育的本质特征。更为重要的是随着全纳教育思想的影响，特别是尊重学生多样性的“特殊需要教育”概念的提出，特殊教育对象发生了很大的变化，一些学者和国际组织文件所作的阐释既有共同之处，又有差别，有的甚至把尊重学生多样性的理念当作概念，把特殊教育对象理解成

① 朴永馨，顾定倩，邓猛．特殊教育辞典[M].3 版．北京：华夏出版社，2014.

② 方俊明．特殊教育学[M].北京：人民教育出版社，2005.

"每个人的特殊需要教育"①。这样，在特殊教育对象本身性质、范围不确定的情况下，用特殊教育对象来定义特殊教育和其他教育的关系，其概念的内涵和外延本身也就不能确定，学科研究的范围也就模糊不清，特殊教育学科也就缺乏独立的范畴和相对严密、科学的逻辑体系。

综合以上有关特殊教育概念的表述，根据我们前面对特殊教育"特殊性"的认识，我们尝试对特殊教育做如下界定：特殊教育是基于学习者个体差异的显著性，通过尽力满足其特殊的教育需要，促进其身心充分发展的教育。

（二）特殊教育的内涵

依据上述对特殊教育的界定，结合我国特殊教育的实际情况，我们对特殊教育的内涵做如下解读。

首先，从属性上按照种概念加属差的方法，规定了特殊教育具有教育活动的普遍特征，同时也是人类教育活动的重要组成部分，是国家教育体系的重要内容。因此，特殊教育是一个相对的概念，其"特殊"是相对于整个教育系统中的普通教育而言的。

其次，从起因上阐明了人的个体身心差异的显著性所引发的特殊教育需要特殊教育的起点，即特殊教育的"特殊"有着内在的规定，尽管有些教育活动也有它们的"特殊性"，如职业教育、艺术教育、军校教育等，但它们都不能称为特殊教育。

再次，从对象上强调了特殊教育活动的条件性。一是个体差异具有显著性，必须达到一定的度；二是有个体差异具有教育意义，其引发的特殊教育需要是他们学习发展不可缺少的基本条件，离开这些特殊条件他们几乎完成不了学习，更谈不上身心的发展；三是需要的满足受到社会、经济、文化等诸多条件的限制，在可能的情况下，应尽力创造条件满足学生的教育需要。因此，特殊教育活动的条件性意味着每个个体都有自己独特的身心特点，但不是每个个体都是特殊教育对象。一般的"兴趣教育""特长教育"严格意义上不能算是特殊教育，因为兴趣、特长等差异并不构成特殊教育需要的必要前提。

最后，从目标上强调了特殊教育的任务就是尽力满足特殊的教育需要，促进学生身心的充分发展，突出了特殊教育对象"个体差异显著性"对教育目标的影响。无论是"超常"，还是"低常"，特殊教育都是旨在实现学生充分的或最大限度的发展。特殊教育对象作为个体差异的存在，与普通教育对象没有本质的区别，是人的生命普遍性与特殊性的统一，只不过他们在身心发展中

① 陈云英．特殊需要教育是教育的保障工程[J]．中国残疾人，2004（3）：35-36.

有着特殊的教育需要，这种特殊的教育需要表现在教育要素的各个方面。因此，要满足学生的特殊教育需要就必须在教育师资、教育内容、教育方法、教育手段等方面做出具有个别化的适应性调整。

与整个教育一样，特殊教育也有广义与狭义之分。从实施教育的空间形态来划分，广义的特殊教育是指一切对有特殊教育需要学生身心发展有影响的活动，包括家庭教育、社会教育和专门机构的教育等；狭义的特殊教育指的是特殊学校等专门机构中的教育，包括特殊学校、普通学校特殊班和随班就读、康复医疗训练机构的教育。本书主要以后者为研究对象。

三、特殊教育的对象

特殊教育对象的概念、范畴也是随着社会发展而不断变化和演进的。特别是在当代，受全纳教育思潮的影响，由于人们对“特殊”的认识不同，往往会从教育、医学、心理、社会文化等不同的方面来界定和描述，特殊教育对象的概念、范围以及术语的采用往往也不够明确，使当代特殊教育对象处于一种不确定的状态。

（一）特殊教育对象的演变

1. 从“残疾儿童”到传统广义的“特殊儿童”

特殊教育概念最早应用的对象是指狭义的残疾人教育。例如，1930 年我国出版的《教育大辞典》对特殊教育的定义是“指对于一部分身心具有缺陷而非普通教育所能奏效之儿童所施之特别教育而言”。早期特殊教育学校也是专门招收残疾儿童的学校，所以说，特殊教育的初始概念多半是作为残疾儿童教育的简称和同义语。随着时代和特殊教育实践活动的发展，人们把超常儿童也纳入特殊教育范围，这样形成了传统广义的特殊儿童概念：基于身心特征的显著差异，把超出常模标准的学生称为特殊儿童，既包括身体或心理发展有障碍的学生，又包括高于典型（正常）发展的超常学生。

2. 从传统广义的“特殊儿童”到“特殊教育需要儿童”

20 世纪 70 年代，伴随着民权运动的深入和对特殊教育的反思，欧美等西方发达国家掀起了一场以融合为导向的“回归主流、一体化”等特殊教育改革运动，借以批判医学主导的标签式、隔离式教育模式。1978 年，英国发布《沃诺克报告》，首次在国家文件中提出“特殊需要儿童”或“特殊教育需要儿童”的概念，认为学生在成长过程中的不同阶段可能有不同的学习困难，既包括轻微、暂时性的学习困难，又包括严重的、永久性的残疾造成的学习困难，这些都是学生的特殊教育需要[①]。报告同时强调，每个儿童都有自己的独特需要，特殊儿童与普通儿童的特殊需要只是量上的区别，而没有本质的区别；以残疾、缺陷指称特殊儿童不仅具有标签的歧视作用，还强化了对他们的隔离与不平等对待。因此，引用“特殊教育需要”来指代残疾儿童或特殊儿童，以学习困难看待残疾儿童学习问题，这是特殊教育观的进步。但是，把轻微、暂时性学习困难的学生归入特殊教育对象范畴，就很值得商榷。它实际上是把所有学生都归入特殊教育对象。因为任何学习者在学习过程中都存着学习困难，譬如轻度的近视、偶发的感冒都可能造成学习上的困难。如果学习者的困难没有达到一定程度，就不宜看作是特殊教育对象。正如柯克强调的，“教育学中的‘特殊儿童’术语的应用不同于生物学、心理学以及其他学科和专业的情况。如果儿童发展偏离正常的性质和程度到了这样的情况，为使其取得最大限度的发展而需要绝大多数儿童所不需要的教育措施。那么，从教育上说，这样的儿童就是特殊儿童。”比如，人人都有情绪行为失控现象，但不是说人人都是特殊教育对象，因为“情绪行为障碍”和“情绪行为失控现象”虽然有联系，但是是两个不同的概念。只有当情绪行为障碍现象长期影响到学生学习和发展，才需要特殊的教育服务和措施。其后 2001 年英国公布的《特殊教育需要实践准则》中，也强调了“度”的规定性：如果儿童在学龄阶段具有相较于同龄儿童来说非常显著的学习困难，或者具有阻碍他们像普通儿童一样学习的残疾，即为特殊教育需要儿童。

1994 年，联合国教科文组织为了倡导和深化全民教育，召开了“世界特殊需要教育大会”，会议文件《萨拉曼卡宣言》和《特殊需要教育行动纲领》引用了“特殊需要教育”概念，并提出了“全纳教育”的思想。文件指出：特殊需要学生泛指“一切身体的、智力的、社会的、情感的、语言的或其他的任何特殊教育需要的儿童和青年”，这就包括残疾儿童和天才儿童、流浪儿童和童工、偏远地区或游牧民族的儿童、少数民族的儿童，以及来自其他不利处境或边际区域或群体的儿童。自此，特殊需要教育与全纳教育成了国际性的议题。“特殊教育需要儿童”或“特殊需要教育”逐步取代了“特殊儿童”和“特殊教育”，成为特殊教育领域中重要的专业性术语。“满足学生的特殊需要”亦成为特殊教育乃至整个教育改革活动的依据甚至“旗号”。这样，不少学者主张把特殊教育对象扩大到所有因文化背景差异而造成的处境不利儿童。

需要指出的是，无论是世界特殊需要教育大会，还是后来召开的多届国

① Hanlon C. Special Education Integration in Europe [M]. London: David Fulon Publishes, 1993.

际全纳教育大会，其目的、主题以及特殊需要教育概念的指向都不是专指特殊教育。会议引用“特殊需要”概念的目的主要是强调消除歧视、反对排斥的理念，以及实现全民教育发展目标应关注的重点对象。因此，就国际文件本身来说，“特殊需要教育”“全纳教育”与特殊教育是不同的概念，虽然它们在思想的渊源有着密切的联系。

（二）特殊教育对象的定位

1.特殊教育对象定位的争论

“特殊需要教育”概念的提出对于特殊教育学科建设有着积极重大的理论意义。它超越传统的以医学为基础的缺陷补偿观，以及隐藏在背后的“慈善”“怜悯”意识，而以人的特殊需要视角，通过对生命存在、发展的透视来重新审视特殊教育价值，把普通教育和特殊教育儿童在生命发展需要的概念上联系在一起，为“我们重新认识特殊教育中的个体差异、教育平等问题提供方法论的指导，也为我们研究教育平等、资源共享的教育政策提供了分析原则”①。正因为其积极的价值取向，“特殊需要教育”概念此后被许多国家特殊教育文件所引用。

在全纳教育思想的影响下，许多特殊教育研究者和实践者“把特殊教育置于多样性的保护伞下”，“通过‘歧视’‘边缘化’的话语描述，使残疾与种族、性别、语言、年龄、宗教、移民等遭受不公的现象在‘多样性’的话语系统中统一起来”②。这样一些西方学者提出了特殊教育对象重新定位的问题。较有代表性的人物是加拿大学者温泽（Winzer）。她提出了“多文化、多语言的特殊教育”概念，认为“特殊教育不能再被认为仅是关于残疾及其相应的干预策略的事情，由于学生群体构成转向更多元的文化背景、双语之家以及经济不利家庭，学校的特殊服务需要增加，特殊教育者必须考虑到包括（而绝不能限制）具体文化、语言差异的服务对象范围的广泛性。当今以及未来，学校必须改进规划、教学方式和资源去教育多样性的学生，完善多元文化和语言背景下特殊需要学习者的特殊教育服务”③。温泽的定位观引起了激烈的争论，就连温泽本人也承认，虽然在特殊教育中发现多样性是很容易的，但是这一概念基础

① 盛永进.特殊需要视野中对特殊教育研究的思考[J].中国特殊教育，2007（12）：19-22，32.

② Winzer M A, From Integration to Inelusion: A History of Special Education in the 20th Century[M]. Washing on, D.C. : Gallaudet University Press, 2009.

③ Winzer M A, Mazurek K. Special Education in Multiculural Contexts [M]. Upper Saddle River, NJ: Prentice-Hall, 1998.

本身还是很成问题的。美国特殊教育专家考夫曼指出，基于权利平等的角度，残疾与文化差异都是人的多样性的社会存在，但是把特殊教育称为文化的多样性是一个消极的“鸵鸟”策略，因为“回应残疾需求的差异与肤色、种族、性别以及许多其他形式的差异有着截然的不同”①。的确，由于教育的效果会因受教育者个人的天赋、机遇而不同，基于教育公平的原则，必须给予包括残疾儿童在内的处境不利儿童特殊的教育政策和措施，从而使他们获得和其他儿童同等的权益。但是在解决平等的教育权利、机会的前提下，“残疾”与“多样性”两者的教育在内容、手段、方式及与心理学的联系上，是截然属于不同层面的问题。

扩大到以文化背景差异为基础的定位观，得到了我国一些学者的支持。有学者认为，这是一种“大特教观”。有学者把特殊教育的概念与特殊需要教育和全纳教育等同起来，认为“特殊需要教育及全纳教育，替代了特殊教育的概念”，“特殊教育是指残疾人的教育，也可以是促进每个人发展的特殊需要教育”②。还有的学者进一步具体地发挥，提出“人人都有特殊需要，人人都需要特殊教育”③ 的口号，主张“更新特教观念，扩大特教范围”，把特殊教育拓展到普教系统的特长教育、个性教育、青春期教育、性教育、乃至于社会非常时期教育、环境教育、安全健康教育等。于是特殊教育有了越来越多的意义，特殊教育范畴已无限扩大，以至于只要我们愿意，几乎任何活动我们都可以称为特殊教育，而任何与“特殊”有关系的教育研究都可以称为特殊教育研究，这显然是将特殊教育对象无限泛化了。

2. 特殊教育对象范围的限定

任何一门学科都要有自己确定的研究对象，定位特殊教育对象的范围是特殊教育学科存在和发展的前提。纵观目前国内外有关特殊教育对象的观点，我们可以按范围的大小，把特殊教育对象分为五个梯次。

第一梯次是以人的多样性为基础，把特殊教育需要等同于每个人的特殊需要教育，即“人人都有特殊需要，人人都需要特殊教育”。这实际上是把特殊教育对象泛化到每一个人，异化了特殊教育的属性，也虚化了特殊教育活动本身。

---

① Kauffman J M. Relections on the field [J]. Behavioral Disorders, 2003 (28): 214.

② 陈云英 . 特殊需要教育是教育的保障工程 [J]. 中国残疾人，2004 (3): 35-36.

③ 孟万金 . 坚持科学发展观，开创特殊教育研究新局面——二〇〇六年新春贺词 [J]. 中国特殊教育，2006 (1): 1.

第二梯次是以人的社会、文化差异性，把包括身心障碍儿童在内的社会处境不利儿童归入特殊教育对象。处境不利儿童主要是指因为受经济、文化、民族、地域等因素影响而处于弱势的儿童，如贫困家庭子女、城市下岗工人子女、随父母打工生活在城市的农民工子弟、边远落后地区的少数民族学生等。这个梯次仍然是以人的多样性为基点，把"残疾""障碍"等归于"多样性"之中。

第三梯次是以个体身心差异引发的特殊教育需要来划分，既包括超常儿童或某些特殊才能儿童，又包括身心障碍儿童。

第四梯次就是指身心障碍儿童。又可分为残疾儿童和问题儿童。残疾儿童是指身心有各种残疾的儿童，传统上又称缺陷儿童、损伤儿童。问题儿童是指没有生理残疾，但在情绪、行为或学习等方面存在着明显问题而导致发展障碍的儿童。

第五梯次是传统狭义的残疾儿童，不包括问题儿童和其他情绪、行为障碍儿童。

特殊教育需要的条件告诉我们，仅以"特殊"的语言意义或人与人之间的"差异"来判断，会导致特殊教育对象的极端泛化。基于前面对特殊教育特殊性的判断，以及对特殊教育的定义，我们认为特殊教育对象是基于个体身心差异的显著性，为了获得身心的充分发展，在学习上有着特殊需要的学生，也就是上面我们论及的第三梯次划分（包含第四、第五梯次的范围，图 1–1）。

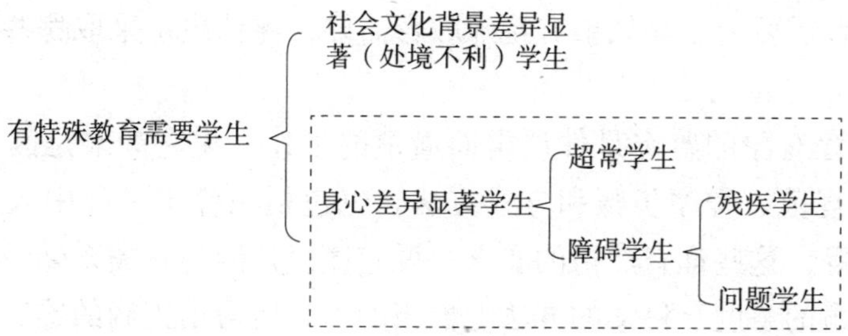

图 1–1　特殊需要学生划分示意图

这种限定对于特殊教育学科建设来讲，既具有理论价值，又具有实践意义。首先，在理论建设的层面上，这种限定明确地把特殊教育与全纳教育、公平教育、特长教育、艺术教育、个性教育、差异教育等相对区别开来，有助于相关教育各自的研究，也有助于理顺它们之间的关系，促进各自领域的研究和发展。其次，在实践操作的层面上，它更符合当代特殊教育发展的客观现实以及当代历史阶段特殊教育所能承载的任务。因为，对于以障碍儿童为主的特殊教育需要学生与处境不利儿童（无身心障碍）所采取的教育教学措施有很大区别，无论是从内容还是方法、手段乃至技术和策略都不能相提并论。我们不能用价值判断来替代事实判断，用理念代替概念。实际上，即使在全纳教育理念已被日益广泛地视为一种为支持和实现学习者的多样性而进行改革的今天，许多国家和地区（包括美国）尽管在理念上倡导多样性的特殊需要思想，但在实践上（也包括法规层面）也是把特殊教育对象定位于上面我们所限定的范畴。

需要特别说明的是，本书主要以特殊需要学生来指称特殊教育对象，并仅限于本书所做的第三梯次范围的划分，不包括第一、第二两个梯次范围，另外也不对特殊需要学生的概念与特殊儿童以及障碍学生（儿童）和超常学生（儿童）的概念做详尽的区分，尽管这是不同的概念。

（三）特殊教育对象的鉴定

1.特殊教育对象鉴定的意义

特殊教育对象是有着特殊教育需要的学生。那么谁有特殊需要？又有哪些特殊需要？满足这些特殊需要应采取哪些相应的教育教学措施？这些是开展特殊教育工作的前提，也是特殊教育活动的重要组成部分。因此，特殊教育活动的首要任务就是要对教育对象进行鉴定。所谓特殊教育对象鉴定，是指根据一定的原则，通过检查、测评或其他方式把有特殊教育需要的学生鉴别诊断出来的过程。特殊教育对象的鉴定有两个基本目的：一是鉴别诊断一个学生是否有特殊教育需要；二是如果有特殊教育需要，评估决定采取哪些相应的支持措施。

特殊教育对象的鉴定是件严肃而谨慎的工作。说它严肃是因为必须遵循一定的原则规范、程序步骤和方式方法，也包括在鉴定过程中人员的组成和内容的分布等，这些都有严格的要求。说它谨慎是因为它关系到一个学生的发展。采取严肃的态度、科学的方法、恰当的工具所得出正确的鉴定结果，能够使一个有特殊教育需要的学生得到及时、有效的教育，从而对他（她）的发展起到积极的推动作用。反之，则会带来消极的后果。比如，如果把一个正常发展的孩子，误诊为有障碍的学生，不仅会给其贴上消极的标签，还会给其身心带来极大的伤害，甚至会对学生的发展带来严重的后果。

2.特殊教育对象鉴定的原则

特殊教育对象鉴定必须遵循下列几项原则。

（1）公正性。公正性要求特殊教育对象的鉴定必须秉持客观、公正的态度进行。任何科学的鉴定都应该是无偏见、无歧视性的，在整个鉴定过程中，鉴定者不能掺杂个人的情感好恶，或者以某种先入为主的主观臆断来进行鉴定工作。任何带有主观倾向性的成分介入到鉴定中，都会使收集的资料、检查以及分析、诊断等失去客观性。

（2）科学性。科学性要求特殊教育对象的鉴定必须以科学的方法和工具进行。鉴定本身就是一种科学的行动和过程，要保证鉴定结果的真实可靠，首先必须运用科学的方法和相应的评估工具。鉴定方法的选择要使用经过实践检验的有效的方法来检查，评估工具也最好是经过标准化的或经过实践验证与鉴定对象实际情境最相关的工具。鉴定用语必须确定明晰，不能模糊，且不能有“大概”“可能”“差不多”等含混不清的词语。

（3）全面性。全面性要求特殊教育对象的鉴定必须达到一定的广度，不能以偏概全。

特殊教育对象的鉴定也是一项系统工程，在方法、工具、内容、队伍等方面，没有任何单一的东西可以作为鉴定的基础，必须做到全面、多样、具体。在鉴定的方法上，应该将测验、调查、访谈、观察等综合起来运用；在评估工具的选择上，应该整合多样的不同的评估工具实施评估；在鉴定的内容上，要涵盖学生生理、认知、行为和发展的诸因素方面的情况；在成员的组成上，要有专业人员、教师、家长和学生等的共同参与。

3. 特殊教育对象鉴定的过程

特殊教育对象的鉴定是一个过程，不是一蹴而就即可下断语的行动。一般而言，特殊教育对象的鉴定需要经过筛查、干预、评估三个步骤。不过，由于特殊需要的不同，其鉴定过程的步骤也不完全一样。那些有着感官障碍或中度以上障碍的学生，如重度智力障碍、多重障碍等，在其生命的早期，就可以识别他们的障碍，不需要过多的观察以及相应的干预反应就能直接实施特殊需要的评估程序。相反，不少学习障碍、轻度智力障碍或其他轻度障碍的学生在小学阶段，在某些发展领域落后于其他孩子，往往会遇到学习或社会行为等困难。但是这些差异很小，与大多数普通孩子出现的学习困难相比看不出明显的区别，因此需要通过筛查、干预后，在仍然不足以解决问题的情况下，才需要进入诊断评估环节，经进一步确诊后才能实施具体的特殊需要评估测量。

（1）筛查。筛查主要是通过观察等来测查学生的学习、行为等表现进行特殊教育需要初步普查的活动，也是鉴定的起始环节。筛查可以是有组织的自觉测查，也可以是随机的自发测查。在美国，所有在校学生一般都将按惯例接受筛查测试，以便帮助学校鉴别哪些学生可能需要更进一步的测试以确定是否具有特殊教育的需要。随机自发的测查往往是家长、教师和其他人员在学生平时的生活和学习表现中，发现学生在学习速度、学习结果和适应性行为等方面有明显低于同伴的现象，进而通过作业、测验、考试和体检等来观察测试学生是否具有学习障碍、智力障碍或其他障碍。筛查的目的是“帮助学校教师确定学生是否存在由轻度或隐性的障碍所造成的困难，决定他们是否需要进一步的检查和诊断障碍引起的原因”[①]。

（2）干预。为了慎重起见，通过筛查怀疑具有轻度或隐性障碍造成学习困难的学生并不能立即进入诊断鉴别的环节，因为许多疑似有潜在障碍的学生很可能经过一些积极的干预性训练，可以克服困难进入常规的学习状态。只有那些干预无效的学生才需要进入下一步的评定步骤。干预就是针对处于障碍危险的学生，采取相应的教育措施及时给予适当的帮助，使之克服学习困难的活动。如果在学龄前实施干预，一般称为早期干预，即对学龄前有障碍或存在着障碍危险的儿童提供系统的教育、保健等康复措施，以减轻或降低障碍（或可能发生障碍）所带来的消极影响。

当代特殊教育干预措施发展了一种全新的模式，称为干预反应（Responsiveness to Intervention，RTI）。干预反应是随着全纳教育发展形成的一种新的分析学生学习、行为问题的方法，“主要用于向有学习困难或问题行为的学生提供系统的高质量的教学指导和行为支持，同时为学生的鉴定和学习规划提供数据和信息的干预模式”[②]。干预反应模式克服了传统评定模式的缺点，把学生的鉴定与教学紧密地结合起来。其主要目的有三个：一是为那些处于障碍边缘的学生提供直接和必要的学习帮助；二是防止把学生误定为障碍，导致严重后果；三是为潜在障碍学生的鉴定和学习规划提供数据和信息。干预反应一般要经过以下几个步骤：首先，即教师、家长和学校其他专业人员一起讨论，确定学生存在的问题的性质，进行系统分析、制订计划；其次，付诸行动；最后，对这个行动进行评价。

（3）评估。评估是通过正式、全面的检查、测评或其他方式把特殊需要学生鉴别出来，确定其特殊需要的活动。对特殊教育对象的评估是整个鉴定过程中最重要、最严肃、最复杂、最具体的阶段，必须遵循无歧视的原则，进行正式、全面的鉴别诊断来确保鉴定结果的科学和公正。说它是正式的，是因为

① 特恩布尔．今日学校中的特殊教育：第3版[M]．方俊明译．上海：华东师范大学出版社，2004.

② Michael S Rosenberg, David L Westling, James Mclesky. Special Education for Today's Teachers（2nd）[M]. New Jersey: Pearson Education, 2009.

它必须遵循一定的原则、程序和规范来进行；说它是全面的，是因为鉴定是由不同的人员、工具和程序等组成。如果不遵从科学、规范的鉴定要求，“你可能会将一个学生错误分类，导致应该接受特殊教育的学生没有机会，或者不应该接受特殊教育的学生被划分到特殊教育对象的范围内，也可能同样会把具有某种特殊性的学生划入别的范围”①，这些都是不可取的。

4. 特殊教育对象评估的内容

特殊教育对象评估的内容广泛而复杂，涉及被测对象的诸多领域，主要分为以下三个方面。

（1）背景情况。首先应该了解被评估对象的基本情况、家族史、生育史和个人发展情况，包括在胎内生长期、孕期、出生和出生后的情况。

（2）身心状况。然后要从医学、心理、教育的角度分领域评估学生各种身心状况，包括健康状况、视力、听力、社会和情感状况、智力认知、学业表现、沟通交际情况以及运动能力等。

（3）特殊需要支持。最后根据身心状况各领域的评估，继续测评与学生教育需要相关的所有领域，以确定学生教育的特殊需要支持和帮助。例如，对一名低视学生的近视力、远视力、放大需求、色彩反差、辅助器具等进行进一步的评估确认，决定学生在学习中所需要的放大镜、大字课本，书写用纸等具体的特殊需要支持和服务措施。

第二节 特殊教育的理论基础

中国的特殊教育发展历史较短，各方面的理论研究尚少。但是，作为教育学科的一个分支和教育事业的一个组成部分，它也有其两个方面的理论基础。这两个方面的基础既不是排外的，又不是照抄外国的；它既吸收了各国理论中的精华，又结合中国的历史经验和现实经验，提出了适合中国国情的观点。中国特殊教育的理论应该是马克思主义基本理论和唯物辩证法指导下的理论，应是马克思主义的、联系中国实际的、博采古今中外之长的。这个理论有两个特性：一是与我国普通教育的理论（即马克思主义教育理论）有基本的共性（即共同理论），又有其特殊性（即指导残疾儿童特殊教育的马克思主义理

① 特恩布尔．今日学校中的特殊教育[M].3 版．方俊明，译．上海：华东师范大学出版社，2004.

论）；二是与外国特殊教育理论有共性，中外狭义的特殊教育的对象都是残疾儿童，它们的发展有着某些共同的客观规律，揭示这些客观规律的理论我们均应吸收，以利于中国特殊教育的发展，中国的与外国的哲学观点和世界观、方法论不同，国情不同，文化传统不同，因此中国特殊教育理论又有符合中国国情的特殊性。

一、马克思主义关于教育的理论和唯物辩证法是中国特殊教育理论的基础

马克思主义以前有过很多教育的理论和进步的观点，也提出了人的“全面发展”的主张，但由于历史的局限性，一些主张未能与整个社会的发展联系起来。马克思继承和发展了前人关于人的全面发展的观点，对其进行了科学的历史分析，揭示了人的发展与社会发展的一致性，并指出了在未来无阶级社会中每个成员能全面发挥各方面的才能。

马克思主义关于教育的本质、教育的社会作用、教育的历史性和阶级性、教育的发展规律的理论，教育是一种社会现象、受物质资料的生产制约的理论，教育是一种生产力的再生产过程的理论，教育是培养全面发展的人的手段的理论，教育与生产劳动相结合的理论等也都是指导特殊教育发展的理论。在这些理论指导下发展的特殊教育才能适应现代化的生产和社会生活。

在特殊教育基础理论中还包括马克思主义的方法论和历史唯物主义的基本理论。这些理论可以使我们全面、客观、发展地看待残疾儿童及其教育，避免片面强调残疾儿童及其教育的某一个方面，也避免孤立地离开社会或不看残疾儿童特点进行特殊教育。

马克思主义理论还是在特殊教育相关学科中研究和提出符合客观规律的科学观点的基础。

二、马克思主义指导下的缺陷补偿理论是中国特殊教育理论的内容之一

在特殊教育中常常涉及的补偿理论，是中国特殊教育的理论内容之一。

（一）补偿的概念

根据国际上的经验和中国的实际，“补偿”应理解为在机体失去某种器官或某种机能受到损害时的一种适应，是一种与正常发展过程中不全相同的有特殊性的发展过程。在这种有特殊性的适应和发展过程中被损害的机能可以被不同程度地恢复、弥补、改善或替代。也就是说，在一个有生命的机体（主要是人，也可以是某种动物）的一部分组织受到破坏，或者组织虽未损害而生理机能有一定障碍时，其生物本能使其为了自身的生存，要去适应周围的环境和自

已受损的机体，其统一的机体的未被损害的部分就会部分或全部；代替、弥补被损害的部分，产生新的机能组合和新的条件联系。人类还可以为被损害机能的人创造更适宜其发展的条件或者利用新的科学技术、工具手段使其更快地适应生活和劳动，使缺陷为其发展带来的不利影响减到最小限度或者使缺陷已带来的影响得到最大的克服。为达到此目的要动员各种内部和外部因素。这种补偿是积极的、正确的，这是我们希望的补偿的一种类型——正补偿；也可能产生另一类消极的、不正确的补偿，即对已产生的机能损害产生消极的适应，被损害的机体屈服于损害，不再使用被损害的机能也不寻求任何替代，出现的变化是增加了新的机能损害或加重了原有的损害，甚至把此种情况延续到机体的死亡。表面看，被损害的机体似乎也适应了环境，但这是低水平的适应，是消极的补偿。正、负补偿都是一种发展，是在正常发展规律基础上的因各种损害而带来特殊性的发展过程。补偿过程作为一种发展与正常发展的规律基本上是相同的，如发展受本身遗传因素和外界的影响，在发展中起重要作用的是中枢神经系统、神经活动的可塑性和反射等。但是，补偿过程也有其特殊性，如发展的某些途径不同，组成的条件联系体系或各部分的相互关系不同等。

补偿缺陷常常是针对某一残疾人讲的，对此残疾人还可提特殊教育或康复。这三个术语不是同一概念，着眼角度也不同。补偿缺陷讲的是被损害机能的恢复或替代的过程；特殊教育讲的是对有各种特殊教育需要的人的培养、教育、教学，使他们成长和成才；康复的概念包含的内容比补偿大而广，多指包括医疗、心理、教育、社会、职业等多方面的综合康复，以便残疾的个体返回社会。但是，三者又是互相联系的在某些方面有相同点的过程。

（二）补偿的三个因素

对于在特殊教育中的缺陷补偿曾经有过强调生物因素的说法，并用使动物的某种器官或机能损害后得到补偿的试验来加以证明，认为高级动物（包括人）一个器官损害时，另外健康的器官会本能地、自发地替代已经损害的器官，如使小狗失听或失明，小狗仍可适应生活。也有人强调补偿的社会性，认为外界条件（包括社会制度、有组织的教育、物资设备和条件等）对补偿起决定作用，甚至可以使被损害的中枢神经变化，过分夸大了外界条件对补偿的可能性。不管是完全自发补偿或超过客观可能的外界补偿都是过分强调了补偿中的一种因素，是不正确的。全面分析补偿过程，可以看到 3 个方面的重要因素。

1. 生物因素

人类（包括高级动物）有自己的种系发展历史，在这个漫长的过程中，生物学的规律（如物种进化、用进废退、适者生存等）在起作用，进化的结果使人类成了今天的人。人的比较稳定的各种解剖结构、机能、本能和特点在一代代繁衍中遗传，人的神经系统，特别是高度发展的中枢神经系统是社会发展的人所特有的。人一出生就有某些先天的素质和为未来生理和心理发展奠定的基础，人能适应变化的外界条件，这些都是人的本能的东西。这些人的生物因素在产生了功能损害时是首先起重要作用的，是补偿的物质基础，为补偿过程提供了可能性。

2. 社会因素

这是补偿过程能够进行的外界条件。人的本身遗传素质没有一定的外界条件就不能存在和发展，人还是有社会性的，所以与自然环境和社会环境应该是统一的，社会环境就更加重要。残疾人的家庭条件和为其创造的教育条件、康复条件等更是使其潜在可能性变为现实性的必要条件。是否能早期发现和诊断残疾？是否可以有计划地适时开始补偿过程？是否创造了必要而可能的条件按照客观规律促进补偿的过程？社会如能创造这些条件，那么补偿过程就可以更快、更好地完成。否则，潜在的发展可能性就变不成现实，或延长补偿的过程，或达不到最佳的补偿。社会因素应包括社会经济发展水平、科学技术的成就、生活和教育的物质条件、统治者的有关法律和政策规定、整个社会和残疾人周围人们对残疾人的认识（即其哲学和教育思想）和对残疾人的态度（残疾人的社会地位）、某一残疾人所处的具体环境等。对于一个残疾人起码的补偿的外界条件是其直接抚养者的正确态度和一定的物质保证。良好的社会条件可以产生积极的补偿，不良的社会条件可以产生消极的补偿。

3. 意识（或心理）因素

人是有意识的。物质世界发展到一定阶段产生了人类，人类组成了社会。在人的高级神经系统发展和人的劳动同时，人类产生了意识，人的意识是人脑的属性、是社会存在的反映，但又可以反作用于存在的社会。这是人与其他动物不同的地方。人对社会存在和发展的认识，对环境和在生产中人际关系的认识等是人的意识的构成部分，这里面也应包括残疾人对自身缺陷的认识和态度。由环境和存在决定的残疾人本身的这些认识和态度对缺陷的补偿同样起着重要的作用。生物因素和社会因素都是通过人（特别是残疾人）在起作用，而残疾人不是消极被动地任凭外界因素在起作用。残疾人是外界作用的主体，是积极的接受者，是可以反作用于外界因素的。科学地认识残疾和正确对待残疾，面对现实，积极主动创造补偿条件，用坚强意志和乐观态度自觉对待缺陷，这些可使补偿过程更顺利地按客观规律去实现，有时其补偿过程的完善甚至可超过人们的预料；反之，由于残疾人本身消极悲观、自卑逃避，即使有好的社会条件和潜在的生物学发展可能性，补偿过程也不可能很好地进行。人的意识（或心理）因素是受生物因素和社会因素制约，又是使生物因素和社会因素可否发挥充分作用的后天产生的一个因素。人的自觉的有意识的活动，包括人的认识和个性，使人的补偿与动物的补偿具有完全不同的性质。

以上三方面的因素在补偿过程中是统一的，相互作用和协调平衡的。在一个补偿过程中或在补偿的某一阶段要具体地分析每一个因素的作用，有时某一因素可以构成事物的主要矛盾，在另一时期又有变化。但从总的方面来说，过分强调生物因素而忽视后两者就可能使补偿成为自发的自然过程；过分强调后两个因素，而忽视生物因素就可能提出超过客观可能性的补偿要求。

总之，要全面、统一地分析在补偿中先天与后天、内因和外因诸因素的作用，以便在补偿缺陷中最大限度地发挥社会、机体本身生理和意识的功能。这三个因素可以归结为补偿的生物—社会—意识（或心理）模式，这个补偿模式也可以扩大到康复和特殊教育领域中使用。

（三）补偿模式的动态。

补偿不是静止的瞬间状态，而是一种动态的变化和发展的过程，在补偿中的三个因素也是发展变化的。如果把补偿的三个因素中的每个因素作为空间理论和几何学中的一维，那么三因素可以构成一个立方体式的三维空间模式（图 1–2）。但是随着时间的变化，三个方面因素中包括的各个方面是会发展变化的。例如，某些医学治疗或康复可以改善生物因素的状况或者某些疾病使生物因素恶化，这就打乱了原补偿中三个因素的相互关系，打破了原有平衡，使补偿的可能性增大或者减少，克服或增加新的困难，就要变动以达到新的平衡，使新的补偿过程开始。某些社会因素也会改变，如制定新的有利于残疾人的法令、科学技术补偿手段的新发明。人们对残疾态度的转变、新的良好补偿条件的创立等可以为促进补偿准备新的条件，加速补偿的进程；反之，人们的鄙视态度、社会动荡、自然灾害、物质生活条件的恶化等，可以使某些可能的东西不能变为现实。残疾人个人的态度更是如此。残疾人经过社会帮助和本人努力可以更坚强、乐观、主动积极地参与补偿过程，促进和完善补偿过程，反之不利的社会条件和教育使残疾人悲观失望，积极补偿无从谈起。但是这些都是可以互相转化的，只要有一定的条件，都可以向着有利补偿的方向变化。所以，三个补偿因素（生物、社会和意识）如图表示，则在三维空间中的线段是有大小和有方向的矢量；其方向可向正负两个方向发展变化。

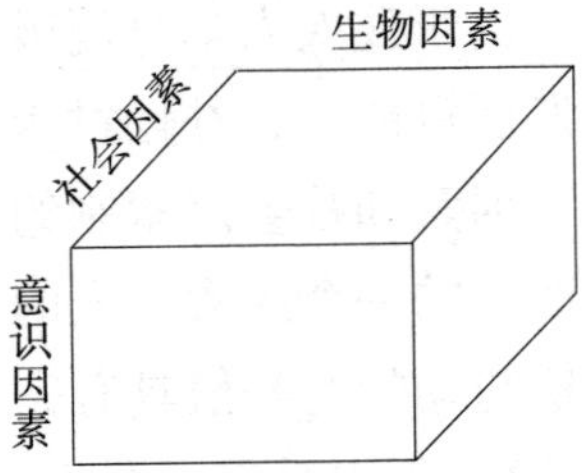

图 1-2　补偿三维空间模式示意图

只有全面地、动态地分析补偿的诸因素，并在不断的变动中求得诸因素的平衡，才能对补偿有正确的认识，并按照客观规律自觉地促进补偿过程。

关于中国特殊教育的具体理论还应在马克思主义指导下不断研究、探讨和总结，以便使有中国特色的特殊教育理论逐渐形成、完善和发展。

第三节　特殊教育在我国的发展演变

中国特殊教育是世界特殊教育的重要组成部分，它也可以被划为产生前、产生和发展三个阶段。

一、中国特殊教育的产生前阶段

中国有着五千年的文明历史，中华民族有着尊老、慈幼、扶弱、助残的传统美德。从我国古代哲学理念及伦理道德的义理中不难发现古代中国人宽待残疾人的缩影。据《周礼·地方司徒》记载，当时有“慈幼”“养老”“赒穷”“恤贫”“宽疾”“安富”的施政措施；在《礼记·礼运》中则提出“鳏寡孤独废疾者皆有所养”，建立了“大同”理想社会的构想。从孔子的“仁爱”到孟子的“道义”再到墨子的“兼爱”，无不渗透着中国传统文化中扶贫助残的朴素的人道主义思想。据《汉书》记载，元狩（汉武帝年号）五年，汉武帝“遣博士大夫等六人分循天下，访问鳏寡废疾，无以振疾者，贷与之”。这说明那时政府已开始搞一些孤残人的扶助工作；到明朝时，据《明史·食货志·洪武本纪》载，皇帝曾“命天下府、州、县设惠民药局，拯疗贫病军民疾患”，当然客观上这些只是统治阶级为缓和社会矛盾、用以调整社会关系的一种措施而已。

同时，我国人民很早就能科学地解释残疾发生的原因及现象。钟鼎文中盲用“日”表示，即眼睛被一物戳伤。据考证，这是为了防止被抓住的战俘逃跑而刺伤其眼睛的记载。《左传·僖公二十四年》（相当于公元前 600 多年）记载：“耳不听五声之和为聋，目不别五色之章为昧。”这里讲耳朵听不见高频和低频的音响就是聋，眼睛看不到各种颜色无光感就是盲。这与现代科学对耳聋和目盲的解释已经很相近了。《吕氏春秋》中记载，“轻水所，多秃与瘿人”，即从地理环境的角度分析导致智力落后的克汀病的原因。东汉的许慎在其所编的我国第一部字典《说文解字》中解释道：“聋，无闻也。”“盲，无眸子。”我国著名教育家孔子也曾注意到人在能力、智力上的差异，《论语·先进》中说：“柴也愚，参也鲁。”（即孔子说其弟子高柴比较愚笨，弟子曾参则比较钝鲁。）东汉的唯物主义者王充承认感官经验是知识的来源，批判“生而知之”的唯心主义论调，这比法国 18 世纪著名哲学家狄德罗关于盲人知觉的论述早 1 000 多年。诸如此类的科学观点，在我国浩如烟海的古代文献中屡屡可见，充分反映出我们中华民族的聪明和智慧；尽管中国古代奴隶社会、封建社会是那么的漫长，迷信和宿命论也曾盛行不衰，但在中华民族悠久的历史上对待残疾和残疾人的态度问题上不乏唯物、科学与进步。

二、中国特殊教育的产生阶段

自鸦片战争以后，西方的科技、文化大量地传入我国，同时，我国的一些有识之士在提出学习西洋、改革社会和文化教育主张的同时，也注意到了解西方特殊教育的情况，并设想在中国办特殊学校。例如，当时清政府驻法国的外交使节就曾到巴黎盲人学校参观，并写下观后记。有的大臣将西方的教育（包括特殊教育）情况写成奏文呈光绪皇帝，以期在变法中效仿。据史料记载，最早明确提出办特殊学校的是太平天国运动后期重要领导人之一千王洪仁，1859 年在其施政纲领《资政新篇》中第一次提出“兴跛盲聋哑院。有财者自携资斧，无财者善人乐助，请长教以鼓乐书数杂技，不致为废人也”。对此，洪秀全表示赞同和支持。至此，倘若太平天国运动成功了的话，中国人自己创办自己的特殊教育将会成为历史的必然，只可惜随着太平天国运动的失败，处于半殖民地、半封建社会政治地位的旧中国的特殊教育创办权也随之落入了外国人手中。

1874 年，英国长老会牧师穆·威廉（M. William）在北京开办了中国第一所特殊教育学校：“瞽叟通文馆”，后改名为启明瞽目院，即现在的北京盲人学校。教以读书、音乐。1887 年，美国传教士梅尔斯（C. R. Mills）在山东登州（今蓬莱市）创办了我国第一所聋哑学校：“启喑学校”，后迁至烟台，改名为烟台启喑学校，即现在的烟台市聋哑中心学校。随着这两所学校的开办，国外的盲文点字和聋人手指语也传入我国，在此基础上产生了我国自己的盲文点字和聋人手指字母。此后，还有一些外国传教士、教会、慈善组织分别在武汉、上海、广州、台南等地开办了特殊学校。

20 世纪初，我国一些热心人士也开始办特殊教育，如宣统元年（1909 年）王我藏曾主张在学校内设置“低能儿特殊班”，课外特别教授；近代实业家张謇于 1912 年在江苏南通筹创南通师范传习所，以培养特教师资，1916 年又创办了南通盲哑学校。这是中国人自己办的最早的特殊学校之一。此外在杭州、长沙、沧县等地陆续都有中国人自己开办的特殊学校。民国十一年（1922 年）郃爽秋主张校内设“个别辅导班”和“智慧察验班”辅导智能不足儿童……这些都说明当时人们已经开始提出智力障碍儿童的教育问题了。另据载，1921 年江苏省立第三师范附属小学为缓解家长的不满、教师的不安，减轻学生留级的痛苦及探索其留级究竟是先天不足还是人事未尽的成因等，特设立了“特殊学级”，以对儿童进行智力测验和品行、学业调查为依据，招收智能不足的“劣等生”入学，运用发表主义和感化主义的训导方法，与家庭密切配合，旨在适应个别差异，以期达到发展潜能、培养其社会适应能力的目的。当时该实验成效卓著，深得教育界的重视，只可惜因北伐、抗战等原因，未能及时继续深入、普及和推广，但从现有资料看，这是在我国小学附设特殊教育班和智力障碍教育的先驱。

中国旧社会统治阶级参与特殊教育比较被动，从张百熙修订《钦定小学堂章程》中规定入学者：“志趣端正，资性聪明，家世清白，身体壮健。”可以看出，当时政府只办普通教育，无特殊教育之说，仅“身体壮健”一条便将所有残疾儿童拒之于校门之外了。1903 年修订《奏定初等小学堂章程》中则明确提出：“或病弱，或发育较迟不能就学……准暂缓就学”“如有患疯癫痼疾，或五官不具不能就学……准免其就学”，可以看出当时朝廷虽然积极普兴学校，但对特殊学生尚无力教育，因此学制之中并无特殊学校的地位。1912 年，公布的《小学校令》中第九条规定，盲哑学校由城镇乡设立，经费负担依法律之规定，由学务委员会管理，凡私立盲哑学校之设置需经行政长官许可，其废止及变更亦同。这标志着政府确立了特殊学校的学制地位，同时也是政府正式参与特殊教育管理的开始。1916 年公布的《国民学校令施行细则》中则进一步明确了这一思想；盲哑学校校长教员的任用、惩戒等均依国民学校的规定。1922 年公布的《学校系统改革案》中的壬戌学制规定：“对于精神上或身体缺陷者应施以相当之特种教育。”对“天才教育得变通年期及教程使优异之智能尽量发展”。这从法令上进一步肯定了特殊教育的地位，但由于后来的战乱，一般教育经费都很困乏，对特殊教育则更无力兴办了，但在《小学法》（1932）、《小学规程》（1933）、《实施义务教育暂行办法》及《实施义务教育暂行办法施行细则》（1937）和《国民教育实施纲要》（1940）等法令中大多都提到有痼疾的学龄儿童得由家长或保护人请求缓学或免学。1927 年 10 月，在南京设立的市立盲哑学校是我国第一所公立性质的特殊学校。当时特殊学生未能享受同等的受教育机会，少量的特殊教育学校还是靠各慈善团体和热心人士在支撑着。

在当时，特殊教育事业是不可能有太大的发展的。当时没有统一的教学计划、教学大纲和教材，经费也得不到保证，教师负担重、待遇低。然而一些热心特殊教育的人士还是为推动盲、聋特教事业的发展做了不少努力，他们除了办学校、翻译国外特教资料、出国学习考察外，还在国内通过调查研究，写文章宣传盲聋教育，培训盲聋师资，研究创造了中国的盲文、手指语和发音教学等体系。

三、中华人民共和国成立后的发展阶段

中华人民共和国的成立，翻开了我国特殊教育发展历史的新篇章。

第一，在党和政府的领导下，首先对旧有特殊学校进行整顿和改革。国家接管外资津贴的特殊学校，收回了特殊教育主权；消除宗教对特殊教育学校的影响，改变特殊教育的慈善救济性质。1951 年 10 月，《关于改革学制的决定》中明确提出“各级人民政府应设立聋哑、瞽目等特种学校，对有生理缺陷的儿童、青年和成年，施以教育”。从此，特殊教育作为人民教育事业的一个重要组成部分，被纳入教育体系之中，受到党和政府的重视和关怀。1953 年，中央教育部设立了专门主管全国特殊工作的管理机构——盲哑教育处。

第二，新建了一大批特殊学校，使广大残疾儿童能有入学的机会。到 2018 年，全国共有特殊教育学校 2 152 所，全国共招收各种形式的特殊教育学生 12.35 万人。

第三，国家研究制定了特殊学校的教学方针与任务，并围绕教学方针与任务制订了教学计划、教学大纲，编写了专用教材，颁布全国统一的新盲字和汉语拼音手指字母方案、通用手语，使特殊学校的教学走上正规化、科学化的道路。

第四，开展了特殊教育群众性科研活动和师资培训工作。1954 年始曾在全国试验并推广了口语教学试验的成果。从 1956 年起，我国开始对盲聋哑中

小学的教员、校长、教导主任按评定的等级工资另外加发15%的津贴。教育部及各地也多次举办聋哑学校教师培训班以培训各地师资。

党的十一届三中全会确定以经济建设为中心的新时期基本路线，教育成为优先发展的战略任务之一，特殊教育迎来了又一个灿烂的春天。

1978年以来，各级政府加强了对特殊教育工作的领导，在党中央的文件、国家法律中明确提出发展特殊教育，并将其纳入九年制义务教育之中。1988年至1990年，国务院相继批转了国家教委等部拟定的《关于中国残疾人事业五年工作纲要》《关于发展特殊教育若干意见》。1991年，国家教委、中残联等8个有关部门还下发了《关于残疾人教育事业进展情况和“八五”期间的任务》的文件，要求各地在“八五”期间认真搞好特殊教育工作。1991年，国务院即批转了《中国残疾人事业“八五”计划纲要（1991—1995年）》（国发〔1991〕72号），随即国家各有关部门制订了配套的16个实施方案。近年来，国家多次召开全国特殊教育工作会议，部署工作，并设置特殊教育的专项补助，各地教育部门都配备了主管特教工作的干部，使特殊教育工作真正做到有人抓，特殊教育随着整个教育事业的发展而发展。

特殊教育从早期教育到高等教育体系的形成，出现了国家、集体、个人，教育、民政、卫生部门齐办特殊儿童教育和训练机构的可喜局面。残疾儿童受教育的种类有了增加，除盲、聋教育之外，智力落后儿童的教育异军突起，发展迅猛。特殊教育从过去办特殊学校的单一办学形式，转变为特殊学校、特殊班、随班就读多种形式。民政部门在儿童福利院办特教班千余个，学生近万人。残疾儿童学前班快速发展，残疾青年进入普通中等职业技术学校学习；普通高等院校开始招收残疾学生，长春大学、滨州医学院都有专门的残疾人高等教育机构，4 700多名残疾青年通过高考自学考试取得大专文凭。特殊教育师资培养工作也走上正规化、系列化的道路，有了专门的特殊教育师范学校（班）和特殊教育专业。1985年，国家投资创办了我国第一所特殊教育师范学校——南京特殊教育师范学校；1986年，北京师范大学招收了我国第一批特殊教育专业大学生；到1994年，全国已有33所中等特教师范学校，普遍开展了对特教在职教师的长、短期培训，部分普通中等师范学校也增设了特教课程，5所重点师范大学设有特殊教育专业。

特殊教育科学研究水平正在提高。比如，北京师范大学特殊教育研究中心、中央教育科学研究所特殊教育研究室这样的专门研究机构在全国已有一些；专业科研工作和群众性科研紧密结合在一起；研究的领域涉及特殊学校教学计划、教学大纲、教材、设备、教学组织形式、教学方法、师资培训等各个方面。

改革开放给我国特殊教育工作者全面了解国外特殊教育发展、学习借鉴国外先进经验、开展国与国之间的合作和学术交流提供了有利时机。现在，我国经常派代表参加国际学术会议，1988 年 6 月，我国还成功地举办了北京国际特殊教育会议。我国特殊教育的全面发展，受到国外的高度重视，并得到联合国儿童基金会、世界银行、美国卡特基金会和国外一些组织的资助。我国还派出了研究生、进修生、访问学者出国学习和深造。这些工作的开展，都有力地促进了我国特殊教育事业的发展。

第四节　特殊教育发展的成就及意义

一、中国特殊教育发展的成就

中华人民共和国成立以来，在中国共产党的领导下，我国政府高度重视教育事业，取得了举世瞩目的成就，其中特殊教育事业更是发生了翻天覆地的变化。

（一）特殊教育的性质发生了根本改变

1949 年之前，虽然对残疾人的教育发展到一定的规模和取得一定成绩，但是当时的行政院把残疾人教育划归到了社会教育范畴里，全国针对盲人和聋人的特殊教育学校有 40 多所，在校残疾人 2 000 多人，教师大概有 300 多人。这其中政府创建的公立学校不多，私人投资办学占了很大一部分比例，属于民政部门管理的福利事业。1949 年中华人民共和国成立以后，共产党领导的人民政府开始着手改变这一状况。在 1951 年年初，政务院（今国务院）制定了关于改革学制的决定，其中对残疾人教育有了明确的规定，要求各地各级政府部门以特殊教育学校为主要形式对残疾人进行教育。对残疾人教育事业来说，政务院的决定一举扭转了特教的存在性质，从福利事业到教育事业，虽然只差两个字，但是标志着特殊教育的发展在共产党的领导下走上了正轨。从此以后，特别是改革开放以后，从义务教育法到残疾人保障法，从教育“十二五”规划纲要到特殊教育提升计划，国家制定的一系列的关于特殊教育的法律、法规、规章和政策中，都详细而又明确地说明了特殊教育的性质，对特殊教育发展的方方面面都做了规定。“十三五”规划纲要中特别提到：“提升残疾人群特殊教育普及水平、条件保障和教育质量。”这些文件和纲领说明，在我国社会中，特殊教育事业的发展是教育事业发展的重要组成部分，全社会对特殊教育的重视程度越来越高。

（二）形成了完备的特殊教育体系

受教育的对象由盲人和聋哑人扩大到其他类型残疾人，接受教育的年限逐步提高，教育层次覆盖了学前教育、义务教育、高中教育、职业教育、高等教育及短期培训等，国家在 1989 年制定了加快特殊教育发展的政策，明确规定了扩大特殊教育受教对象，将原来的三类残疾人为主扩展到其他各个类型的残疾人，要求要适应形势发展要求，探索适合于各类残疾人的教学方法、编写适合于各类残疾人的专门教材，组织研讨对各类残疾人教育的经验交流。此后，特殊教育的对象由仅有盲聋智力障碍三种逐渐扩大到自闭症儿童、肢体残疾儿童、语言障碍儿童、多重和重度残疾儿童等，实现了各类残疾儿童的教育平等。

残疾儿童学前教育的成就。国家在发展特殊教育的时候，重点考虑了残疾儿童的义务教育，首先保障了残疾儿童在义务教育阶段受教育的权利。在残疾儿童接受义务教育得到了保障的同时，对学前教育阶段也开始关注，在 1980 年，国家结合残疾儿童康复工作的要求，在各类学前教育机构要求对残疾儿童要早发现、早康复治疗、早训练。要求有条件的幼儿园及各类学前教育机构接受适龄的残疾儿童入园，各级政府也建立了大量的康复治疗、行为矫正、早期教育等机构对残疾儿童进行早期教育。经过 40 年的发展，残疾儿童的学前教育及康复机构现在已经初具规模，基本上满足了残疾儿童学前教育的需求。

残疾人高中教育、中职教育和高等教育的成就。1992 年年初，江苏省和山东省分别在原有只开设义务教育阶段课程的南京市聋人学校和青岛市盲人学校的基础上成立了高中，这样就为残疾人接受高等教育打下了基础，这两所学校的高中成立后，当年入学的学生在教育部的协调下，毕业后都顺利升入了高校学习，实现了我国残疾人高等教育上零的突破，此后特殊教育高中阶段和大学阶段逐步在全国发展起来。在高等教育领域，随着时代的进步，社会的发展，文明程度的提高，各个高校已经全面取消了在残疾学生招生考试、入学、就业方面的歧视性规定，残疾人进入大学学习的机会也越来越多。专门为残疾学生对口招生的院校也得到了很好的发展。其中，长春大学特殊教育学院，北京联合大学都是在此后逐步发展起来并成为我国特殊教育高等教育办学的示范和典型。残疾人中职教育发展更是搭上了国家经济发展的快车，在我国改革开放后经济快速发展的同时，残疾人的中职教育也得到了快速的发展，中职教育不仅使残疾人接受了教育，还使残疾人实现了就业，自食其力，为他们融入社会做出了应有的贡献。例如，山西特殊教育中等专业学校、河南洛阳针推学校、山东省特殊教育中等专业学校、陕西省自强中等专业学校等全国几十所残疾人中职学校，不断适应经济形势变化，及时调整专业设置，在特殊教育领域的办学取得的优异的成绩，得到了社会各界的一致好评。

截至 2019 年，我国的特殊教育体系已经非常完备，从幼儿园到大学阶段，不仅为特殊学生建立了相应的特殊教育学校，同时在普通教育各个阶段、各类学校还为残疾人接受教育提供了便利条件。在吸收国际先进的特殊教育理念，如融合教育、全纳教育理念的基础上，随班就读、特殊教育学校、残疾人短期培训机构、送教上门、社区特殊教育服务机构等一应俱全。我国从此建立了适应中国特殊国情的，具有中国特色的特殊教育体系，为世界残疾人事业的发展贡献了自己的力量。

（三）建立了特殊教育的法律保障体系

从 1949 年开始，我国就重视国家发展教育事业的方针政策，通过立法的形式将其上升为国家意志，强化国家教育政策的执行力，保障教育事业的优先发展地位。特殊教育政策作为教育政策的一部分，在几十年的发展中，形成了从宪法到地方性法规一整套完整的法律体系。

《中华人民共和国宪法》对中华人民共和国公民特别是残疾人的各项社会权利以及受教育权进行了原则表述。在国际上，能够在本国的宪法中特别关注残疾人的特殊教育问题的情况不多，全国人民代表大会在对宪法的数次修正中都能关注到这一点，说明我国对此问题的重视。宪法是一个国家法律体系的母法，被称为法律中的法律。宪法中的原则性表述就从法律的源头上保障了特殊教育的发展。

国家一般法律中对特殊教育的表述。为了保证宪法的有关规定执行，在 1986 年颁布的《中华人民共和国义务教育法》和 2006 年修订的《中华人民共和国义务教育法》，都规定了适龄残疾人在义务教育阶段的受教育权。《中华人民共和国残疾人保障法》中也对适龄残疾儿童受教育的问题进行了规定，《中华人民共和国残疾人教育条例》是一部专门的论述特殊教育的法律，是迄今为止专门的针对特殊教育问题的法律。

国家教育部、中国残疾人联合会、民政部等相关部委制定了部门规章。国家教育部对宪法及一般法律中的相关内容制定了大量实施细则。中国残疾人联合会和民政部门在残疾人职业教育、就业指导、早期康复方面制定了相关部门规章。特别是国家教育部门主持制定的《国家中长期教育改革和发展规划纲要（2010—2020）》，专门用一个章节来阐述国家在特殊教育方面的规划，提出关心和支持特殊教育发展，完善特殊教育体系，加强保障建设。这说明国家已经高度重视特教事业，将特教事业上升到了前所未有的高度。

（四）特殊教育师资队伍建设成绩显著

特殊教育教师肩负着促进残疾人全面发展，促进社会公平正义的重要责任。特殊教育的师资建设一直以来都被放在了优先发展的地位，1978 年后，我国在特殊教育的师资建设上倾注了大量的心血，加强特教师资队伍建设，提高专业化水平，取得了显著成效。

师资培养机构从无到有，40 多年走过了发达国家近百年走过的路。中国现代特殊教育从传教士在中国建立学校开始起步，但是发展缓慢，原因之一就是没有数量足、质量高的老师。中华人民共和国成立后，党和政府意识到发展特殊教育的前提条件是首先培养良好的教师。1978 年以后，特殊教育的快速发展催生了大量师资需求，中国的师资培养机构逐步发展起来。1982 年，国家教委在南京市筹建了特殊教育教师培养的摇篮——南京特殊教育师范学校，培养盲校教师、聋哑学校教师和培智学校教师。到 20 世纪末，专门的培养特教教师的学校在全国已经有 60 多所。但是，这些学校都是中专层次的特教师范院校，随着时代的发展，已经远远不能满足特殊教育的需求。为此，国家在 20 世纪 90 年代开始在大学本科师范类院校培养教师，北京师范大学、华东师范大学、陕西师范大学、西南师范大学（今西南大学）、辽宁师范大学、东北师范大学等一大批高校开始设置相关专业，特教专业不仅有了本科毕业生，还有了硕士研究生、博士研究生毕业。

特教师资培养模式不断创新，培养规模不断扩大，培训力度不断加大。自 2010 年国家教育部门和财政部门制订并实施了国培计划，从中央层面来统筹教师的培训工作。这项工作为全国的盲人教师、聋人教师、培智教师及教授其他类型特教教师进行了有效的培训。不仅对专业课教师进行了培训，还对特殊学校的校长进行了专项培训。培训的方法和形式非常有针对性和目标性，大大提升了专业课教师的教学能力，提升了学校管理者的管理能力。

从 2012 年至 2014 年，国家在师资建设上投资了 12 亿元，定向扶持北京师范大学、华东师范大学等 20 多所大学的专业建设，致力增强这些学校的培养能力。2014 年，全国 60 多所大学招收的特教师资专业计划数比 2013 年提高了 36%。2017 年，教育部等七部门印发的《第二期特殊教育提升计划（2017—2020 年）》中指出，支持师范类院校和其他高校扩大特殊教育专业招生规模，提高培养质量。加大特殊教育专业硕士、博士研究生培养力度。

（五）特殊教育普及水平连年提升

2018 年，全国共有特殊教育学校 2 152 所，比上年增长 2.1%。全国共招收各种形式的特殊教育学生 12.35 万人，比上年增长 11.43%；在校生 66.59 万人，比上年增长 15.05%。其中，附设特教班在校生 3 316 人，占特殊教育在校生的比例为 0.50%；随班就读在校生 32.91 万人，占特殊教育在校生的比例为 49.41%；送教上门在校生 11.64 万人，占特殊教育在校生的比例为 17.48%。全国特殊教育学校共有专任教师 5.87 万人，比上年增长 4.78%。受过特教专业培训的专任教师比例为 75.65%，比上年提高 2.32 个百分点。在这些新增的教师队伍中，大多数都系统学习过本专业的专业课程，这就为教育质量的提高打下了坚实的基础。特殊教育为社会培养出了一批特殊人才，为国家的建设和社会的进步提供了支持。

（六）支持特教发展的社会氛围日益浓厚

关心支持特教的社会氛围越来越浓厚，近年来，社会慈善组织、公益组织等相关的社会机构纷纷成立，这些机构在关心支持特教方面不遗余力。以前特教学校从来都是无人问津的地方，但是现在局面正在悄悄地发生变化，社会资助、爱心捐款捐物正在从零星的自发组织转变成为经常性的捐助，慈善事业成为特殊教育学校的一大重要支柱。新闻媒体、社会工作者等相关机构和人员也纷纷关注特教发展，用自己的力量和方式为特教的发展注入了新的活力。

二、中国特殊教育的意义

（一）促进特殊儿童的发展

1. 能更好地开发特殊儿童的潜能

因为特殊教育一般都有经过特别设计的课程、教材、教学方法、教学组织形式和设备，十分强调根据特殊儿童的身心状况和不同水平进行有针对性的个别化教学，与普通教育相比，特殊教育能更好地对儿童因材施教，最大限度地发挥特殊儿童的潜能。而在普通教育中，多采用统一教材、统一进度、统一要求的班级教学，很难照顾到学习基础和接受水平过低或过高的儿童，不能满足不同水平儿童的学习需要。因此，特殊教育能更好地开发特殊儿童的潜力。

2. 能使特殊儿童成为自食其力的劳动者

教育是一种人力资源的开发，教育的资金投入可以产生个人的经济效益和社会效益。未受教育或受教育程度很低的残疾人，很多都要靠父母或社会来抚养。但是，接受一定的教育和职业训练后，他们就有可能成为自食其力的劳动者，甚至和正常人一样，

发挥自己的聪明才智，依靠自己的劳动为社会创造财富。而他们也只有

在为社会服务的时候，才能感到自己的存在，才能感到自己的社会价值和尊严。特殊教育的一个重要特征就是针对复杂多样的个别差异采取个别化的教育教学措施，最大限度地满足特殊儿童的特殊学习需要，通过适当的课程、组织安排、教学方法、教学策略、资源使用以及与社区的合作，使他们掌握一技之长，成为自食其力地对社会有用的劳动者和接班人。

3. 能更好地保障特殊儿童的教育权利

我国特殊教育条例明确规定，特殊教育是教育的一个重要组成部分，受教育权是每个儿童不可剥夺的权利。特殊儿童由于身心障碍的影响，往往处于社会边缘，成为典型的被排斥、被歧视的弱势群体。因此特殊教育就是使他们享有受教育的权利，满足他们基本学习需要的受教育机会，使他们为能生存下去充分发展自己的能力，有尊严地生活和工作、充分参与发展、改善自己生活质量所需要的。特殊教育既体现了教育公平的理念，又使每个社会成员都享有受教育的权利。

（二）促进社会的和谐发展

1. 能促进社会民主

特殊教育是随着社会进步，特别是人权进步而发展的，它是社会民主进步的一种体现。特殊教育体现了特殊儿童对社会民主与平等的诉求。特殊教育突出地体现了教育民主化特征，并通过对教育民主的追求，进而促进社会民主。特殊教育作为教育民主化的一个重要内容，为特殊儿童提供了一个平等接受教育的机会，包括入学机会、享有教育资源机会和教育结果的均等机会。特殊教育正是通过对特殊儿童实施平等的教育实践，来保障他们的受教育权和学习权，从而推进社会的民主发展。

2. 能促进社会公平

特殊教育在促进社会公平方面，主要表现为改变人们的社会观念、宣传平等思想。特殊教育作为一项社会活动，其本身就是弘扬公平、正义、民主、平等的过程。因此，特殊教育必然会促进社会的公平。20 世纪中期以来，男女平等、教育平等逐渐成为人们的共识，许多国家都在国家大法中明确规定，每个公民都享有接受教育的权利。我国《中华人民共和国宪法》第 45 条第 3 款规定："国家和社会帮助安排盲、聋、哑和其他有残疾的公民的劳动、生活和教育。"发展特殊教育是实现社会公平权利的必由之路。

3. 能促进社会文明

特殊教育是针对特殊儿童的教育，更是针对严重的感官残疾人的教育。

特殊儿童从被歧视、被虐待、被剥夺教育的权利到被同情和被接纳，经历了漫长而艰难的历程，从中可以明显地看出，特殊教育的发展本身就是人类社会生产力和文明程度不断提高的产物，是社会物质文明和精神文明的重要标志。因此，特殊教育能促进社会文明。

4. 有利于提高教育水平

特殊教育为特殊儿童，尤其是残疾儿童提供了接受教育的机会，同时也促进了普通教育的发展。随着我国特殊教育的发展，特别是通过特殊儿童的随班就读的发展，基本普及了特殊儿童的义务教育。在特殊儿童和正常儿童的融合教育中，培养儿童之间互助友爱的精神，一部分特殊儿童刻苦学习的行为为正常儿童树立了榜样，从而使特殊教育与普通教育相互促进，共同发展。因此，特殊教育有利于提高教育的整体水平。

第二章 专业素养：特殊教育教师及专业化概述

第一节 特殊教育教师素质要求与作用

一、特殊教育教师的素质要求

（一）特殊教育教师要具有良好的思想品德和人道主义精神

教育作为育人的活动有鲜明的阶级性、方向性、目标性。作为育人者，教师的思想品德是首要的核心的条件。《中华人民共和国教育法》第32条规定，教师享有法律规定的权利，履行法律规定的义务，忠诚于人民的教育事业。《中华人民共和国教师法》第8条规定，教师应当履行的义务包括遵守宪法、法律和职业道德，为人师表；贯彻国家的教育方针，遵守规章制度，执行学校的教学计划，履行教师聘约，完成教育教学工作任；关心、爱护全体学生，尊重学生人格，促进学生在品德、智力体质等方面的全面发展；不断提高思想政治觉悟和教育教学业务水平等。《中共中央国务院关于深化教育改革全面推进素质教育的决定》中也提出“教师要热爱党、热爱社会主义祖国忠诚于人民的教育事业”“教书育人，为人师表，敬业爱生”的要求。

对于特殊教育教师，国务院颁布的《残疾人教育条例》专门提出：“从事残疾人教育的教师，应当热爱残疾人教育事业，具有社会主义的人道主义精神，关心残疾学生，并掌握残疾人教育的专业知识和技能。”

可见，要担任特殊教育的教师，不仅需要具备一般教师应该具备的思想品德条件，还要具备对特殊学生的爱心，对残疾人教育事业的热爱。

（二）特殊教育教师要具有正确的教育观念

特殊教育的对象有缺陷和障碍，可特殊教育工作不能有缺陷和障碍，特殊教育教师的教育观念也不应该有缺陷和障碍。当然，正确的教育思想观念的形成需要一个过程，需要教师不断学习。

特殊教育的教育观应该是平等、全面的，即给所有特殊学生提供平等受教育的权利和机会，面向全体特殊学生，正像有的特殊学校将“一切为了残疾孩子，为了一切残疾孩子，为了残疾孩子的一切”作为工作的宗旨那样，教育不漏掉任何一个特殊学生，不放弃任何一个方面，要发挥特殊教育的育人和康复的整体功能。

特殊教育的教学观应该是以特殊学生为主体的。教学活动以学生的学为中心，通过教使学生学会学，建立师生合作、互动、和谐的教学环境；教学活动还应该是多层次、有差异的，从而适应不同程度特殊学生的需要。

特殊教育的学生观应该是平等的、发展的和承认差异的。特殊学生身心虽有缺陷或障碍，但他们的人格必须受到尊重，教师与他们的关系是平等的。发展是要发展包括特殊学生在内的所有儿童少年的天性，教育要承认、尊重和开发每个学生的发展潜能，促进他们的发展。上海市实行智力障碍学校教师、盲校教师、聋校教师工读学校教师岗位考核标准，并对考核合格者颁发“上海市特殊教育资格证书”。不同国家和地区对特殊教育教师的任职条件要求不尽相同。发达国家和地区对特殊教育教师的学历要求普遍是大学本科，并修满几十学分的特殊教育课程，有的还要求有一定年限的教育工作经历。双证书制度，既符合从事特殊教育工作不仅要具备普通教育教师的一般条件，还要具备普通教育教师不具备的专门条件的要求；也是对高出普通教育教师条件的特殊教育教师的特别认可和尊重。换句话说，只有单证书的教师只能在普通学校任教，而有双证书的特殊教育教师既可以在特殊学校任教，也可以到普通学校任教。

对于特殊学校校长的任职条件，国家另有具体的要求。国家教委发布《全国中小学校长任职条件和岗位要求（试行）》，规定中小学校长任职的基本条件是：拥护中国共产党的领导，热爱社会主义祖国，努力学习马克思主义；热爱社会主义教育事业，认真贯彻执行党和国家的教育方针、政策、法规；关心爱护学生，刻苦钻研教育、教学业务；热爱本职工作，有一定的组织管理能力；团结同志、联系群众。严于律己，顾全大局；言行堪为师生的表率；身体健康，能胜任工作。其他条件还有：乡（镇）完全小学以上的校长应有不低于中师毕业的文化程度，初级中学校长应有不低于大专毕业的文化程度，完全中学、高级中学校长应有不低于大学本科毕业的文化程度；中小学校长应分别具有中学一级、小学高级以上的教师职称；都应有从事相当年限教育教学工作的经历；都应接受岗位培训，并获得“岗位培训合格证书”。教育部发布的《特殊教育学校暂行规程》第35条规定：“特殊教育学校校长是学校的行政负责人。校长应具备、符合国家规定的任职条件和岗位要求，履行国家规定的职责。校长由学校举办者或举办者的上级主管部门任命或聘任……社会力量举办的特殊教育学校校长应报教育行政部门核准后，由校董事会或学校举办者聘任。校长要加强教育及其有关法律法规、教育理论的学习，要熟悉特殊教育业务，不断加强自身修养，提高管理水平，依法对学校实施管理。”

（三）特殊教育教师要有扎实的业务能力

业务能力是反映和衡量教师素质高低的主要标志之一。做一个合格的特殊教育教师需要有宽广的知识、过硬的教育教学能力和终身学习的自觉性。特殊教育多学科交叉的特点决定了特殊教育教师应该具有复合型的知识结构和运用并传授这些知识的教育教学能力。在这方面可以以美国对特殊教育教师提出的知识和技能结构为例。

1992年美国特殊儿童委员会在其制定的特殊教育教师任职资格标准中，对所有特殊教育教师提出了共同的核心性知识与技能的要求，共107项；并分别对从事幼儿早期特殊教育、聋或重听特殊教育、情绪和行为障碍特殊教育、学习障碍特殊教育、智力落后和发展性障碍特殊教育、视觉障碍特殊教育、肢体和健康障碍特殊教育、超常或高天资特殊教育的教师提出专门性知识和技能方面的要求，共428项，对每一类特殊教育教师的要求数量和内容都不同。不论是共同要求还是专门要求，都包括八个方面：一是特殊教育的哲学、历史和法律基础。要求教师能从历史沿革的角度了解和阐述特殊教育领域，特别是自己从事的特殊教育领域的基本理论；知道并能执行与特殊教育有关的法律法规和政策；清楚本专业领域的基本概念和基本情况；清楚为特殊教育对象提供的教育安置体系和其他服务体系。二是学习者的特征。要求教师要全面了解学生，这其中包括教师必须知道和掌握学生的缺陷情况、心理活动特点和所需要的专门帮助，例如学生的致残原因、缺陷给学生及其家庭、社会在教育、心理、职业安置、个人生活等方面带来的影响。三是评估、诊断和评价。要求教师掌握评估、诊断、评价所教学生的工具和内容，并且要遵守公正评估和正确利用评估、诊断结果的道德规范和法律规定。四是教学内容和实践。这方面提出的要求最多，在众多要求中要贯彻一个基本原则，即教学要根据特殊学生的特点，满足其各方面需要。包括要从学生的实际出发制订教学计划、修改教材、选择教学方法、确定教学时间、安排医疗护理等。五是教与学环境的设计和管理。既强调设计和管理教的环境，也强调设计和管理学的环境。要求教师具有较强的动手能力，不仅会利用现成的教学环境，还要会自己动手设计、改造和布置环境。要有依据实际变通的灵活性，不提倡特殊教育的教学环境、内容、方法千篇一律、长期不变。要有教不同类型特殊学生所需要的专门知识和技能。六是学生行为和社会交往技能的管理。要求教师懂得与学生行为管理有关的法律、规则和伦理学基本理论，懂得身体缺陷在行为上会产生的影响。要注意环境在培养特殊学生个人行为和社会交往技能中的作用，强调对学生行为实施最少集中式的干预，尽量采取因人而异的管理。提出行为管理的目的是增进特殊学生的自信心和能力。七是交往与伙伴合作关系。要求特殊教育教师有较强的社交能力，运用合作的策略与学生、家长、同行以及其他专业人员进行沟通和合作，在交往和合作伙伴关系中，特殊教育教师应起到建设性作用、咨询作用、参与作用。教师必须会利用社会服务部门、网络、团体的资源，发挥社会上的各种资源在特殊教育工作中的作用，将特殊教育某一领域的工作与整个特殊教育和整个社会联系起来。八是职业特征与道德规范。对特殊教育教师提出了若干职业规范，例如，对文化、宗教、民族背景、性别不同的学生无歧视性；在职业实践中行使客观的评判；以道德的方式使用已获得版权的教育资料等。

根据我国特殊教育的实际情况，对特殊教育教师还需要强调以下这些能力：

1. 教学组织能力

教学是特殊学校的中心工作，所以教学组织能力是特殊教育教师最基本也是最重要的业务能力。教学组织能力包括课堂教学的组织能力、班集体的组织能力、各类活动的组织能力。受身心障碍的影响，特殊学生学习动机的激发、注意力的集中和保持、学习进程的调控比起普通学生要困难得多，加之特殊学生容易出现突发性的异常行为，组织教学的相应难度加大。这就需要特殊教育教师具有驾驭教学活动的本领、机智灵活的应变能力。借鉴国外对特殊教育教师的要求，教学组织能力还应该包括协作能力、宣传发动能力等。促进特殊学生的成长，补偿他们的缺陷，单枪匹马是做不到的，要靠学校全体教职工、家长以及社会各方面人员的共同努力。为此，特殊教育教师应该有团结协作、宣传发动的能力，争取方方面面的配合与支持。

2. 动手能力

培养特殊学生具有动手实践能力，教师必须首先要有较强的动手实践能力。特殊教育教师要能够制作简易乃至比较复杂的教具、学具。在这方面，德国特殊学校的教师非常重视自我动手能力的培养，不用单纯地等、靠、要，他们能够根据教学内容和特殊学生学习的需要自己设计、自己选材、自己加工和制作教具和学具，因此排除了教学中的难点。当前计算机正在特殊教育领域迅速普及，国家要求教师能比较熟练地使用计算机，掌握现代化教学手段并能恰当地应用于教学过程，这成为特殊教育教师一项必备的动手能力。事实说明，凡是创造和动手能力强的教师，其教学过程就比较生动、有趣，特殊学生参与学习活动的主动性和积极性就高，收到的教学效果也更好。

3. 表达能力

表达能力是教师的基本功，它包括语言表达能力（口语的、书面语的）和非言语表达能力（手语的、姿势表情的）。教学过程中教师的主导作用是借助于表达而体现出来的。对特殊教育教师来说，其表达能力非但不能因学生有缺陷而降低水准，相反，要求应该更高、更严格。因为特殊学生主要通过教师的讲解来学习知识，教师如果表达不准确、不规范，特殊学生就无法形成正确的概念。因此，特殊教育教师语言表达要规范、准确、清晰、生动、形象、富于启发性，速度适中；盲校教师需要具备熟练的书写和阅读盲文的能力；聋校教师需要具备形象、舒展、富有表现力的手语表达能力和流畅的翻译能力。

4. 从事教育教学研究的能力

特殊教育正在朝现代化的方向发展，现代化的特殊教育需要现代化的教师。现代化的特殊教育教师应该是科研型的教师，能够自觉运用辩证唯物主义和历史唯物主义的观点，用科学的教育理论指导自己的教育教学工作，研究教育中的各种问题，认识和总结特殊学生和特殊教育的规律及特点，从而不断地有所发现、有所发明、有所创造、有所前进。从某种意义上讲，特殊教育教师科研素质的提高，对特殊教育事业质的提高和发展将起到关键性的作用。

5. 终身学习的自觉性和能力

现代化的特殊教育教师还应该是具有终身学习自觉性和能力的教师。现代化的社会新学科、新知识、新技术层出不穷，对人的素质的要求不断提高。特殊教育教师要培养适应社会发展的特殊学生，自己首先必须不断学习，不断地更新自己提高自己，跟上时代和社会的发展。要做到这一点，教师就需要有终身学习的自觉性。一位特殊教育教师说：“做老师是一时的，做学生是永远的。”

（四）特殊教育教师要有良好的心理素质

良好的心理素质是指特殊教育教师在工作过程中要保持健康的心理品质和情绪状态。面对各种残疾缺陷的儿童，教师能否保持健康的心理状态与教育教学能否顺利开展有直接关系。特殊教育教师要具有的良好心理素质是一个整体，其中需要强调的有以下两点。

1.教师要有较多的兴趣和爱好

教师的兴趣和爱好一方面表现在工作之中，对工作有兴趣有爱好会转化为行为的动机，从而乐于钻研教育教学问题；另一方面表现在工作之外，有多方面的涉猎，知识面广。这对教师丰富教育教学内容、提高教育教学质量大有裨益。譬如，有的教师爱好集邮，就利用邮票题材广泛、形象直观、展示方便的特点结合课程内容让特殊学生观赏邮票，使学生获得了直观印象，能比较容易地理解教材。有的教师喜欢篮球运动，就将篮球比赛的成绩引入数学课的分数教学。这些做法很自然地把课堂与生活联系了起来，学生在学习和运用知识的同时还被老师的兴趣爱好所感染，渐渐培养起自己的兴趣爱好，这对特殊学生的健康成长是十分有利的。

2.教师要有比较平和与稳定的情绪

特殊教育教师都有这样的体会：容易烦，容易急，容易有失落感。特别是教智力残疾和多重残疾的学生时更容易有这样的心理体验。特殊学生学得慢、忘得快，不良行为习惯矫正起来难。在同等教学时间内，特殊教育教师付出的努力要比普通教师多得多，而得到的教学效果却比普通教师少得多。普通教师都会有教学相长的喜悦，而特殊教育教师常常有事倍功半的烦恼。换句话说，特殊教育教师辛勤的汗水经常得到的不是收获，而是挫折。因此，当一名特殊教育教师特别需要平和与稳定的情绪，面对工作中的难题、挫折能及时调整心态，戒急戒躁。一位在智力残疾儿童学校工作多年的老师说：“特殊教育教师要克服得了无奈的感觉。”

二、特殊教育教师的作用

（一）特殊教育教师对社会发展所起的作用

1.保障和实现特殊儿童受教育权

承认并以法律形式保障特殊儿童的教育权，是一个国家文明程度和法制化程度的重要标志之一。将法律条文上的权利变为特殊儿童真正得到的实际权利，离不开千千万万从事特殊教育工作的教师。正是特殊教育教师使原本失学的特殊儿童，特别是使那些处在不利的经济文化环境的，或者残疾程度严重的特殊儿童受到适当的教育，使平等教育权的原则得以实现。同时，特殊教育教师还要对各种损害特殊儿童权益的现象进行说理、抵制和斗争，代表特殊儿童维护其应有的权益。特殊教育事业也是一项人道主义的事业。特殊教育教师通过自己的工作把党和政府的关怀、全社会的关爱传递给特殊学生，让他们切身感受到自己生活在充满温暖的社会主义的大家庭中。

2. 传播人类的文明，促进社会进步

特殊教育教师通过教育教学活动将人类发现和创造的科学知识和成果传授给一批又一批特殊学生，使他们也能继承、掌握并将其转化为自身的知识和能力。特殊教育可以使特殊学生的潜能不断得到挖掘，自信心不断得到增强，从而也成为可以为社会做贡献的劳动者，成为两个文明的创造者，这对于促进我们社会的进步的意义非同小可。我国数千万的残疾人是一个不容忽视的社会群体。残疾人自身不利的条件使他们处于社会弱势群体的地位，如果不接受特殊教育和训练，他们还会是一个庞大的文盲群体和纯消耗社会财富的群体。试想，一个文盲的残疾人，不能为社会做太多事情，甚至还要依赖社会的救济，那么他的社会价值就不能充分体现，从某种意义上讲，他还处于一个自然人的状态。特殊教育所起的重要作用之一，就是把残疾人培养成能推动国家繁荣社会进步，体现出自身社会价值的社会人，从而将残疾人这一庞大的群体转化成巨大的人力资源，使其成为两个文明的建设者。

3. 为民解愁，有利于社会的稳定

特殊儿童的出现，对社会，更主要的是对他们的家庭是种压力。这种压力不单是教育上、经济上的，更主要的是精神上的。我国上千万各类特殊儿童至少涉及几百万个家庭，而且一个有特殊儿童的家庭会影响到好几个家庭及其所有成员的心态。面对特殊儿童，父母要考虑抚养、教育、工作、生活等一系列问题，这些问题对家长来说都是难题。例如，我国有学者调查研究聋生父母的压力问题发现，所有聋生的父母都反映因孩子耳聋而深感压力。直接造成聋生父母压力并排序在前的事件包括孩子的学习、孩子的身体、孩子的将来、孩子的社会地位、公众对孩子的态度等。调查还发现，每天身负压力的家长缺少了正常家庭那种为人父母的欢乐。可见特殊儿童的教育、康复问题若得不到解决，将使数以百万计的家庭面临困境，从而成为波及面很大的社会问题。由此可以看出，特殊教育教师从事的特殊教育工作是一项福在儿童、利在家庭、功在社会的大事，也是为民解愁，有利于家庭祥和、社会稳定的善事。

（二）特殊教育教师对特殊学生发展所起的作用

在特殊学生一生的成长过程中，特殊教育教师同样发挥着巨大的作用。这些作用也可以概括为以下三点：

1. 特殊教育教师是特殊学生生活道路的引导者

初入学校的年幼特殊儿童还是一群天真无邪不懂事的孩子，在学校的十几年间他们将在老师的教育中思想逐渐成熟，知道应该做对社会有用的人的道理，并从老师的一言一行学习怎样做人。例如，每当有进步时他们都会看到老师赞许的目光；有了过错，老师会循循善诱地开导；出现困难，老师会马上倾力相助。正是从老师的言传身教中特殊学生懂得了什么是人间的真、善、美。特别是在培养特殊学生树立自尊、自强、自信、自立的信念，走上正确的人生道路方面，特殊教育教师是特殊学生的指路人。一位后天失明的盲童曾这样写下他的痛苦心情："我来到离别数载的大海，/竭力把久已失去光彩的眼睛睁得很大很大，/想再看一眼梦牵魂绕的大海，/想再一次追忆那逝去的年华。/就这样很久很久，/直到眼里涌出海水般苦涩的泪花。/我走近几步慢慢蹲下，/捧起被海岸击碎的朵朵浪花，/这浪花分明就是我，/我分明就是它。"残疾给儿童心灵造成的创伤由此可见。而且当受到外界不公正的待遇时，他们内心的伤痛会进一步加剧，甚至会失去生活的信心和勇气。所以，特殊教育教师担负着抚平特殊儿童心灵上的创伤，唤起他们热爱生活，追求幸福的信念的责任，要使他们从失望、痛苦中解脱出来。海伦·凯勒也曾这样赞誉教师："我的老师与我相亲相爱，密不可分，我永远也分不清，我对所有美好事物的喜爱，有多少是我内心固有的，有多少是她带给我的。我觉得我的存在离不了她，我是沿着她的足迹前进的。我生命中所有美好的东西都属于她，我的才能、抱负和欢乐，无不由她的爱所点化而成。"

2. 特殊教育教师是特殊学生身心缺陷的康复者

一位美国特殊教育专家说过这样一句话：医学的终结就是教育的开始。意思是，对残疾，医学无能为力之日，就是教育施展功夫之时。这句话是有道理的。现在，特殊教育是全方位的，针对不同类别不同程度特殊学生的不同缺陷都有特殊教育教师在研究总结教育训练的策略方法。接受过特殊教育的学生可以获得不同程度的康复，其中一些人能够达到或基本达到与普通学生相似的水平。教育训练的康复效果是令人瞩目的。教育康复已成为康复的主要途径之一。因此，特殊教育教师不仅承担传道、授业、解惑的教师角色，同时是特殊儿童言语矫正、定向行走职业治疗的训练者，身兼二职甚至数职。

3. 特殊教育教师是特殊学生知识和能力的培养者

特殊学生比普通学生更难获得知识，他们的能力也难有大的提高。在现代社会，缺乏知识和能力是无法充分参与社会生活的。科学家培根说"知识就是力量"，对特殊学生来说，知识就是他们自立于社会的力量。这个关系特殊学生前途命运的力量，主要是特殊教育教师给予和培育的。特殊教育教师殚精竭虑，克服重重困难，想尽千方百计给特殊学生传授知识和培养能力。如果说自尊、自强、自信、自立是特殊学生生活航船的风帆，知识和能力是驾驶航船的双桨，那么，特殊教育教师不但帮助特殊学生将风帆升起，而且帮助他们摇起了双桨，使他们能够驾驶航船在社会生活的大海里破浪远行。

第二节　特殊教育教师的构成与培养

一、特殊教育教师的构成

特殊教育不同于普通教育，特殊教育不但需要教文化课的专业教师，而且需要从事特殊儿童身心障碍矫正或康复训练的专业技术人员；不但需要在特殊教育学校工作的教师，而且需要在普通学校工作的特殊教育教师；不但需要懂得特殊教育的教师，而且需要懂得特殊教育的学校行政管理人员。

（一）特殊教育教师的种类

根据国内外特殊教育的发展现状，特殊教育教师除了包括文化课专业教师，如特殊学校中从事语文、数学、物理、化学、外语、体育、音乐、美术等学科课程教学的教师，还包括以下种类。

1. 职业课专业教师

如我国特殊中等职业学校中的按摩、服装设计、木工、机械、养殖等专业课的教师，国外特殊学校从事汽车修理、印刷、西餐面点制作等职业教育的教师。

2. 实习指导教师

该类型教师是在特殊职业学校中专职从事指导学生实习工作的教师，其主要任务是辅导学生掌握实际操作的技能。

3. 班主任教师

在我国特殊学校，班主任一般是由各种类型的教师兼任的。按照教育部颁发的《特殊教育学校暂行规程》第二十四条的规定：特殊学校要在每个教学班设置班主任教师，负责管理、指导班级全面工作。班主任教师要履行国家规定的班主任职责，加强同各科任课教师、学校其他人员和学生家长的联系，了解学生思想、品德、学业、身心康复等方面的情况，协调教育和康复工作。

4. 资源教师

该类型教师是在普通学校资源教室专职从事对普通班教师和学生进行有关特殊教育服务的教师。主要职责包括设计辅导计划、进行诊断评量、实施补救教学、提供咨询服务。

按照工作方案的性质资源教师分为三种：对到资源教室接受辅导的学生进行直接教学的，通常称为“诊断或补救教师”；仅为普通班教师提供咨询服务，而不直接面对学生进行教学的，通常称为“资源咨询教师”；有部分时间直接接触普通班教师或特殊儿童的，通常称为“资源教室教师”。

5.巡回教师

该类型教师指往返于两所以上学校、家庭、医院对特殊学生进行教学辅导，并对普通班级的教师予以协助的专职教师。

我国一些特殊学校还设有生活指导教师，台湾地区规定特殊学校应设立属于特殊教育助理人员范畴的住宿生管理员，他们都是负责住宿的特殊学生的课后活动指导、生活管理的教师。此外，台湾地区的特殊学校还设有教师助理员，从事助教工作。

（二）特殊教育的专业人员

物理治疗师，是专门从事应用人工物理能量因素治疗伤残或疾病的医师。物理疗法包括电疗、水疗、磁疗、按摩、针灸、器械疗法等。有些特殊学校设有专门的配有各种康复器械的康复训练室、水疗室、按摩室等。对特殊儿童的感觉统合训练也采用器械疗法。

1.职业治疗师

职业治疗师也称为作业治疗师，是专门从事作业活动对特殊学生进行治疗助其康复的专业人员。职业疗法中的“职业”不等同于平常人们所说的工作职业，职业疗法涉及的活动面很宽，包括：日常生活所必需的个人活动，如吃饭、穿衣；认知和教育活动；表现性和创造性活动；生产和职业性活动；消遣性活动。让特殊学生通过有目的的、经过选择的作业活动（即像完成作业一样）的训练，改善或重建其较薄弱的或已丧失的某种活动能力。

2.语言矫正师

该类型专业人员专门从事言语障碍矫正和进行语言训练工作。

3.心理咨询人员

该类型专业人员专门从事学校心理咨询，以及学生心理辅导、行为改变工作。

4.社会工作者

该类型专业人员为在校特殊学生提供咨询服务。受过社会工作的专业训练，并了解特殊学校的工作过程，有较好的沟通能力。主要职责是帮助特殊学生熟悉和适应学校环境，同时帮助学校了解特殊学生，向家长解释学校的教学目标和方法，使学校与学生、家长建立一种良好的合作关系。

5. 听力学工作者

该类型专业人员主要在聋校专门从事听力检测、助听器选配及维修工作。

6. 定向行走工作者

该类型专业人员在盲校专门从事定向行走训练工作。

7. 职业辅导工作者

该类型专业人员专门从事特殊学生就业前的职业能力评量、择业辅导、职业介绍工作。

（三）特殊学校的行政人员

按照国家规定，我国特殊学校要按编制设立校长、副校长、教务主任、总务主任，在特殊学校的行政人员中专门负责教育活动的人员还有少先队、共青团辅导员。虽然他们从事的是行政管理工作，但是仍然属于特殊教育教师的范畴。

二、特殊教育教师的培养

（一）特殊教育教师的培养方式

现在国内外特殊教育教师的培养主要采取两种方式：一是通过专门的特殊教育学院（系、专业）进行；二是通过综合性院校或综合性院校中的教育学院进行，如美国、英国采用的就是这种方式。

1. 专门的特殊教育学院（系、专业）培养方式

俄罗斯、韩国及我国主要采用这种方式培养特殊教育教师。这种专门的特殊教育学院（系、专业），俄罗斯及我国是设在师范院校中，韩国有的是设在综合性院校中。

从苏联至现在的俄罗斯，高等特殊师范教育已有近百年的历史。1918 年彼得格勒学前教育学院设立了俄罗斯第一个儿童缺陷教育学系，即现在的圣彼得堡师范大学特殊教育系。苏联在 20 世纪 50 年代只有莫斯科、列宁格勒和基辅 3 个城市有 4 个特殊教育系（含一个函授的系），地理分布不够合理，到 20 世纪 80 年代逐步发展到 10 多个系。苏联解体后，俄罗斯高等特殊师范教育的格局基本未变，现俄罗斯师范大学中的特殊教育学院（系）设盲教育、聋教育、智力落后教育、言语矫正四个专业。

20 世纪 80 年代我国在师范院校建立起特殊教育师资培养体制，开始是由中级特殊教育师资和高级特殊教育师资培养机构两个层次构成，现正在调整为

由专科和本科培养机构两个层次构成。同时为了适应特殊教育发展对师资的要求，我国还通过在普通师范院校开设“特殊教育概论”“随班就读教学”的必修或选修课，向非特殊教育专业的师范学生普及特殊教育的基础知识；在成人继续教育范畴中开设专科层次的特殊教育夜大班或函授班；在国家高等教育自学考试中开设大学学历的特殊教育专业课程。这种职前培养与在职培训相结合的方式构成了我国特殊教育师资培养的基本体制。

2. 综合性院校或综合性院校中的教育学院培养方式

美国通过大学院校培养特殊教育师资是在第二次世界大战以后，特别是1975年美国《所有残疾儿童教育法》规定高等教育机构或其他机构培养特殊教育师资可获得补助款或拨款之后，高等特殊教育师资的培养有了长足的发展。现在，全美国有几百所大学培养各种类型的特殊教育师资，形成了从学士学位到博士后教育的完整体系。20世纪70年代至80年代，美国高等教育中的特殊教育专业门类分得很细，包括盲、聋、智力落后、言语矫正、特殊教育管理等十几个专业，仅培养聋教育师资的大学就有75所，每年约有1000名毕业生。20世纪90年代以后美国特殊教育专业设置有调整的趋势，有的大学按照社会的需求增加了学习障碍、双语教学等专业；有的大学特殊教育系将聋教育专业取消，而将有关的教学内容并入交往障碍系或交往障碍专业的课程中；有的大学连特殊教育系也取消了，只开设一些特殊教育课程。但专业方面的增删合并尚未影响美国高等特殊教育师资培养的整个格局。

英国没有专门的师范院校，普通教育师资和特殊教育师资主要由普通院校来培养。英国培养特殊教育教师实行两种方式：一种是学生就读于大学的教育学院，获学士学位，然后考取教师任职资格证书；另一种是“3+1”制，学生先在普通大学学习3年获得学位，再到教育学院学习1年的教育课程，获得教育证书，然后考取教师证书。不论通过何种形式，都要在获得教育证书、教师证书的基础上再通过考试取得特殊教育证书。为了保证普通院校具有培养特殊教育师资的能力，加强对特殊教育师资的培养，英国相关教育法规作了一系列规定，如学生要获得教育证书，必须学习一定学分的特殊教育课程，大学的教育学院应有提供最基础的特殊教育课程的能力；所有教师（不论是普通教育教师还是特殊教育教师）的职前培养的课程均应包括特殊教育的内容，并且英国教师资格委员会只承认开设特殊教育课程的师资培训机构。可以看出，英国在培养中小学教师时，既重视他们的普通教育能力的培养，同时也在此基础上培养他们的特殊教育的能力，走的是一条特殊教育师资培养普通化，普通教育师资培养特殊化的道路。

《中共中央国务院关于深化教育改革全面推进素质教育的决定》中指出："鼓励综合性高等学校和非师范类高等学校参与培养、培训中小学教师的工作，探索在有条件的综合性高等学校中试办师范学院。"因此，通过综合性院校或综合性院校中的师范（教育）学院培养特殊教育教师的手段在新时代我国教育改革过程中必然会出现，特殊教育学科的学分课程也会进入综合性大学，这样，我国特殊教育师资培养体制将进一步完善。

（二）特殊教育师资培养的课程结构

特殊教育师资培养模式的各异，规定了特殊教育师资培养的课程结构模式的不同。概括起来，国内外高等特殊教育教师培养的课程结构主要有两种模式。

1. 师范类课程 + 特殊教育专业课程的结构模式

这种课程模式是与通过高等师范院校或综合性大学的特殊教育学院（系、专业）培养特殊教育师资的模式相适应的。在这种课程结构中，包括一般公共基础课、心理和教育的公共基础课、特殊教育基础课、特殊教育专业课、专业实践等部分。其中，特殊教育基础课是面向特殊教育不同专业的学生开设的，特殊教育专业课既可以是综合性的，也可以是按专业方向分别设置的。每一部分的课程都包括必修课程和选修课程。各国各地区特殊教育学院（系、专业）的学制、培养要求不同，各部分课程的比例和实践活动的比重也不一样。例如，俄罗斯高等师范院校特殊教育学院（系）既培养特殊学校的文化课教师，如俄罗斯语言文学课教师、数学课教师，也培养特殊学校的专业人员，如言语障碍矫正师。按照 1995 年俄罗斯制订的全国统一的培养方案，特殊教育各专业的课程由一般文化类课程、心理教育类课程、专业类课程、选修课、专业实习见习活动构成，教学周共 255 周。以"言语障碍矫正专业"为例，其一般文化类课程有 22 门,1800 课时，占总课时数的 21.3%；心理教育类课程有 18 门，2000 课时，占总课时数的 23.7%；言语障碍矫正专业类课程有 32 门（其中 20 门是特殊教育各专业共修的，12 门是该专业专设的），3584 课时，占总课时数的 42.5%；校、系设置的选修课共 1050 课时，占总课时数的 12.5%；专业实习 20 周，占总教学周的 7.8%。

2. 非教育类学科课程 + 特殊教育专业课程的结构模式

这种课程结构是与通过综合性大学培养特殊教育师资的模式相适应的。在这种课程结构中，学生先学的是一个非教育类专业，如计算机专业、植物保护专业，在修完这类专业课程的同时或以后，再学一定学分的教育类和特殊教育的专业课程，然后经考核合格取得相关的教师资格证书后从事特殊教育工作，例如前面介绍的英国特殊教育教师的培养模式。事实上特殊教育教师不可能都是由特殊教育学院（系、专业）培养，或者由师范院校其他专业培养的，许多教师来自综合类大学。因此，非教育类学科课程＋特殊教育专业课程的结构模式能适应扩大特殊教育师资来源途径的需要，也有助于特殊教育师资整体水平的提高。

第三节 特殊教师专业化概念及发展历程

一、特殊教育教师专业化的概念

（一）教师专业化

现代社会，教师显然是一种职业，但它是否属于一种“专业”呢？对此，众多学者都表达了他们的不同看法。社会学家埃利奥特等学者认为，教师与医生、律师、神甫职业并称为“四个伟大的传统专业”①。杜威在其《教育理论与实践的关系》一文中也提到“教师培训的问题是一种比较一般的问题——专业训练”。但埃齐奥尼等学者却认为教师培训的时间较短、特有的专业知识较少、社会地位较低、专业自主权缺乏、团体专有权难以确立。也就是说教师的专业性不及典型的专业人员，还没有达到完全专业的水准。故其将教师称为“半专业”人员②。

带着这种争论，有学者运用上述“专业”的特征和标准，从专业训练、专业智能、专业发展、专业道德、专业组织、专业自主六个方面对其进行了深入研究。认为教师专业至少在专业道德、专业智能、专业发展和专业训练这几个方面已经具备了一定的水准，但在专业组织和专业自主方面还难以达到“专业”的要求。但我们的认识不应只停留在“是或不是”这种二元化的思维方式。如前所述，职业成为专业本来就是一种动态的发展过程，即专业化的过程。所以，目前学者们比较一致的看法是，教师现在还是一个“准专业”或“半专业”，或者称之为“正在形成中的专业”，但一直在朝着“完全专业”的方向前进。这也是我们研究教师专业化，努力实现其专业化的意义所在。

---

① 赵康．专业、专业属性及判断成熟专业的六条标准——一个社会学角度的分析[J].社会学研究，2000（5）：30-39.

② Ornstein, Levine. An Introduction to the Foundations of Education [M]. Boston: Houghton Mifflin Company, 1984.

关于“教师专业化”，目前还没有一个大家都一致认可的概念。但根据上述对专业、专业化及教师职业特性的分析，我们认为教师专业化“是指教师个体专业水平提高的过程以及教师群体为争取教师职业的专业地位而进行努力的过程，前者是指教师个体专业化，后者是指教师职业的社会化。二者共同构成了教师专业化”[①]，并且二者是密切联系、相辅相成的。教师个体的专业化是教师职业化的根本方面，是教师职业专业化的基础和源泉。教师的专业发展是指教师在整个专业生涯中，依托专业组织，通过终身专业训练，表现专业道德，习得教育专业知识技能，实施专业自主，逐步提高自身从教素质，从而成为一个良好的教育专业工作者的专业成长过程。英国教育社会学家莱西称为“个人成为教学专业的成员并且在教学中具有越来越成熟的作用这样一个转变过程”[②]。而教师职业的专业化是指教师群体专业化的发展和社会承认形式，“是指一个职业（群体）经过一段时间后成功地满足某一专业性职业标准的过程；它涉及两个一般是同时进行并可独立变化的过程，就是作为地位改善的专业化和作为专业发展、专业知识提高以及专业实践中技术改进的专业化”[③]。它是教师群体专业化发展的必然结果，从根本上影响着教师个体专业化的进程和水平。实质上，教师个体的专业化和教师群体的专业化是一个问题的两个主要方面，我们注重教师职业的专业化，但有时更偏重于教师个体的专业化。

从上我们不难看出，教师专业化着重强调的是成长和发展的动态的历程。就教师个体的专业化来讲，主要体现在长时性和生长性两个方面。这种长时性是指教师的专业化是贯穿教师整个教学生涯的，从职业教育阶段到最初的职业生涯直到教育生涯终止。在长期与教育环境互动的过程中，教师需要不断调整自己的思想观念、价值取向，丰富自己的专业知识、技能，满足自身不同层次的需求，从而表现出与教师特定职业发展阶段相适应的角色行为。生长性则表现为教师的专业化发展具有累积性和连续性，过去所学、所积累的知识和经验，是现阶段其专业化发展的基础，也是未来其专业化发展所必须经历的一个过程。

（二）教师专业化的实现方法

围绕着教师专业化的研究和教师教育改革，极大地推动了世界各国对教

① 刘捷．专业化：挑战 21 世纪的教师 [M]. 北京：教育科学出版社，2002.

② 邓金．培格曼最新国际教师百科全书 [M]. 教育与科普研究所，编译．北京：学苑出版社 .1989.

③ 同上．

师专业化的探索，也使越来越多的人认识到，教育改革的成败关键在于教师，而教师的专业化是教师教育改革的关键和重点。对于如何实现教师的专业化，有以下两点经验值得参考。

1. 确立教师专业标准——教师专业化的关键

尽管教师专业化的运动已经持续了一个多世纪，但对于教师是否是一个“专业”仍然存有一定的争议，因此在一定程度上，教师专业标准的制定被看作是将教师发展成为一种专门职业的内在要求。事实也是如此，在欧美国家，作为专业化运动的一部分，教师专业化经常不可避免地要受到具有普遍价值的专业化策略的影响。要使教师职业成为一个专门职业，最简单、最直接的办法就是仿照一些成熟专业的现有模式。无论是从行业保护的角度，还是从从业人员的质量保障出发，建立教师专业标准都是教师专业化策略的不二选择。很显然，有一点是得到普遍认同的，即教师专业标准的核心意义在于在对教师职业进行必要的专业训练时为其提供一个可参照的标准，以确保教师的从业质量和排他性权利。在这方面，美国、英国、日本、德国等国家教师专业标准的制定与实施具有典型意义。

2. 实行教师资格认证制度——教师专业化的法律保障

为保证教师的素质，现在许多国家对教师的任教资格都有严格的规定，并实行了教师资格认证制度。它是指在一定的历史条件下，国家对从事教师职业、专业或教育教学活动的人所应具备的条件或身份的一种强制性规定，是国家对教师实行的法定的职业许可制度，是国家对专门从事教育教学工作人员的最基本要求，是公民获得教师岗位的法定前提。在国外，教师资格认证制度是一种非常通行的师资检测手段。美国、法国、德国、英国、日本是实行“开放性”师资培养模式的国家，例如英国有全国教师联合会（NUT），美国有美国教师联合会（AFT）、美国全国教育协会（NEA）等。还有以区域、专业科目形成的教师专业组织或团体，如美国国家科学教师协会（NSTA）等。这些组织或团体的建立，不仅仅是为了保护教师的权益，如提供法律援助、谋求教师福利待遇等，而且还担负着提高教师专业地位、制定教师专业标准、参与或实施教师素质提升和专业培训、出版专业期刊、从事教育问题研究、提供教育咨询等各类任务。如今，教师专业组织或团体在提供其成员专业成长机会，发挥教育的各种带动力量方面，发挥着越来越大的作用。

（三）特殊教育教师

从狭隘的定义上来说，特殊教育教师是整个教师队伍的一个重要组成部分，其工作地点是特殊教育学校以及相关机构，教育对象是有特殊需要的学生，教育任务是对特殊学生进行教育教学。从广阔的定义上来说，特殊教育教师包括学科文化课教师、职业技术课教师、资源教师、巡回指导教师、生活指导教师、康复治疗师等专业人员。我们的研究主要以从事教育教学工作的特殊教育教师为主。

（四）特殊教育教师专业化标准

澳大利亚的埃利雅德博士等，就教师专业化标准问题进行了研究，并提出了各自的见解。概括起来说，对教师专业化的标准的研究涵盖了3个基本范畴：教师专业知识的发展、专业技能的娴熟和专业意识的健全。另外，舒尔曼（Lee S. Shulman）提出6点标准：服务的理念和职业道德；对学术与理论知识有充分的掌握；能在一定的专业范围内进行熟练操作和实践；运用理论对实际情况作出判断；从经验中学习；形成一个专业学习与人员管理的团体。

所谓特殊教育教师专业标准，指的是在特定教学领域中的从合格到优秀的特殊教育教师所应该具备的基本专业标准体系。从事特殊教育的教师必须具有自己的专业标准并且对专业发展享有自主权，才能获得较高的社会地位。对这一标准的研究，归根结底是为特殊教育师服务的，而标准的制定最终目的又回到促进教师专业水平发展上来，这一良性循环中不可或缺的重要环节就是特殊教育教师专业标准。

二、特殊教育教师专业化发展历程

（一）教师专业化发展阶段

教师专业化发展过程受多种因素影响，大致可分为三个阶段：专业化初始阶段、专业化提升阶段、专业化发展阶段。

1.专业化初始阶段

制度化教育形成之前，教师是一个相当自由的职业，没有培训和考核的要求，只要有知识和兴趣，任何人都可以开馆设学。古代官学、私学等教育实体形成以后，教师从业就有了资格的问题。一个人要成为教师，至少应该掌握并会使用文字，这是一个很低的要求。这种局面在教育机构成立以后才逐步得到改变，尤其是在第一次工业革命以后，西方发达国家纷纷实行义务教育，教育第一次成为公共事务，政府对教师教育的干预提到了议事日程上。于是一些国家通过立法或行政手段，创立了培养教师的正规机构，规定教师任职资格，使教育规范并走向正规化、制度化。

2. 专业化提升阶段

随着义务教育普及和班级授课制的实施，时代和社会的需求对教师职业提出了新挑战。教师数量的增加和教师素质的提高成为教师专业发展中的一个重要内容。于是各国政府开始采用延长教师教育年限、提高教师培养规格、多元化渠道培养教师等措施来化解这种矛盾。法国拉萨尔创办了第一所正式的师资培训学校，之后德国、奥地利等开始出现短期师资培训机构。到18世纪中下叶，师范教育理论已见轮廓，并在此基础上相继出现了师范学校并颁布了相关法规，如中等师范院校的设置、师资训练、教师资格证书等。同时，师范教育也开始注重教学方法的培训，对教师进行专门的教育训练。

3. 专业化发展阶段

进入20世纪80年代以后，各国普遍重视人才培养，教育改革不断推行。在教育改革浪潮的推动下，教师专业化有了实质性的进展，教师个体专业化水平成为教师专业化运动的重心。其具体表现在以下几个方面：第一，教师资格制度化。教师资格标准是对教师专业素质的全面要求。教师资格证书制度或教师资格认证制度是国外的师资检测手段。当前许多国家为保证教师的专业水平，实施教师资格证书制度，通过高标准教师职业要求的制定，加快教师专业化进程。第二，教师学历高层次化。目前世界上许多发达国家的中小学教师学历都有提高的趋势，大都提高到大学毕业以上程度，具有学士以上学位，一部分研究生也补充到中小学师资队伍中。教师培养机构分别培养各级教师，以提高教师的专业素质水平。第三，教师教育一体化。一体化的教师教育应包括三层：职前培养、入职教育和职后提高。教师的专业发展贯穿于职前培养和职后进行的全过程。当今世界各国一方面延长中小学教师职前教育专业学习年限，另一方面大力推广教师在职进修工作。目前各国普遍通过立法保障教师继续教育，完善培训体制，并采用多样化的培训方式，实施灵活而系统的课程安排，从而保证教师的专业水平持续有效地提高。第四，教师发展全面化。终身教育理念的渗透，强调教师应树立终身学习的意识，主动汲取新知识，不断提高自身专业素养。尽管各国对教师素质要求各不相同，但普遍重视知识更新和开拓创新能力。教师要由“单一型”向“复合型”发展，成为适应时代要求的多面手。

（二）我国特殊教育教师专业化历史变迁

自19世纪末，英国和美国传教士在我国开办盲校和聋哑学校以来，特殊教育越来越受到我国政府的关注，特殊教育学校也如雨后春笋般在全国各地不断出现、增加，对特殊教育教师的培养也被重视起来。为了使特殊儿童得到更好的教育，作为特殊教育发展中坚力量的特殊教育教师，其专业化发展也是至关重要的。新中国成立以前，培养特殊教育教师基本上都是以“师傅带徒弟”的方式为主。新中国成立以后，1959 年，国家教育委员会（现国家教育部）联合有关组织举办了盲校体育教师训练班，让体育教师参加为期 1 个月的短期培训，在此之后又建立了聋哑教育师资讲习所。在这个时期，国家也公派过少量的留学生到苏联学习特殊教育的知识和技能。总之，当时我国培养师资的方式是以“师傅带徒弟”和短期培训为主，并没有成立专业性的特殊教育师资培养机构。

改革开放以来，党和政府加快了建设和发展特殊教育师资队伍的步伐。自 1988 年第一次全国特殊教育工作会议召开以来，党和政府出台了一系列政策文件，旨在提高教师专业化水平，促进教师专业化发展，通过建设专业化的师资队伍来保证特殊儿童受教育的质量，并且填补我国在特殊教育领域的理论短板，在一定程度上引领教育事业的发展。

近年来，国家相继出台各种文件，提出一系列关于对特殊教育教师进行培养、培训的相关举措，对培训方式、培训内容以及培训层次都做了相关规定，并且将提高教师教研、科研水平也列为教师专业化发展的重要内容。此外，也将提高教师待遇作为激励教师专业化发展的有力的外部因素，并做了详细的规定。

第四节　特殊教育教师专业化发展现状

一、特殊教育教师专业化发展所面临的问题

影响整个教育事业发展兴衰成败的关键因素是教师的专业化发展水平。这也直接影响着特殊儿童的教育质量。“得天下英才而教育之”需要的是一支专业化水平高的师资队伍，但在发展过程中却存在着诸多问题。

（一）职业准入门槛低，缺乏专业化标准

对于特殊教育教师专业化标准问题我国一直在探索当中，至今没有制定出切实可用的专业标准，这使得我们在特殊教育教师的准入门槛、专业理念、专业知识以及专业能力等方面没有相应的行动指南。因此，导致了以下几个问题。

1. 从事特殊教育的教师并非特殊教育专业出身

从事特殊教育的教师有相当大的一部分并非特殊教育专业出身，只是接受过普通师范教育，没有系统学习过特殊教育的有关理论知识与技能。例如在聋班的语文课的授课过程中，有些教师手语不是很熟练，甚至不知道想要表达的意思要如何用手语表达出来，还需要临时向学生请教。这样虽然可以教学相长，但是也从侧面反映出非特殊教育专业出身的教师本身在教学技能上的欠缺。

2. 教师所教课程与其所学专业不符

由于特殊教育学校师资短缺，但又要满足特殊儿童的教育需求，学校不得不降低入职门槛，让一些非科班出身的教师去讲授与所学专业不符的课程，来满足对师资的临时性和应急性要求。

3. 特殊教育教师的学历整体上虽已达标，但专业学历层次较低

特殊教育学校往往包含小学、初中，甚至幼儿园、高中等多个不同学段。因此，特殊教育教师的准入学历要求处于尴尬而模糊的境地。

4. 国家特殊教育教师资格认证制度欠缺

我国至今也没有建立起一套完善的国家特殊教育教师资格认证制度，很多省份的教师资格证考试为全国统一考试，在学科分类中也没有将“特殊教育”作为单列选择，特殊教育专业学生只能选择学科教学以考取教师资格证，并且到特殊教育学校任教只需要具备普通的教师资格证书，其专业化水平令人担忧，这在一定程度上降低了特殊教育教师的准入条件。并且我国的《专业标准》至今也尚未对特殊教育教师制定全国性的准入条件，如河北省对特殊教育教师的准入条件仅仅是参照普通教育教师的准入条件执行，从普通话、课堂教学能力、教育学及心理学相关背景知识进行考核。有些教师只是具备了最基本的专业知识和能力，但并没有胜任某一障碍类别领域的教育能力。

（二）目标定位模糊，偏离专业化发展方向

教师专业化要以不断提高自己的知识与技能，加强教育教学研究，最大限度地满足特殊儿童需要，促进特殊教育事业的发展为发展目标。而笔者通过对特教中心的教师进行访谈，从中了解到许多教师发展重心偏颇，从从事特殊教育工作的初衷来看，也没有很强的专业情感，由此导致专业发展目标出现错位。受访的教师在发展目标上普遍存在重学历轻能力、重理论知识轻技能知识、重荣誉轻内涵、重群体轻个性的问题。有些教师一味地追求高学历，并且把目标放在行政管理上，高学历的背后是特殊教育领域教育教学能力的低下。

笔者通过实地调研，参与特殊儿童的课堂学习，发现任课教师只是一味地要让学生学会理论知识，而且自身也把精力放在对理论知识的学习上，但是却忽略了自己的授课对象是特殊群体，对在讲课过程中所涉及的盲文、手语不熟练，授课质量低。笔者还了解到很多教师把发展目标都放在“优秀教师”“学科带头人”上，但真正投身于教育教学研究的教师并不多。从事特殊教育的基层教师在日常教学中会遇到很多具有典型症状的特殊儿童，这是独特的研究资源，但是从实际情况来看，教师在授课的过程中一切教学目的的实现都以整个班级群体为准，很少对某个特殊个体去进行心理诊断与评估，这样不利于具有典型症状的儿童的发展。

（三）教师待遇偏低，导致师资流失严重

一些地区对特殊教育的重视不够、认识不高、投入不足、支持不到位等在一定程度上造成了特殊教育教师待遇不高的问题，间接地导致很多特殊教育专业的师范毕业生不愿从事特殊教育事业，甚至在岗教师要离开原岗位而另谋他职。

特殊教育教师面对的是残疾学生，他们需要付出比普通教师更多的爱心、责任心和耐心，同时也需要承担更多的压力和任务。但是他们的付出却与工资待遇不成正比，甚至低于普通教师。国家连续 50 多年没有对 15% 的特殊教育教师特殊岗位补助津贴进行调整。在实施绩效工资以后，有相当大的一部分教师的工资收入反而减少了，由此看来，特殊教育教师的整体收入并没有得到真正的提高，因此特殊教育教师的岗位缺乏吸引力，很难吸引高校毕业生到特殊教育学校任教。任何一个专业成熟度很高的职业都是以有相当高的经济回报作为支撑的。因此，待遇不高的问题在一定程度上导致了特殊教育教师资源的流失。比如，保定学院的特殊教育专业分为专科和本科两个层次，在专科毕业生中不乏一些专业知识、专业技能表现优秀并且对投身于特殊教育工作有满腔热情的学生，但是由于特殊教育学校普遍对教师要求至少获得本科学历，专科层次的毕业生只能以偏低的待遇在岗位上工作，所以很多优秀的专科毕业生一方面没有机会施展其才华，另一方面待遇问题也造成他们的专业思想不稳定。这也在源头上造成了特殊教育教师的流失。

（四）高校办学经验不足，师资培养体系不甚完善

职前培养是教师专业化发展的重要阶段，是“准教师”的养成阶段。而很多省份对特殊教育教师的职前培养主要依赖于高校办学，特殊教育专业在河北省为数不多的高校中正处于一个发展不成熟的阶段，其师资培养体系不甚完善，培养成果也不尽如人意。

在师资培养模式方面，很多省份的特殊教育师资培养主要侧重于师范院校培养这种单一模式。比如，河北省作为一个人口大省，已经建成的特殊教育学校有 150 余所，在校残疾学生达到 1.31 万人，但教师数量还远不能满足学校的需求。除此之外，在很多未入学的适龄残疾儿童中，中度、重度或多重残疾学生占很大一部分比例，这就意味着特殊教育学校有更多的教师数量需求。此外，随着随班就读水平的提高，普通学校也需要更多的特殊教育教师。河北省培养特殊教育学生的高等和专科院校不到 10 所，每年毕业生总量有限，势必难以满足特殊教育学校的需要。这也提示我们应该考虑是否要结合省情，借鉴其他国家和地区的做法，采用多种途径培养特殊教育师资。

在高校特殊教育专业课设置方面，以河北省为例进行分析，从课程设置起步上来说，邯郸学院是河北省最早成立特殊教育专业、引入和完善特殊教育课程的师范院校，为河北省培养了一批又一批的优秀特教师资。同时邯郸学院又是国家最早招收特殊教育本科生的七所高校之一，同时也是最早拥有儿童教育康复机构的三所高校之一，在河北省特殊教育事业的发展进程中发挥着举足轻重的作用。继邯郸学院成立特殊教育专业之后，河北省的大部分特殊教育专业成立于 2000 年以后。因此，河北省高校专业课设置起步晚，特殊教育专业尚处于一个发展不成熟的阶段。从课程知识和技能的掌握情况上来看，存在一定程度的欠缺。

特殊教育教师任教课程偏向于与普通教师相似的学科，而真正能够满足特殊儿童、体现特殊教育特点的课程开设不足，课程设置上不合理。高校在对特殊教育人才的培养上，重传统课程教学，而轻技能教学。因而培养出来的学生专业化水平低，不能真正满足特殊儿童的需要。

在办学层次上，从河北省现有的院校总体上看，形成了从专科、本科到研究生水平的完整培养层次。但河北省的特殊教育专业设置起步比较晚，导致了高校办学经验不足，专业课师资力量薄弱等问题。因此，又导致高校所培养出来的学生在专业知识、技术水平上受到限制。

（五）教师职后培训针对性不强，培训效果不佳

教师的职后培训是提升教师专业化水平的重要途径。受各种原因和条件的限制，尤其是教学任务和管理体制的影响，特殊教育教师很少有机会参加职后培训，教师的专业素质得不到提升，满足不了自身的发展需要，也无法满足特殊儿童的教育需求。即使有机会参加职后培训，培训机构也只是培训一些公共基础知识的内容，具有一定的笼统性，没有做到正视特殊教育的特殊性而进行有针对性的培训，使得教师从中汲取新知识，获得新技能的期望无法达到预

期目标，与参加职后培训的目的背道而驰。因此，教师在实际授课过程中，对残疾儿童的诊断和评估、如何掌握残疾儿童的心理、采用何种教学方法等还是不够专业，很难保证对残疾儿童的教育教学质量。职后培训的模式基本上都是以受训者听讲为主，呈现出课堂主义、本本主义的现象，培训模式单一。此外，还有一个很重要的主观性问题就是教师参加职后培训的目的性较强，所选择的培训课程内容与提高其教学水平与教学技能基本上没有什么关系，与改善和提高自身工作的实际需要联系不是很密切。例如，职后所接受的学历教育完全以普通教育专业为主，所以在岗的特殊教育教师在校期间所接受的培训的知识和技能与现在从事的实际工作不符。另外，培训组织机构的专门化、培训组织管理人员的专业化、培训质量的评估等还没有被纳入特殊教育教师培训的考查范围。因此，提高特殊教育教师职后培训的针对性迫在眉睫。

（六）教育教学研究不活跃，导致教师专业化水平较低

特殊教育教师从事教育教学研究并且具有较强的研究能力和意愿，对促进特殊教育事业的发展具有重要意义。但是，长期以来由于种种原因，研究意识和能力薄弱成为大部分特殊教育教师的“通病”，在一定程度上影响了其教育教学研究能力的开发和培养。

特殊教育教师在教育教学过程中面对的是特殊儿童，而这些特殊儿童都有不同的障碍类型和障碍程度。教师在授课过程中很容易发现问题，并对这些问题进行分析思考，找到更好的解决方法。但现实却是教师的工作重心不是在教育教学研究上，而是安于现状，没有自我反思的工作习惯，偏离专业化发展轨道。此外，教师的研究意识和研究能力薄弱，他们大多处于起步阶段，知识体系不完善，专业能力有所欠缺，对一些研究方法和工具不能推陈出新，而是一味地借鉴前人的经验，侧重于使用教育学和心理学。真正通过课堂教学实践来展开教育教学研究的教师少之又少，真正有价值的科研成果也凤毛麟角，这是极其不利于教师的专业化发展的。

特殊教育师资力量有限，导致教学压力大，大部分教师都选择在就近的高校在职攻读博士或者硕士学位，其中大多数教师都在本校进修以获得学位，造成了目前各高校学生结构的不合理。这阻碍了学术的发展和特殊教育教师教育教学研究水平的提高。

（七）政策法规体系不健全，影响教师专业化发展进程

随着全纳教育的发展，人们对特殊教育有了新的认识，对特殊教育教师这个职业也进行了重新审视和认可，教师在征求社会支持时也有了更高的呼声，尤其是在专业化发展问题上，特别需要法律的保障。《特殊教育提升计

划》要求不断增强特殊教育教师专业能力，全方位、多角度地为我国特殊教育师资队伍提供强有力的政策支持。

虽然《中华人民共和国教育法》《中华人民共和国义务教育法》《中华人民共和国教师法》等一系列教育法规都对教师的管理有若干规定，但是，目前还没有完整的、真正意义上的特殊教育法。因此，在特殊教育师资的培养、特殊教育学校教师的编制、特殊教育专业教师的配备以及教师的待遇等方面没有明确的法律规定。由于缺乏对教师权益的保障，教师在专业化发展问题上处于一个不良的外部环境中，在某种意义上阻碍了教师专业化发展。

此外，部分基层政府对特殊教育不够重视，政策执行力不够，这使政策的落实和执行大打折扣。首先，有些基层对特殊教育的定位有错误的观念，认为特殊教育是一种慈善和公益事业，没有将受教育权看作是残疾儿童应享有的权利。部分教育行政部门管理人员把特殊教育工作边缘化，没有重视特教、深入特教、研究特教、发展特教的意识。其次，各部门形成共同谋划和管理特殊教育事业的协作机制多停留于政策文本，实际运行不通畅。

特殊教育不容忽视且是关系到整个教育事业发展的关键，其教师的专业化发展需要一定的法律支撑和社会支持。

二、推进特殊教育教师专业化发展的策略

（一）制定特殊教育教师专业标准，提高准入门槛

为确保特殊教育师资质量，提高职业准入门槛显得尤为重要。特殊教育具有特殊性，是一个专业化极强的领域，因此需要制定专业标准，把好教师的入职关。

首先，从教师入职的资格标准上来说，要实行特殊教育教师资格证书制度。要想进入这一行业，必须要具备普通教师资格证书和特殊教育教师资格证书这两种证书，即“双证书”制度。各地也可以根据学校自身发展情况，通过学历证书、教师资格证书和特殊教育教师资格证书三种证书来对教师的入职门槛进行约束。

其次，要成为专业化的特殊教育教师，要经过长期且连续的专业训练。特殊教育领域不仅对专业知识有严格的要求，专业技能更是不容忽视。因此，若想进入特殊教育领域，必须经过大学本科及以上的特殊教育训练，同时倡导硕士、博士层次的训练，提高教科研能力。

再次，在专业情感上要积极学习现代教育思想，心理健康，有良好的师德，并且要具备不断反思的能力。

最后，不仅要制定整个特殊教育领域在职业准入上的专业标准，而且还要制定针对不同类型特殊教育教师的专业标准，如聋童教师专业标准、盲童教师专业标准、智力障碍儿童教师专业标准，不断细化这些专业标准，使这些标准在限制准入上更具有针对性和专业性。

（二）构建科学的教师培养课程体系，建设专业化的师资队伍

特殊教育所面对的对象是特殊群体，如对盲童进行学习盲文和定向行走的教学，对聋童进行听力、语言训练，对智障儿童进行感知和动作能力的康复训练等。这就要求特殊教育教师要具备众多学科的知识，例如教育学、医学、语言学、听力学等。特殊儿童要得到身心的全面发展，就要求学校具备掌握系统的专业化知识的师资队伍。

高等院校特殊教育专业的课程要做适当调整，旨在促进学生专业化技能的发展，提高学生的专业化水平。首先，在专业课程中还是要设置传统的教法类课程，例如开设语文、数学、英语等基础类课程，这样能使学生任教后能够胜任基础教育中的学科教学。以教法类课程为基础，在巩固基础后，还要学习教育学、特殊教育学以及心理学等课程。此外，技能类课程才是至关重要的。专业课程中必须要增加技能类课程的课时安排。例如特殊儿童鉴定与评估方面的技能、班级管理方面的技能、语言训练方面的技能、感统训练技能、行为矫正技能、康复训练和教学方案的设计与实施、盲文、手语等技能都是需要学生重点学习和掌握的。以上这些基础课程和技能课程都是针对盲、聋、智力障碍三类学生开设的。但是随着社会的发展，其他障碍类型的儿童也日益增多，包括自闭症、言语障碍等。因此，基于多元智能理论，特殊教育专业在课程设置上要与时俱进，不断更新，可以在选修课中增加针对这类儿童的课程学习，彰显特殊教育的特殊性，促进教师的专业化发展。

基于马克思的关于人的全面发展学说，人要实现多方面的发展和自由发展，在高校特殊教育专业设置通识课程是对马克思学说的最好诠释。通识课程不仅可以让未来教师们增加人文社科、自然科学、文化艺术等文化知识，还可以将现代教育思想和现代教育观念渗透到对他们的人性教育、道德教育和情感教育中，在一定程度上培养学生们的专业情感。

此外，高校还应开设教育实践课程和教育科研类的误程，培养学生的科研意识和能力，为提高学生们到特殊教育学校任教后的教育教学研究能力打下坚实基础。这样高校所培养出来的教师才是既有知识和能力，又有健康人格的高素质专业化人才。

目前，很多省份的特殊教育学校大多只接受本科及以上学历的毕业生。

因此，高等院校要借鉴国外的“4+2”模式，也就是鼓励特殊教育教师进行学历进修以取得更高的学历，在完成四年本科专业的学习后，继续进行为期两年的特殊教育相关课程的学习。用这种专业课程＋特殊教育专业课程的培养方法，使培养出来的学生能够获得全面的教育知识，实现全面且专业化的发展。此外，设有特殊教育专业的高校要与国内外知名高校加大沟通交流力度，鼓励学生去进行学习交流，让学生掌握最前沿的研究方法和理论知识，从而使特殊教育教师在职前培养阶段就能达到一定的专业化水平。

（三）立足岗位需要，加大职后培训的实效性

职后培训是特殊教育教师专业化发展的重要途径。因此，职后培训无论是在培训内容、培训形式、培训层次还是培训级别上都要立足岗位需要，加大培训的针对性和实效性。教师学历水平的提升也是教师专业化素质提升的重要表现。因此，在以特殊教育为基础的前提下提升教师学历水平的培训也是非常必要的。

1. 在培训内容方面

应该针对特殊儿童的需求和教师自身的发展需求，制定不同的培训内容，而这些培训内容基本上都要以特殊教育的前沿知识、特殊儿童的感统训练、行为矫正、特殊儿童的鉴定与评估、盲文、手语、心理学、教法学等内容为主。此外，需要特别注意的是，提高学历的培训也是职后培训的一个重要内容。通过调查分析，可以发现特殊教育教师学历专业基本上都是以非特殊教育专业为主，这在一定程度上无法适应特殊教育教师专业化发展的要求。因此，对特殊教育教师提升学历层次的职后培训要与特殊教育专业相结合，尤其是第一学历是非特殊教育专业的教师，由此来提升其专业化水平。因此，各方要加强管理，确保教师学历进修的高质量、高水平，确保教师培训的专业化。

2. 在培训形式方面

要注重理论与实践相统一，知识培训与技能培训相结合，培训专家和培训教员在培训的课堂中要给被培训的教师们实践指导，并且为教师们提供后续讲解和支持，课堂培训要实现培训人员和被培训教师之间的互动，不能出现本本主义、教条主义。开展多种形式的专题培训，如心理辅导专题培训、有关某项实验课题的专题培训。提高针对性，解决阶段性问题。长此以往，循序渐进，才能增强培训效果，逐渐提高专业性。

3. 在培训层次方面

对刚到特殊教育学校任教的教师，要进行新教师培训；对转行而来的特

殊教育教师要进行教师基本功培训，夯实基础；对骨干型教师要进行研修性学习培训，提高其教科研意识和能力。

4. 在培训级别方面

要把国培、省培、市培以及区域内培训和校本培训结合起来，具体问题具体分析。对教师的培训要以校本培训为主，增进教师之间的沟通、交流，改进学校的教学和文化生活，增进教师之间的合作意识和学术氛围，使教师们处于一个和谐的专业化环境当中。对教师的培训不能忽视市培和省培的作用，学校要积极组织教师进行市培和省培，扩大与外校教师之间关于专业知识和技能的交流，取长补短。同时特殊教育学校要重视对教师的国培，使教师掌握最前沿的理论，指导实践，加深教师的专业化水平。

为了加大职后培训的实效性，建立职后培训的监控体系的要求是十分迫切的。培训组织机构应负责确定培训内容、培训时间，并对制订的计划加以有效实施，管理机构也应该做到对培训计划的审核、培训过程的监督以及培训结果的考核各负其责，认真辅助教师培训工作，使教师的专业化发展真正落到实处。

（四）引进激励机制，为教师专业化发展提供动力

特殊教育教师专业化发展的积极性、主动性和创造性的发挥需要内在动力，而激励机制恰好是一个有效的动力因素。

教师待遇是其专业化发展的最直接的动力。应提高教师的经济待遇，为教师的专业化发展创造良好的环境，任何一个专业化程度高的职业都是以可观的经济回报作为支撑的，因此我们要把教师的待遇问题作为激励机制的重中之重。教师待遇问题分为两个层面：一个是物质层面，另一个是精神层面。在物质层面上，要关心教师的经济收入以及工作学习条件的改善。特殊教育面对的是特殊儿童，需要教师有更多的身心投入，因此国家应该适当提高特殊教育教师的工资标准，同时也要积极调整特殊教育教师特殊岗位津贴标准。应加大特殊教育经费支持，改善特殊教育的办学条件，进而改善特殊教育教师的工作条件，使确保教师专业化水平提高的环境因素有所改善。在工资待遇方面彰显特殊教育的特殊性，才能为教师的专业化发展提供充足的动力。在精神层面上，要对特殊教育教师实施一定的荣誉倾斜。从国家、省市到各区县等不同层级都要重视特殊教育教师的工作成果和工作成绩，对表现优秀的和有所作为的教师应积极进行表彰并加大宣传力度，使特殊教育教师处于一个被关注的大众环境之中，才能促使教师积极学习进修，使自己更加专业化。

政府要把建立激励机制、为特殊教育教师的专业化发展提供机会和条件作

为应尽的义务，在潜移默化当中使教师将提高专业化水平当作自己的一项义务。这就要求政府在对教师的培养、使用和职称评定上给予一定的政策倾斜。因此，政府要提供充足的特殊教育经费支持，扩建和增设特殊教育教师培训和进修机构。可以实施一种休假进修制度，例如，特殊教育教师在特殊教育学校服务五年以上，就可以获得为期半年或一年的休假时间，留职带薪参加进修学习。在培训进修完成后，再根据所取得的学习成果，实施晋职加薪制度，这样通过进修增强专业化能力的教师能够自主改善和提高自己的工资待遇。

职称是反映教师学术水平与综合能力素质的一个重要指标，也是教师自身专业化发展水平的体现。职称对教师的发展目标、发展方向起一定的引导作用。职称不仅反映着一个教师的专业地位，也代表着一个教师的专业成就。因此，职称的评定是教师专业化发展的一个有效的诱导因素。要想使职称的评定发挥出有效的作用，就要将特殊教育教师的职称评定单独成立一个系列，与普通教师区别开来。这样一来，既能明确特殊教育教师的专业化发展方向，又能将职称的激励作用发挥得恰到好处，实现职称与专业化水平的协调统一。

（五）建立健全特殊教育制度体系，保障教师的专业化发展

教师专业化不仅是一种观念，更需要一种健全的制度体系。相关部门要对特殊教育教师的任用制度和管理制度不断进行改善和充实，保障特殊教育教师的专业化发展。

1. 建立健全特殊教育教师资格证书制度

我国至今还没建立起一套完善的切实可行的特殊教育教师资格证书制度，仅仅是 1997 年时，上海建立了地方性的资格证书制度，但由于种种原因，这一制度并没有延续下来。后来个别省市又试行特殊教育教师资格证书制度，但也没有普及全国。因此更加剧了建立健全特殊教育教师资格证书制度的迫切性。

特殊教育是一个专业化极强的领域，特殊教育教师也是一个专业化程度极高的群体。因此要在教师的资格准入上严格把关。我们可以借鉴国外的证书制度，即学历证书 + 教师资格证书 + 特殊教育教师资格证书。这样做一方面可以明确特殊教育教师的学历，提高特殊学校教师的入职门槛，教师若想获得特殊教育教师资格证书，就必须学习特殊教育相关课程，不断深化自己的专业知识和技能，在源头上把关，保证特殊学校教师的专业的综合素质；另一方面，也可以使专业为普通师范教育的教师通过学习、培训和考核而投身特殊教育工作，或者是提升在职教师的专业化水平，从而保障特殊教育教学质量的不断提高。《特殊教育提升计划》已经明确提出应该“提高教师专业水平”，以

保障“使每一个残疾孩子都能接受合适的教育”。特殊教育学校最基本的还是接收盲童、聋童和智力障碍儿童，因此我们还可以将特殊教育教师资格证书细化为盲童教育教师资格证书、聋童教育教师资格证书和智力障碍儿童教育教师资格证书，使特殊教育教师在某一障碍类别领域更加专业化。

此外，要使每一个特殊教育教师明白并不是取得证书就能一劳永逸，学校以及相关机构要进行定期或不定期的重新认定和考核，对考核不通过的教师，取消其资格证书，并责令其继续进行学习和进修，一定要保证特殊教育教师专业化的严格性。

2. 完善特殊教育教师的任用制度

关于教师的任用制度，笔者主要是从教师的招聘制度和岗前培训制度两方面进行调查研究的。在走访调查中了解到，跨专业、跨科目的教师比比皆是，他们当中有很大一部分没有受到过岗前专业培训，在专业知识和技能上存在着先天不足。在对新教师的招聘中也易忽略专业能力和综合素质，只是一味地想缓解特殊教育学校对师资的应急性要求。因此，各级各类特殊教育学校要建立完善的师资招聘制度和岗前培训制度，改善师资结构。

特殊教育学校要建立能上能下、能去能留、优胜劣汰的聘任制。将终身聘用制转变为定期聘任制，树立起师资队伍中的危机意识和竞争意识，激发教师进行专业化学习的信念。在聘任过程中，学校要从实际出发，综合分析教师内部结构、不同年级对教师的需求和不同障碍类别对教师的需求，制订招聘计划，认真选拔，择优聘任，打造专业化结构合理的师资队伍。

同时，岗前培训制度更是不可或缺的。岗前培训制度是和招聘制度紧密相连的。对招聘中已经选拔出来的教师要进行严格的岗前培训，根据教师的专业背景和应聘岗位有针对性地进行岗前培训，培训分为理论和实践技能两个板块。在培训中发现受训者普遍存在的问题后，又可以重点针对所发现的问题对新教师进行有针对性、有侧重点的培训。此外，还可以实施必要的一对一的实习制度，每个经验丰富、专业化水平高的老教师都身体力行地带一个新教师，使其不断熟悉教育教学情况，学习教法，巩固基础理论，学习技能，培养一定的工作能力。

3. 健全特殊教育教师的管理制度

关于教师的管理制度，笔者是从教师的职称评审制度、津贴制度和评估制度三方面来加以研究的。特殊教师的职称评审要与普通教师分离开来，成单独的系列，彰显特殊教育教师职业的专业性。职称评审要以教师专业化发展水平为核心，并且职称要与人才相称，打破唯学历、唯资历、唯论文的局面。职称评审制度要减少行政干预，活跃评审过程，促进评审标准多样化，实现“不拘一格降人才”。为专业化水平高的教师提供一个公平而广阔的空间。

特殊教育教师津贴制度直接关系着特殊教育教师的工资待遇，也直接关系着教师专业化发展的动力问题。因此，教育行政部门要给予特殊教育学校更多关注以及更多的经费支持。提高津贴标准，建立多层级、定期更新的津贴制度，激励特殊教育教师的专业化发展。

建立相应的评估制度，此项评估制度主要是针对培训而言。要对特殊教育教师的培训过程和培训质量进行严格评估，切实发挥培训应有的作用。只有完善了培训的评估制度，特殊教育教师才能不断学习到新的理论知识，才能真正提高专业化水平。

（六）鼓励和支持教师进行教育教学研究，提高专业化水平

新时代对特殊教育教师专业化发展有了新的理解和认识，将科研意识和科研能力的发展作为专业化发展必不可少的组成部分。《关于加强特殊教育教师队伍建设的意见》中指出，要加强特殊教育教师教研、科研队伍建设。《特殊教育学校暂行规程》指出：“特殊教育学校要积极开展教育教学研究，运用科学的教育理论指导教育教学工作，积极推广科研成果及成功的教育教学经验。”学校和相关教育部门要积极鼓励变革和创新，切实提高教师教育教学研究工作的能力，从而提升教师的专业化水平。

1. 立足实际，制定教育教学研究发展战略

目前我们处于一个知识经济的时代，没有教育教学研究，就没有教师专业化水平的提高，也就没有教学质量的提升。因此，学校领导要以身作则，率先垂范，积极投入到研究之中，并且带动全校教师的参与热情，使整个学校处于一个全员参与教育教学研究的氛围之中。学校对教育教学研究的战略的制定并不是盲目的，而是立足学校的实际情况，针对学校的薄弱项目而制定，以课题为依托，鼓励教师积极参与其中，促进教师的专业化发展。特殊教育学校教育教学研究工作首先应以实践性课题为主，以对理论的研究为辅；其次，选题应来自对特殊儿童的教育实践中所出现的实际问题；再次，以中短期课题为主，及时攻克教学中所面临的问题，找出解决方案，以长期课题为辅，着力研究和解决特殊教育所面临的宏观问题；最后，应掌握学校的师资队伍的构成情况，量力而行。

2. 鼓励多种形式的教育教学研究活动

开展多种形式的特殊教育研究活动，对整个学校良好学术氛围的形成和专业化的师资队伍的构建具有积极的作用。相关教育部门要对特殊教育学校

的教育教学研究高度重视起来，指定特殊教育资深专家和研究员定期到学校进行考察和指导，深入到特殊教育教师的课堂中，对教师的教学观念和教学方法以及理论和技能在课堂上的应用加以批评和指正，不断提高教师对特殊儿童的教学能力。教育部门要组织以国家、省以及地市等不同层级的优质课和论文的比赛，通过交流和活动评比增强教师的进取心，并且制定与特殊教育相关的课题，鼓励教师积极参加，切实提高教师的教育教学能力和教科研水平。同时，增进特殊教育学校与高等院校的教育教学研究和教科研项目的合作，重点扶植骨干教师，带动其他一线教师，促进教师的专业化发展。

3. 强化教育教学研究管理制度

为了使教育教学研究工作有章可依，必须建立健全教育教学研究管理制度，建立规范的教科研管理制度和实施细则，保证课题研究顺利进行，达到预期效果。另外，还要建立并保管好特殊教育教师的教育教学研究成果档案，定期加以统计，对有丰富研究成果的教师给予奖励，从而对教师投入到研究工作中起到一定的激励作用，促进教师的专业化发展。

第三章　“导师”培养：特殊教育教师培养与发展

第一节　国内特殊教育教师培养发展演变

我国特殊教育的产生和发展，经历了一个漫长的历史过程，相应地，特殊教育师资的培养也经历了一个由萌芽到逐渐正规化、科学化的过程。本章将厘清我国特殊教育师资培养从开端、发展到繁荣深化的历程，探究特殊教育师资培养的思想渊源，从培养目标、培养模式和课程设置等维度，分析不同时代和阶段的师资培养的历史轨迹，分析并总结其特点。

一、中国近代特殊教育师资培养的开端（19 世纪末—1948 年）

尊重、照顾残疾人是中国自古即有的优良传统，如孔子提倡“人不独亲其亲，不独子其子，使老有所终，壮有所用，幼有所长，鳏寡孤独废疾者皆有所养”。[①] 主张人人有生存权利，社会应关心残疾人，对残疾人给予一定的关心和照拂，这都体现着浓浓的人道主义精神。《荀子・王制》记载“古者以废弃之人，主卜巫祝之事”，也就是说，当时残疾人承担着上到国家出兵打仗，下到平民百姓的婚丧嫁娶等许多重大的决策占卜活动，为了能够更好地完成巫祝之事，残疾人必须接受专门的教育。[②] 但这一时期仅仅出现了残疾人接受教育的行为，还没有形成现代意义上的特殊教育范式，更谈不上特殊教育师资的培养。我国特殊教育师资培养萌生于近代社会。

---

① 王文锦 . 礼记译解 [M]. 北京：中华书局，2016.

② 张福娟 . 特殊教育史 [M]. 上海：华东师范大学出版社，2000.

（一）1840年后特殊教育师资培养的肇始

1840年后，西学东渐，各种西方思想观点、理论学说纷纷涌入，以魏源、张之洞、康有为、梁启超为首的一批有识之士，一马当先，发出向西方学习、教育救国的呼声。他们在严峻的社会现实面前，对中国陈旧的传统教育进行了深刻的反思和严厉的批判，主张变革陈旧的教育观念，提出了经世致用的改革口号，促使传统教育向近代教育转变。中西两种不同性质的文化与教育本身存在着巨大的冲突，在进行融汇之时必须保持应有的张力，才能使中国教育的变革与发展顺利进行。在新旧教育交替更迭的进程中，西方传教士发挥了巨大作用，以基督教传教士为代表的西方来华势力，在中国各通商口岸创办了众多的新式学堂、医院、育婴堂、养老院等慈善机构。这些慈善机构全部对残疾人广开门户，开启了特殊教育的新里程[①]。中国特殊教育的创办，虽然不仅限于基督教会，但在初创期，基督教会在华创办的特殊教育机构占有绝对优势地位。美国传教士梅尔斯夫妇在山东创办的“启喑学校”在这些特殊教育机构中占有举足轻重的地位，发挥了不可忽视的作用。此外，诸如由英国圣公会女传教士高师姑创办的福建最早的教育机构“古田明心盲院”、循道会于1888年在汉口创办的训盲书院、北美长老会传教士于1889年在广州创办的“明心瞽目院”、圣公会于1898年在福州创办的“灵光盲童学校”等都在当时产生了重要影响。

在这一历史时期所创办的特殊教育结构，其主要任务是慈善救济，教育只是其附带的活动之一。因此，教育的内容以圣经类课程为主课，学生毕业后多从事布道人的工作，还有一些学生成了特殊教育学校的教师。当时社会上大都是穷苦子弟进入教会特殊教育学校就读，招生十分困难，学生生源不足，学校规模小、设施简陋，中途辍学者很多。即便如此，这类特殊学校的毕业生，仍是我国近代范式的特殊教育学校师资的主要来源。基督教传教士在华创设特殊教育机构，是中国近代意义上特殊教育以及特殊教育师资培养产生的重要标志。

1840年后，在西学东渐的社会大背景之下，新式学堂逐渐取代了中国传统学堂。以儒家思想为内核的中国传统文化，在西学的巨大冲击之下逐渐解体。西方新式教育体系成为对旧教育进行改造的仿效对象，按照“西学”的模式我国逐渐构建起了近代教育体系。特殊教育是中国近代新式教育体系的重要组成部分，由于来华传教士是其主要的创办者，因此，其学科设置并没有经历

① 郭卫东．中国近代特殊教育史研究[M]. 北京：高等教育出版社，2012.

由旧到新的缓慢蜕变，而是一开始就参照西方。西式学科分类是其课程设置的固有特点。

早期在华创办的教会特殊教育学校，多是依赖少数传教士的一己之力，起初师资十分匮乏，且绝大部分教师都没有受过特殊教育的专业训练，这些没有经过训练的教职人员，其个人素质、教学能力和专业水平，都不能满足特殊教育学校的要求。为了更好地实施特殊教育并提高特殊教育人才培养质量，优化特殊教育教师素质和专业化水平是当时亟待解决的问题。教育事业本身就是一项清苦烦琐的工作，教授聋哑儿童，其任务的繁重可想而知。因此，作为特殊教育教师，首先就应该具备无私奉献的牺牲精神，同时还要具备普通教师所不具备的特殊技能，要求颇高。所以，立志从事特殊教育的人寥寥无几。这也使得特殊教育的开展举步维艰。这是近代中国特殊教育难以发展的根源所在。因此，培养特殊教育师资成为当时特殊教育发展的关键。尽管早期师资培养出现困窘状况，但依然随着教会特殊教育学校在中国的不断建立，缓慢而艰难地发展着。中国早期特殊教育师资就是在西方传教士在华创办的特殊教育机构中，产生和发展起来的。

最具有代表性的一个是传教士穆·威廉在北京建立的近代中国第一所盲校——瞽叟通文馆；另外一个是美国北长老会传教士梅尔斯在山东登州（蓬莱）创办的近代中国第一所聋哑学校——启喑学校。[①] 据史料记载，梅尔斯之所以在山东创办这所特殊学校，就是因为考虑到当时中国有 40 万聋哑人，却没有一所聋哑特殊学校的社会现实。[②] “因念中国之大，而于聋哑者皆遗弃为可悯，于是捐以资斧，于一千八百八十七年，设一聋哑学校，梅君责任维持，君夫人乃从事教育，按美国聋哑教授法以教之。中国之得有聋哑学校盖此其初基”。[③] 梅耐德夫妇设立的这所聋哑学校开启了中国特殊教育的先河。梅耐德夫妇依托启喑学校进行了大量工作，如 1908 年组织启喑学校的聋哑儿童进行特殊教育宣传活动，让这些特殊儿童进行说话、唱歌的示范表演，引起了社会各界的强烈反响，进而促使清政府产生了在全国范围内试行启喑学校计划的想法。为了使这一计划能够顺利实施，足够的特殊教育师资是必要条件，所以清政府在社会上广招爱心人士到启喑学校接受特殊教育培训，这些人就是未来的

---

① 郭大松，曹立前．传教士与近代中国启喑教育 [J]. 近代史研究，1994（6）：36-48.

② 郭卫东．论中国近代特殊教育的发端 [J]. 教育学报，2007（3）：91-96.

③ 王立夫．烟台启喑学堂简介 [M]. 烟台市政协文史资料研究委员会，编印．烟台市文史资料，1982（1）：197.

特殊教育师资。梅耐德夫妇与葛爱德等积极响应清政府的号召，为各地启喑计划师资的培养制订方案，将西方具有多年从事特殊教育经验的教师引进中国，并让这些引进人员学习汉语，以便顺利地进行教学，同时组织人员编写聋哑儿童所用的教科书，以更好地施行启喑计划。这批参加培训的学生和残疾毕业生，就成为中国早期特殊教育的师资。在此之后，中国无论是自办的特殊教育学校，还是特殊教育师资培养，都是以此为范本，中国近代聋哑教育由此开篇并在此基础上逐渐发展起来。

（二）民国初期中国特殊教育师资培养的初兴

民国初期，随着社会的发展，特殊教育学校取得了长足发展，学校数量增多，当年所能统计到的所有教会在华创办的特殊教育学校共 29 所，近 800 名盲生。长沙瞽女院、成都基督教盲哑学校、滇光瞽目学校、益阳信义瞽目院等是其中的典型代表。这一时期，教会在我国创办的特殊教育学校虽然有数十所，但每年毕业的师范学生只有寥寥十几人。当时由于盲教师匮乏，特殊教育学校也屈指可数，但社会又对盲人教师有迫切的需求。因此，我国特殊教育学校在外力的影响下，也有所发展，这些特殊教育学校所培养的学生，在当时是我国特殊教育师资的主要来源。这一时期，特殊教育学校在办学目标、课程设置、经费来源等方面，都有所提高和改善。

1. 办学目标和立学旨趣

培养特殊儿童的基本生存能力是这一时期各个特殊教育学校的主要教学目标，由于这一时期特殊教育的师资主要是传教士，所以，使学生皈依基督成为这类学校的最终教学目的。如当时创办最早的“烟台启喑学校”在这一时期发展迅速，并很快具有了一定规模，形成了比较规范的学校教育制度。“烟台启喑学校”教育目标就是通过教育，使学生具备三方面的能力：一是通过进行言语和文字教育，使特殊儿童能用一种语言或文字同他人进行交流；二是通过生活能力方面的教育，使特殊儿童能够掌握一些有用的技艺，进而具有谋生的本领；三是通过世界观、人生观方面的教育，使其树立一定的生存信念。这三点，前两点是基本生存能力教育，而第三点则是通过传授宗教教义，使其将皈依基督作为人生的终极目标。长沙瞽女院则将“使瞽女感受到爱，感受到耶稣基督那普世的虔诚誓言”作为其办学理念①；素以办学规范而著称的上海盲童学校提出依据学生的现有情况，对学生实施完全教育，力图将学生培养成为能

① Mathide Vasel. School for Blind Girls [M].China Mission Year Book, 1914.

有一技之长，能够在社会上独立生活的人[1]；湖南益阳信义瞽目院则将能够维持基本生存，有正常工作，放弃虚假的追求，皈依基督，追求永生幸福作为办学宗旨；[2]成都基督教育盲哑学校的办学目标是让人人都有接受教育的机会，学生们通过学习基督耶稣，感受基督的圣意，以培养健全的国民。

2. 课程设置

教学目标是教育教学活动的起点和归宿。在教学目标的引领之下，所有特殊教育学校都进行了相应的课程设置。由于当时这些特殊教育学校的办学理念和教学目标都是让学生维持基本生存、皈依耶稣基督，所以课程设置也非常单一，课程内容主要是一些生活技能类，并具有浓厚的宗教色彩。如“烟台启暗学校”就是参照了美国典型特殊教育学校的课程模式进行了课程设置，在入学的前两年，主要开设语言、唇读和文字书写以及运用相关课程，其后的时间才开设正常儿童都要学习的相关课程。课程设置考虑到了性别差异，男生主要学习木工、校园农作、烹饪；女生则主要学习花卉、缝纫、编织、刺绣、花边、烹饪等[3]。无论男生女生，都要学习宗教课程，宗教类课程主要包括圣经解读、赞美诗和祈祷仪式等，这些课程作为所有儿童都要学习的基本内容，面向全校学生开设。

“布莱叶盲文法”是福州盲女书院所使用的主要的教学方法。圣经是书院早期的主要课程。福州盲女书院所开设课程也是符合女性特质的。盲女主要学习缝纫、编织等课程，力求使编织、缝纫成为盲女走向社会后独立生存的基本技能。另外一所在当时极负盛名的、以办学规范而著称的上海盲童学校，开设了很多体育的相关课程。其主要体育课程有体操、舞蹈、中国拳术以及跳高、赛跑、户外游戏与散步等项目。除了体育课程之外，该学校还开设了一些工艺课，这类课程主要是作为未来职业准备而开设的。开设工艺课程还有另外一个目的，就是以手代目，通过对手的训练提升残疾儿童的能力。所以该校开设了很多手工艺类的课程，如木工、钉板、剪纸、编草、织物等。除了体育和手工艺类课程之外，家政类也是该校开设的主要课程，通过这类课程可以提升儿童的自理能力，使其掌握最基本的日常生活技能，同时养成盲童讲卫生、懂礼貌、守时遵规等的文明习惯。

① 朱怡华．上海盲童学校历史调查简记[J]. 华东师范大学学报（教育科学版），1994（02）：47-54.

② 郭卫东．中国近代特殊教育史研究[M]. 北京：高等教育出版社，2012.

③ Annette T. Mills. School for Chinese Deaf Children, Chefoo.//Robert Conventry For-syth, and ed. : Shantung , the Sacred Province of China .[M]Shanghai: Christian Literature Society, 1912.

西方传教士在这一时期创建的特殊教育学校，具有浓厚的宗教色彩，圣经课几乎贯穿整个课程方案的始终，在各个学校都是必修课程。这一情况一直延续到我国“收回教育权运动”之后的很长一段时间。

3. 经费来源

民国初期，特殊教育学校经费来源主要以教会捐款为主，如表 3-1 所示。

表3-1　民国初期特殊教育学校经费来源

校名	创办时间	创办人	经费来源
上海盲童学校	1912 年	英国圣公会传教士傅兰雅	以教会为主、多方捐款
湖南益阳信义瞽目院	1913 年	挪威信义会人士倪尔生	差会款项、外国捐款
南通私立盲哑学校盲部	1916 年	王秉衡	田租，狼山香捐

从表中我们可以看出，这一时期，西方教会是创办特殊教育学校的主要力量。外国传教士是中国特殊教育学校的主要发起者。所以，从这一角度来看，西方教会人士在中国特殊教育发展史上占有举足轻重的地位，为中国的特殊教育事业做出了不可忽视的重要贡献。这一时期，国外捐款成为特殊教育学校创办的主要经费来源。除此之外，在创办特殊教育学校时，中国捐款也占有相当的比重，尤其是到后期，特殊教育学校愈来愈多地依靠中国官方和私人捐款。

这表明，“本土化”和“中国化”成为这一时期乃至后期我国特殊教育学校发展的重要方向，中国特殊教育的师资培养，也逐渐转变为由国人自己创办的特殊教育学校来培养[①]。如中国基督徒最早自行设办了第一所盲哑师范学校——狼山盲哑学校，创办人张謇。1912 年，张謇筹措资金，在狼山北麓观音崖下，购地六亩许，兴建校舍。盲哑儿童人数众多，但能从事聋哑教育的教师寥寥无几，所以学校打算从西方聘请教师，但不仅费用高昂，而且能不能来我国任教，决定权也在西方人手中。即使能来我国担任相关教师，数量恐怕也难以达到我国对特殊教育师资的需求，而且还存在着语言障碍，由于语言交流不畅通，教育质量受到极大影响。而盲哑教师与非盲哑教师，也存在着相当大

① 郭卫东．基督教会与近代上海的特殊教育[J]. 社会科学，2011（05）：147-154.

的差别，由于盲童、哑童需要更多的照顾，因此盲哑教师需要比其他正常儿童的教师具备更多的爱心和耐心。所以，特殊教育师资，不能仅仅具有相关的技能就承担聋哑儿童的教育工作。所以需要设立师范学校，在师范学校中进行选择，并给予师范生更多的实习机会，在实习期间观察师范生的爱心和耐心，通过严格甄别选拔，使其成为聋哑学校的师资。由此可见，普通教育师资和特殊教育师资的要求还存在较大差异。除了具备必要的知识和技能之外，爱心和耐心对于特殊教育教师具有非常重要的意义。在张謇的率先垂范下，全国相继建立了一些由国人自办的特殊师范学校。从此我们可以看出，中国特殊教育事业已由西方传教士为主逐渐向国人自办的特殊教育学校过渡。

（三）民国中后期特殊教育师资培养的发展

民国中后期，特殊教育“去殖民化”与“中国化”，特殊学校由外国人经办转移到由中国人经办。伴随着非基督教运动和收回教育权运动的快速蔓延发展以及中国先进人士的民族自决，由外国传教士在华创办的特殊教育学校受到了一定程度的抵制。这些教会特殊教育学校虽然在相当长一段时间内，客观地促进了中国特殊教育的建立与发展，但由于其办学目的的殖民性、办学内容的宗教性，其在一定程度上侵害了我国的民族自主权，因而遭到了国内有识之士的强烈谴责①。教会在华创办的特殊教育学校本土化进程，与普通学校非宗教教育相比要迟缓一些，主要是因为中国对教会特殊学校的本土化要求不太严格，政府在宗教与教育分离上管理松弛，长期没有把特殊学校列入国民教育体系，特殊教育事业处在不被国人关注的边缘地位。

因此，收回教育权运动开始之后，特别是在颁布了一系列外国在华办学的注册条件之后，许多西方传教士在中国创办的教会特殊学校都纷纷申请中国注册，还有相当一部分学校不得不聘请中国人办理，由中国人担任校长。这种情况之下，特殊学校创办所需要的资金来源主要以中国为主，外国人在华创办特殊教育学校的活动才停止，教会特殊教育发生了质变，一改教会特殊学校培养皈依基督的新教民的办学理念，国内主办的特殊学校将培养新国民作为其主要目标，课程设置方面也由原来的宗教课为主体转变成以世俗学科为主体。在特殊教育目标与课程发生转变的基础上，特殊教育师资在培养方向上也做出了相应的改变和调整。这些变化使得特殊教育教师专业化、职业化程度加强。特殊教育学校的师资开始主要由中国人自己培养，同时政府加强了对特殊教育学校的监管力度，增加了经费投入。

① 郭卫东．论中国近代特殊教育的发端[J]．教育学报，2007（3）：91-96.

随着社会上对特殊教育师资需求的增加，1929 年，上海盲童学校先后对一些教师进行培训。上海盲童学校创办了师资培训班，分为初级和高级两个等级。初中毕业后不能继续升学的毕业生，可以进入初级师资培训班，经过两年的学习，取得合格证之后，可以进入初级盲童小学担任特殊教育教师；高中毕业不能升入大学的，可以进入高级师资培训班，经过 1 年的学习，可以在一些学校担任学校行政人员或进入高级盲童小学担任特殊教育教师。师资班先后办了两期，共毕业12人[①]。对于中国近百万的盲聋哑特殊群体而言，仅靠少数人奔波努力创办几所学校毕竟是杯水车薪，为使更多的中国盲童得到应有的教育，为更多的盲人特殊教育学校和机构提供适合的教师，上海盲童学校的创办者英国圣公会传教士傅兰雅和儿子傅步兰运用其自身在中国政界、学界的较高知名度，在各种场合呼吁中国政府和慈善家们共同参与支持，在各地设立分校，齐心协力致力于中国的特殊教育事业。

这一时期，特殊教育师资培训，主要以“师父带徒弟”和附设于特殊教育学校的“师范班”为主。虽有师范班名义，但未见有何专为师范生研究之课程。每日除随班上课见习，或自己试教一班外，仅有聋哑教育讲义撮要，十数页略供参考而已”。[②] 以上说明，附设于特殊教育的“师范班”的师资培养，虽然比“师父带徒弟”进步，但依旧不规范不系统。同时，这些特殊学校的“师范班”，主要是在外国传教士所创办的教会学校或者我国民间人士举办的私立学校中附设的，中国政府参与建设特殊教育师资培养时间较晚，这些“师范班”大多以短期培训为主。

这一时期在我国建立的教会特殊教育学校，在培养师资方面，各个学校根据自己的办学特色，形成了一些师资培养经验，是对特殊教育教师专业化的初步尝试，为我国特殊教育师资培养体系的建构，奠定了坚实的基础。

1. 培养路径

这一时期，由于社会政治、经济以及人们对特殊教育群体的观念等方面的影响因素，特殊教育学校的师资培养还很零散、不系统，呈现出多样化的特点。主要通过四个途径培养师资：一是屈指可数的特殊教育学校的师资班，零星培养的特殊教育教师。二是特殊教育学校实行的以学教学的制度培养的特殊教育教师，即由部分学生来兼任教师。三是来自富裕家庭盲聋子女的家庭教

① 朱怡华 . 上海盲童学校历史调查简记 [J]. 华东师范大学学报（教育科学版），1994（2）：47-54.

② 马建强 . 吴燕生与历史上的“北平市立聋哑学校”[J]. 现代特殊教育，2019（12）：81.

师。这些家庭聘请一些相对有经验的教师来对其子女进行陪读，这些教师陪这些特殊儿童学习的同时自己也学会了一些特殊教学法，这些成为其之后创办特殊教育学校的有利基础。四是一些特殊儿童的家长或亲属自己教孩子读书学习。为了更好地陪孩子、教好孩子，这些家长或亲属自学特殊教育的相关知识，如梅尔斯妻子梅耐德为了更好地对她身有残疾的弟弟进行教育，自学了很多特殊教育的知识。通过以上分析，我们可以看出，虽然这一时期特殊教育师资培养还缺乏系统性，但一些有益的尝试已经在有限的条件下逐渐展开。

2. 培养目标

照顾、尊重特殊儿童是中国古代特殊教育机构的主要特点，“养”的因素远远大于教育的因素。鸦片战争后，受西方文化的冲击，中国特殊教育的培养目标，逐步走向近代化。慈善、教会、教育是20世纪初外国传教士在我国兴办的特殊教育学校的办学目标，其办学宗旨是传播福音，这类学校的办学仍然具有浓厚的宗教主义色彩。传教士认为，通过对残疾儿童进行思想方面的教育，对他们进行思想方面的控制，可以发挥意想不到的作用。

中国最早的聋哑学校——“启喑学校”的创办人梅尔斯的妻子，是少有的曾经受过聋哑教育专门训练的专业人才，她创办的聋哑学校也是最早的、最具有代表性的师资培训基地。其师资培养目标包括三个方面：首先，进行语言文字方面的训练，使学生具备与人交流的基本能力，这是融入社会的基本前提；其次，进行对聋哑人手脑开发的训练，目的是培养学生的生存和自理能力；最后，让学生树立服务上帝的信念，师生无论在课堂内外，都生活在基督世界里，这是道德教育的终极目标①。

20世纪20年代后，随着社会的发展变化，中国社会加快了近代化的步伐，中国人开始加快自主办学的进程，这致使西方传教士的在华影响逐渐弱化。在这一时期，中国政府开始加大办学力度，干预特殊教育，如1925年11月，发布《教育部最近公告》，要求外国人在华设办的学校，应该改为主要由中国人来领导；学校的宗教色彩必须减弱。政府对学校的强化控制首先通过注册立案来贯彻。另外，非宗教民间力量的介入，使中国特殊教育逐步由教会向世俗化转变，特别是收回教育权运动后，转型速度加快，教育目标从培养新教民转变

① A.T. Mills. Training Teachers for Chinese Deaf Children[J].The Chinese Recorder, 1922,153（4）: 231-232.

为培养新国民。[①] 特殊教育逐渐向职业化、专业化、正规化迈进，特殊教育的慈善功能逐渐弱化，教育功能逐渐加强。

3. 课程设置

随着教育目标的变化发展，教会特殊教育学校的课程设置也发生了改变，侧重点发生了转变。这主要体现在以下几个方面：一是在教学过程中，对宗教课程的学习不再强迫，而是将其开设成选修课，学生在自愿的基础上自由选择；二是课程不再是仅仅培养学生的生存技能，达到独立生存的目的，还要使学生通过学习能够服务社会和他人。中国近代聋哑教育奠基人梅理士夫人，在总结其长期工作经验的基础上，概括了对特殊教育教师的道德素质要求，认为要成为一名称职的聋哑学校的教师，最重要的资格认定是有良好的道德品质和性格，需要充满爱意和耐心良好的性格、不做坏事、热情、虔诚、有爱心、有耐心等成为这一时期特殊教育师资的道德信念。在课程设置上，逐渐减少了有关技艺性的课程，在培养方案中增加了许多关于文化的课程。如 1926 年烟台“启喑学校”的课程安排：幼儿园有国语、体操、工艺等课程；一年级有原音、看嘴学话、写字、人物学、浅白算法、体操等课程；二、三年级有语言、看嘴学话、日记、国语、写字、算法、国文、工艺、体操等课程。

4. 教学方法

（1）根据特殊儿童的生理、心理发展特点进行教学

盲童教育能不能取得预期成效，教师起主导作用。上海盲童学校的教师是以明眼人为主体来教授盲人，这就意味着在教学过程中教师必须换位体认，教育者须在教学过程中，充分考虑受教育者的障碍特点，以残疾学生的角度身临其境地施教，才能使残疾学生适应教育环境，使教育达到预期效果。上海盲童学校校长傅步兰认为，教盲人的教师要考虑受教育者的环境，盲人的环境与明眼人的环境有很大不同。因此，要运用正确的方法，因人而异。这里的环境是指特殊儿童所具有的特殊心理、生理以及由此而出现的特殊的与外界沟通的能力。傅布兰指出，特殊教育师资在对特殊儿童进行教育之前，必须了解特殊儿童的基本心理，按照他们的心理特点进行教育。他认为，在当今的世界中，盲人教育最棘手且最难解决的问题是，绝大多数特殊教育教师不懂特殊儿童心理，也没有意识到应该去了解特殊儿童与周围世界交流的方式。教师曾经向他抱怨说，这些有残疾的孩子愚笨，反应迟钝，怎么教也教不会。傅步兰归结

① 周东华. 民国浙江基督教教育研究：以“身份建构”与“本色之路”为视角[M]. 北京：中国社会科学出版社，2011.

为，这是因为教师们不懂盲童的心理发展特点，不能设身处地洞悉学生的内心世界、观察他们是如何用自己的方式打开心灵的窗口、了解和认识周围的世界和事物的，教师往往用教授明眼学生的方法去教育残疾学生，不知道他们之间的差别所在，因此不能取得预期教学效果。正是在这样的社会现实面前，他在盲童学校举办了师资培训班，并要求全体教师都要参加。参加培训的教师，要把双眼蒙住，充当盲人。在不能正常看东西的情况下，学习折纸、裁剪、搭积木等，还要尝试完成他们曾经要求特殊儿童完成的相关任务，切实体会盲童的特点与需求。通过这种方式，这些盲校的教师发现他们还不如学生做得好，进而能够更好地理解盲童。[①]

（2）教师和学生密切交往并与其家庭合作

作为一名合格的聋人教师，不但要根据聋人的特点因材施教，而且要了解学生致聋的原因和个人的主要生活经历，这就需要聋人教师不仅要和学生密切来往，同时要与其家庭建立联系和合作关系。例如，烟台启喑学校在师资培养方面，要求参加培训的教师必须全部住校，与全校师生共同用餐，起居、生活都在一起。此外，学校还与社会紧密相连，经常开展一些开放式教学活动，经过一段时间培训后，全体受训人员都要参与聋哑人家庭的教学活动，搞一对一的聋人家庭服务和教育，作为受训教师的实习科目。

烟台启喑学校创办人梅尔斯妻子所提出教师资格的认定标准是：①既要有学历、经验，又要受过专门的训练，掌握写字、美术、手工、舞蹈等能应付各种课程的“万金油”性质的教员；②对思想道德标准要求很高，最重要的资格认定是有良好的道德品质和开朗的性格，需要充满耐心和爱心；③要了解各种教学方法和所教学科内容，身体健康，充满激情、热情和对特殊教育事业的无限热爱及对理想的不懈追求精神。以上论述可以看出，关于特殊教育师资培养的资格认定标准已初露端倪。这一时期，作为一名合格的特殊教育教师不但要有良好的专业技能，同时要有与学生和家长的沟通协作能力。家校合作，对特殊学生的成长至关重要。

5. 经费来源

中国特殊教育以传教士创办的特殊教育学校为基础，开始创办自己的特殊学校，如表 3-2 所示。

① 刘粤声 . 广州基督教概况：两广浸信会史略 [M]. 香港：香港浸教会，1977.

表3–2　特殊教育学校经费来源

校　名	创办时间	负责人	经费来源
成都市基督教盲哑学校	1918年	英国圣公会干事裴成章	以教会为主，私人和社会多方捐款
武昌协合女子盲童学校	1919年	美籍瑞典传教士艾瑞英	外国捐款、中国捐款
南京市立盲哑学校盲部	1927年	陈子安	南京市政府拨款

由表3–2中可以看出，特殊教育学校的经费来源多样化、规范化是在这一时期特殊教育学校的重要特点。具体表现为：在民国中后期，除了各种教会的捐款之外，政府的投入、资助拨款也占了相当大一部分比重；此外，还有一些社会团体、私人等捐赠。这种变化，打破了西方教会对中国特殊教育学校的垄断，使中国赢得了一定的办学自主权，并为特殊教育师资培养走向正规化奠定了基础。

1931年前后，自从收回教育主权，国人开始自办特殊教育学校。这一时期，国人自己创办了一些特殊教育师资培训班，成都有两所，另外一所在昆明。当时，由于战争，很多特殊学校停办或萎缩，使仅有的几所特殊教育学校生源急剧扩大，更显师资匮乏，但在这几所少有的师资训练班中，我们可以窥见1931年前在“收回教育权”运动以后，我国特殊教育的师资培养日益规范化、专业化。以成都市基督教盲哑学校代办盲残师资训练班为例，在教师聘用上，提出了教师资格的应有标准，即特殊教育师资应该具备丰厚的文化基础，对盲哑儿童的身心发展特点与心理需求有必要的了解，并且具备相应的教育经验。不仅如此，还主张要聘请国内外大学或专门学校毕业生担任教师，教授普通学科，并延聘专门技术人才，教授各种工艺，如表3–3所示。

表3–3　成都市基督教盲哑学校代办盲残教育师资训练班教职员一览表

姓　名	年　龄	经　历	学　历	担任学科	教学时数/周	月　薪（元）	专任或兼任
罗蜀芳	38	曾任私立明德小学校长、明声聋哑学校校长	山东省启喑学校毕业	盲残教材及教育法、学校行政	5		兼任

续　表

姓　名	年　龄	经　历	学　历	担任学科	教学时数 / 周	月　薪（元）	专任或兼任
吴国彪	30		美国哥伦比亚大学毕业	教育概论、儿童心理、各科教材及教学法	16	260	专任
周家麟	42	曾任教育科长、代理县长、省府督导	国立北平法政大学毕业	国文	5	260	专任
丁丽雅	31	曾任华西大学教授	美国芝加哥大学毕业	英文	2		兼任
邓世华	42		华西大学毕业	历史、地理	4		兼任
萧露嘉	45	萧氏兄弟医院院长	华西大学毕业	卫生	1		兼任
胡清白	32	华西大学音乐教授	英国剑桥大学毕业	音乐	2		兼任
刘国乔	30		华西大学毕业	生物、理化、数学	18	240	专任
李润民	27		华西大学毕业	劳作	16	120	兼任
李　泽	27		国立四川大学毕业	体育、公民	2		兼任

从该表可看出，接受过专业培训的师资十分有限，仅罗蜀芳和吴国彪两人，他们担任了全部的特殊教育专业课程。吴国彪幼年失明，从上海盲童学校毕业后自修高中课程，1931 年前到美国哥伦比亚大学深造并获硕士学位，1944 年由盲人协会推荐到基督教育哑学校任教。其他普通学科教师则都具有国内外著名大学教育经历，师资训练班的师资力量、师资类型、年龄结构都趋于合理，普通学科师资雄厚，特教师资队伍不稳定，大多数都是兼职教师，专任教师只占少数，且流动性很大，但即便如此，这批师资依然是我国这一时

期特殊教育师资的典范。特教师资缺乏，成为此期特殊教育事业发展的最大阻碍。

这一时期的师资训练班前后共招收四班，在课程设置方面，四个班都非常注重学生基础理论课和实践能力的培养，注重教学法的讲授，以师资训练班第二班为例，其课表如表 3–4 所示。

表3–4　成都市基督教育哑学校代办盲残教育师资训练班第二班课表

科　目	第一学年		第二学年	
	第一学期	第二学期	第三学期	第四学期
儿童心理学	儿童心理学	儿童心理学	儿童心理学	实地练习教育盲哑儿童
教育	教育概论	盲哑教育实施法	教学法	同上
国语	国音符号	国音符号	盲哑生教材及教法	同上
盲字	盲字读写	盲字教学	盲字教学	同上
手势	手势	手势教学	手势教学	同上
算术	算术	算术	算术教材及教法	同上
珠算	珠算简易簿记	珠算教材教法	珠算教材教法	同上
社会	地理历史	地理历史	史地教材教法	同上
自然	自然	自然	自然教材教法	同上
艺术	形艺工艺	形艺工艺	艺术教材教法	同上
音乐	普通歌曲乐理	普通歌曲乐理	音乐教材教法	同上
体育	体育	体育医药常识	体育教材教法	同上
职业教育		职业教育概论		同上
学校行政			学校行政	同上

从上表可以看出，这种课程结构的设计更加符合教师的要求，这种课程设置对其后特殊教师师资培养产生了深远影响。国家开始干预特殊教育师资培养问题，政府行为及管理系统逐渐形成。1947 年颁布了《改进全国盲哑教育案》。这一法案公布了创办盲哑学校的相关章程。该案在师资培养的改革方

面，提出由中央设立专科以上程度盲人学校及聋哑学校各一所，培养中等盲哑学校师资，还提出设立聋哑师资培训班，除了职前教师培训外还肩负在职教师的继续教育培训任务，定期分期分批征调各盲哑学校教师进行在职培训，提高教师的教学质量和效率，该案还表示要提高盲哑学校教师待遇，对工作表现好的教师给予奖励，建立激励机制系统，稳定教师队伍。[①] 此案属于教育部的交议案，所以结果不明。

1947 年，陈鹤琴考察了国外培训特殊教育教师的经验后，在《关于特殊儿童教育》一文中提出在我国的师范院校当中应该增设特殊教育系，对于师资问题，如果有需要，可以聘请国外有经验的特殊教育专家学者来华任教，用以充实和培养我国特殊教育师资，另外，我国应派教师去国外访学，考察其他国家先进的特殊教育的经验做法，以作我国开展特殊教育的借镜。[②] 同时，他又在《关于发展儿童教育的四个建议》一文中提出，应该设立国立儿童教育师范学院，在学院之下，应该分别设立幼稚教育系、国民教育系和特殊教育系。在特殊教育系里面，还应当再开设一所特殊教育师范所，在这个特殊教育师范所里下设盲童学校、聋哑学校、残废儿童学校、神经病儿童学校、天才儿童学校、低能儿童学校。他在文中所提及的在大学开设特殊教育专业的构想，虽然在我国当时的社会背景和历史条件下只能算是一个理想，在残酷的现实情况下很难实现，但是为我国特殊教育师资培养和特殊教育事业的发展绘制了一个美好蓝图，具有大胆的开拓性和前瞻性。

1948 年，在专门召开的盲哑教育谈话会上，学者专家们积极发言讨论，分别提出各自的观念和看法，共同献计献策，提出在大学中设特殊教育系。小学师资由盲哑师范学校及高中盲哑师范科培养，中等学校师资由特殊教育师范专科或大学特殊教育系培养。但上述谈话内容未能实行。简言之，近代颁布或讨论的各种有关特殊教育的法律、法规、条文大多停留在法理层面，可操作性极弱；在当时的历史条件下，普通教育领域的法律、法规都难以执行，特殊教育领域更毋庸多论。

中国特殊教育学校的创办，乃至师资建设都是在教会特殊教育学校、借鉴国外培养师资的经验以及从特殊教育发达的国家引进师资的基础上发展而

---

① 顾定倩，朴永馨，刘艳红．中国特殊教育史资料选（上卷）[M]．北京：北京师范大学出版社，2010.

② 陈鹤琴．关于特殊儿童教育 [M]// 北京教育科学研究所．陈鹤琴全集（第四卷）．南京：江苏教育出版社，1991：406-422.

来的。自从烟台启喑学校的师范班创办以后，中国相继成立了上海天主教聋哑学校、北京聋哑学校、南京聋哑学校等十几所聋哑学校，其中相当一部分的私立聋哑学校的创办者和师资都来自烟台启喑学校师范班毕业的学生。[①]但当时国人自办的私立学校，仍然没有教会特教机构的办学条件好。因此，当时教会特殊教育机构或学校无疑充当了中国特殊教育师资培训基地，并具有领头羊的作用。

总之，1949 年前，中国特殊教育学校仍然没有摆脱慈善和救济的性质，进入高等学校学习的残疾人仍然是少数，大多数残疾人受教育主要是为解决生存问题。至此，这一时期特殊教育师资培养呈现出专业化程度不高、随意性大、方法单一等特点，直到中华人民共和国成立，中国特殊教育事业的发展才揭开历史新篇章。

二、中华人民共和国成立后至改革开放前特殊教育师资培养（1949—1977 年）

从中华人民共和国成立后到 1977 年是我国特殊教育师资培训机构整顿和改革阶段，采用的方式是在改革中求发展。

（一）民主制度的初创与特殊教育师资培养

特殊教育的发展，与国家的政治思想的进步有着密切的关系，同时也受到了科学技术、医学、心理学等领域快速发展的影响。在中华人民共和国成立后至改革开放前，我国特殊教育师资培养处于非专业化时期，在这一时期中国人的民主意识开始觉醒和加强。

这一时期，特殊教育在形式和思想上与宗教、医学开始分离并转向教育领域。虽然制定了一些政策性文件，充分体现了国家意志，体现了党和政府对推进特殊教育的坚定政治意志和人道主义关怀，但是，保障残疾人基本受教育权利的法律并没有很快建立起来，国家还没有制定和颁布特殊教育法案。

这一时期，我国特殊教育处于初步探索时期。基于当时的政治、经济、文化和教育背景，我国教育模式受苏联教育模式的影响深远。“新中国成立后至改革开放前，我国的教育制度、教育观念、教学内容和教学方法都按照苏联教育加以改造，学习的途径主要是通过翻译苏联的教育专著和聘请苏联专家在我国讲学”。[②]当时，维果斯基的缺陷补偿理论引入中国，我国特殊教育学科

① 金汝逊. 我国聋哑教育之点滴律[M]//全国政协文史资料委员会. 文史资料存稿选编－教育：第 24 卷. 北京：中国文史出版社，2002：667.

② 顾明远. 论苏联教育理论对中国教育的影响[J]. 北京师范大学学报（社会科学版），2004（1）：5-13.

体系的建立受其影响很大，但对于残疾人的专业领域还没有更多的关注和做更细致的划分。在特殊教育师资方面，仅有零星政策出台，如1957年4月，教育部在《办好盲童学校、聋哑学校的几点指示》中规定“各地教育行政部门必须加强组织教师的业余进修工作，把现有不及中等师范程度的教师逐步提高到中等师范水平”。这些政策也主要是体现在培训政策、培训的方式方法上，很少涉及特教师资专业素质和专业资格的评定等方面。

以上说明，在中华人民共和国成立后的相当一段时期，由于受当时政治、经济和文化水平和发展的限制，还没有条件开办专门培养训练特殊教育师资的师范学校，特殊教育教师还未被纳入教师培养体系之中。所以，这一时期，特殊教育师资培养的形式，依然还是沿用中华人民共和国成立前“师父带徒弟”以及短期培训师资的方式。

（二）特殊教育师资培养的整顿与提高

特殊教育师资培养并没有从我国的师范教育体系中分化出来，没有独立设置特殊师范学校，在我国的高等师范院校也没有单独开设特殊教育专业，但是，我国通过制定一些有关特殊教育政策，开始逐步重视特殊教育教育师资培养。例如，1951年通过的《关于改革学制的决定》中指出：“各级人民政府为适应广泛的政治学习和业务学习之需要，得设立各级各类补习学校和函授学校。各级人民政府并应设立聋哑、盲目等特种学校，对生理上有缺陷的儿童、青年和成人，施以教育。”在有限的条件下，为解决盲聋哑学校师资短缺问题，国家采取将普通师范中培养的师资补充到特殊教育的师资队伍的方法，在一定程度上补充了我国当时有限的特殊教育师资，但由于特殊教育的特殊性和专业性特点，普通师范教育所培养的师资没有接受过特殊教育的培训，在实际工作中，困难重重。因此，20世纪50年代中后期，为解决这一矛盾，提高特殊学校师资队伍的整体水平，我国采用职后培训和进修等各种改革措施，在改革中渐进发展特殊教育。

中华人民共和国成立后，在党和政府的领导下，我国特殊教育事业得到了长足的发展，新建了一批特殊学校，使广大残疾儿童能够入学。政府在这一时期对西方教会学校进行了接管，收回了特殊教育主权；教育内容开始本土化，不再受西方宗教影响，特殊教育成为中国教育体系的重要组成部分，成为中国教育事业的一部分。特殊学校的逐渐增多，造成了师资匮乏。因此，培养特殊教育师资力量是特殊教育事业发展的当务之急。中央与地方政府开始有意识地干预特殊师范教育的发展，有计划地培养新师资，相关教育行政部门发布了一些关于特殊教育师资培养的文件，着重从特殊教育师资的待遇、培养计划

（目标）、课程内容、入学时间、入学条件、学习方法、培养模式等方面进行整顿与改革，进一步促进我国特殊教育师资培养向规范化、科学化、法制化方向发展。

“新中国成立前夕，全国仅有盲聋哑学校 40 多所，学生 2 000 多人，而且绝大部分的特殊教育学校或机构都属于宗教或慈善性质”[①]，没有专门培养特殊教育师资的学校。虽有少数师范班开办，但还是有相当一部分教师是通过在学校里边进行教育见习、教育实习，以传统的“师父带徒弟”的方法培养的，缺乏规范性。

中华人民共和国成立后，学生人数、教职工人数与中华人民共和国成立前相比有显著增加，而且专任教师的比例增大。专任教师的增加说明国家加大了培养特殊教育师资的力度，特殊教育师资培养日益完善。

此外，为壮大特殊教育师资队伍，残疾人应补充到特殊教育队伍中。戴目在《调动聋人积极因素，培养聋人教师》中指出：“全国聋哑学校和中华人民共和国成立前相比虽然数量增多，发展较快，但仍不能满足社会的大量需求。我国聋哑儿童约有 30 万人，而已入学的聋哑儿童只有大约 1 万人，这种情况说明普及聋哑小学教育任重道远。另外，全国除了上海有一所聋哑青年技术学校以外，还没有一所完善的聋哑中等学校，聋哑学生由于师资的匮乏，无法完成普通的九年一贯制的教育。聋哑教师的培养受到限制，主要是由于有些地方对聋哑人当教师有偏见，他们没有看到培养与使用聋哑人从事聋哑教育工作，在发展聋哑教育事业和开展教学方面的便利和积极作用，我们应充分调动聋哑人的积极因素。普及聋哑教育需要采用多种方式方法，聋哑人充当特殊教育教师已有先例，而且取得了应有的效果，积极利用和发扬聋哑人这部分力量，对特殊教育事业的发展意义重大。”此文充分论证了聋哑人作为特教师资的一部分益处。聋哑人固然有他们在教学中的局限，比如说话、发音、阅读等教学工作无法独立完成，但是聋哑人彼此之间容易互相了解，在教学中可以更好地沟通和交流。因此，聋哑人从事教育教学工作，只要懂得口语教学的原理和原则，掌握视话技巧，师生之间就是可以交流的；聋哑人还可以利用手语作为辅助手段完成教学工作。所以，应重视聋哑师资人才培养，进一步充实和扩大聋哑人师资队伍。

这一时期，中央教育、行政等部门有关特殊教育师资的文件主要有：1954 年 5 月 13 日《教育部关于盲聋哑教育方针、课程、学制、编制等问题给山东

① 朴永馨 . 特殊教育 [M]. 长春：吉林教育出版社，2000.

省教育厅的复函》、1956 年 7 月 9 日教育部发布的《关于 1956 年全国普通教育、师范教育事业工资改革的指示》、1957 年 4 月 25 日《教育部关于办好盲童学校、聋哑学校的几点指示》和 1958 年 4 月 10 日《教育部关于在盲童学校和聋哑学校教学拼音字母的通知》。地方文件主要有 1964 年 6 月 17 日《重庆市教育局关于盲、聋哑学校招生意见的报告》、1960 年 2 月 2 日《广东省教育厅关于举办第一期盲童学校教育师资训练班选送学员到省学习的通知》等。以上文件对特殊教育教师的待遇、编制以及师资缺乏的应对措施等，都做了详细的规定，这些文件对于特殊教育的发展，起到了重要的推助作用。《教育部关于盲聋哑教育方针、课程、学制、编制等问题给山东省教育厅的复函》提出了关于特殊教育教师待遇问题，指出教育行政机关要根据各省、市的具体情况自行调整，要比当地一般的普通小学略高。另外，对于长期从事特教工作且具有一定经验的老教师，要予以照顾，充分调动其工作积极性，在福利方面多加照顾，将自身的教学经验传授给其他教师，提高教学质量。[①]

1956 年 7 月 9 日《关于 1956 年全国普通教育、师范教育事业工作改革的指示》中规定："对于盲聋哑中、小学的员工，除按中、小学工资标准分别评定外，对教员、校长、教导主任还应按评定之等级工资，另外加发 15%，以资鼓励。"这类规定是合理的。由于特殊教育教师工作对象的特殊性，需要特殊教育教师比普通教师付出更多的努力，更多的爱心和耐心，才能取得一定的教学效果。另外，特殊教育专业性强，很多方法需要在经验中逐渐摸索和形成，师资非常匮乏。因此，只有增加特殊教育教师的待遇，才能稳固特殊教育师资队伍，鼓励更多的人从事特殊教育事业。

这一时期，除了向苏联和世界各国继续学习先进经验外，中央和地方教育行政部门开始有计划地研究制订培养盲、聋哑教育师资的计划，增加和扩建特殊教育学校，出台提高特殊教育教师待遇的相关文件和政策，提升特殊教育师资培养的实施效果。《办好盲童学校、聋哑学校的几点指示》不但规定了盲童学校和聋哑学校的人员编制问题，还具体制订了培养盲、聋哑教育师资的计划，如对没有条件开办专门训练的特殊教育师资的师范学校，采取分配中等师范毕业生到盲童学校和聋哑学校见习半年或一年，然后正式担任教学工作的解决办法。但中华人民共和国成立后乃至后来很长一段时期，盲聋哑教育师资除了培养一些盲聋哑人充当特殊教育教师以外，特殊教育师资的主要来源依然是普通师范学校抽调出来的非专业特殊教育师资，这只是为了缓解当时特殊教育

① 何东昌．中华人民共和国重要教育文献（1949—1975）[M]．海口：海南出版社，1998.

师资不足的问题而采取的权宜之计，并不是特殊教育发展的上上之选。因此，20 世纪 50 年代中后期，对特殊教育师资培养模式的探索，成为特殊教育事业发展的主旋律。

（三）特殊教育师资培养模式——“师父带徒弟”和“短期训练班”

中华人民共和国成立后我国师资培养模式仍沿用中华人民共和国成立前“师父带徒弟”和“短期训练班”的培养模式。这两种培养模式属于在职培训，而且没有专门的组织和机构，培养模式屈指可数，地点也主要集中在沿海城市，内地城市只有沈阳、武汉、绥化、西安等少数城市有特殊教育学校和特殊教育师范班①，这种师资培养状况一直到 20 世纪 80 年代后才得以改善。

这一时期，虽然和中华人民共和国成立前的培养模式趋同，但是，比中华人民共和国成立前创办的短期培训班的种类、内容更加丰富和多样化，并开始逐步完善。中央和地方都分别出台特殊教育师资培养计划，开办短期培训班，用短期培训的办法来培养盲聋哑学校的师资。师资培训班在政策、入学条件、名额、教学目标、内容、方法等方面，都有了初步的计划和规定，为后来特殊师资师范学校的建立奠定了基础。一般而言，培训班的授课内容和形式都相似，培训班有的是由教育部委托当地教育局代办，有的是由各省市民政局、教育厅等主办，校址一般都附设在各地的聋哑学校内，培训时间大致都是在 3 ～ 6 个月。

在特殊教育师资培养的政策方面，《教育部关于办好盲童学校、聋哑学校的几点指示》指出：各地教育行政部门要制订好培养盲、聋哑教育师资所需的师资计划。加强聋哑教师的在职培训，提升原有教师的师资水平。盲人教师可以和普通教师一起培训，聋哑教师除了利用业余时间开展在职培训还可以继续提升学历层次，参加函授学校学习。没有能力胜任教师这一职业的人员，当地教育行政部门要根据具体情况进行分流、转业或让他们退休。在没有开办专门特殊教育师资的师范学校的情况下，新增师资所采取的方式方法是：抽调普通学校的师资进行特殊教育的专业培训；普通中等师范毕业生到盲童学校和聋哑学校见习半年或一年，担任特殊教育教师。聋哑学校师资在采用口语教学的班级里，必须配备健全教师，有少数中等文化程度的盲人教师，在课程教学中也需配备健全的教师。为了加强学校的管理，盲童学校和聋哑学校的各行政部门，也要培养现有的行政领导干部具备一些特殊教育的知识。以上政策重视特殊教育师资的在职培养和职后培训，把盲聋哑学校教师的职后培训，纳入普通

---

① 李拉．我国特殊师范教育制度研究 [M]．南京：南京大学出版社，2016.

学校教师职后培训中。

在培养目标和课程设置上，《广东省教育厅关于举办第一期盲童学校教育师资训练选送学员到省学习的通知》规定课程设置主要有盲文、工艺、政治、算术、实习等。[①]《广东省教育厅关于开办第三期聋哑教育师训班的通知》发布了关于培养目标和要求：掌握聋哑教育的基本知识、基本理论，能够解决聋哑教学中的基本问题；培养具有无产阶级政治觉悟、辩证唯物主义思想观点，服从党的领导，献身于聋哑教育事业的优秀教师；熟知聋哑学校的学习生活状况，掌握聋哑教学大纲、教材及聋哑各项教学方法和基本技能，了解聋哑人心理，掌握算数教学，统一汉语拼音、汉语手指字母，能完成特别识字教学及一年级准备课，了解如何成为一个合格的班主任和教师；通过师训班的培训，原校教师教学水平获得进一步提高，并能全面地总结政治思想、语文、算术等 13 个专题。

在课程设置上，这一时期，普通教育与特殊教育相混合，特殊教育没有单独形成固定的课程模块，只是简单地叠加，没有很好地把学科知识和特殊教育专业知识整合。课程学习内容在这个短期培训班中共分 7 个单元：教育方针政策、手势语和汉语；算术和基本的语言技能；识字教学；试教算术班主任工作及教养员；律动，汉语拼音及手指字母及手势语；各门课程全面试教；全面总结鉴定，政治思想教育。

这一时期在沿海城市举办的特殊教育师范班，每一期都逐渐增加名额。在《广东省教育厅关于举办第一期盲童学校教育师资训练选送学员到省学习的通知》中，广州、韶关、佛山、汕头、江门、湛江等地的教育局（处）规定：学院名额共 14 名，广州、佛山、江门、韶关、汕头、湛江、海南各 2 名。在《广东省教育厅关于开办第三期聋哑教育师训班的通知》中，广州市教育局、海南行署、各专署文教局（处、部）决定在广州市聋哑学校培训，全班共招收 25 名学员，培训后分配到各区，名额如下：江门区 5 人（包括开平市已到校的学员一人在内）；广州市、韶关、佛山、海南、汕头区各 3 人（广州市学员已到校）；湛江区 5 人（包括高州县已到校的学员一人在内）。从以上学员名额分配数字可见，虽然每一期名额有所增加，但仍无法满足特殊教育事业的整体需求。

在学员条件上，首先是政治觉悟高，思想品质好，这也是特殊教育事业

① 顾定倩，朴永馨，刘艳虹．中国特殊教育史资料选（下卷）[M]．北京：北京师范大学出版社，2010.

得以顺利进行和发展的首要条件，因为特殊教育和普通教育相比更需要极大的耐心和爱心，有崇高的敬业精神和精神境界。其次是身体健康，不分男女，年龄在 18 岁以上 30 岁以下，大部分是师范毕业生及小学优秀教师，也有一部分在职干部。特殊教育师资培养主要从普通学校中的优秀教师里选拔，文化程度要求不高，具有初中毕业（或相当于初中毕业）的文化程度即可，还可以接纳盲眼的学员，但要求要有一定的文化，还招收具有一年以上教龄和有一定教学经验的聋哑学校教师（健全人）。当时对特殊教育教师的选拔条件值得我们今天学习和借鉴。

在学习内容上，重点强调的是学习党的教育方针、政策，提高学员的思想政治觉悟，以便更好地致力于聋哑教育事业，此后才是专业知识的学习与实践。除了政治课另有专人负责外，专业课程都是由各聋哑学校校长或有经验的教师，分别以专业和报告的形式讲授。主要教学科目有政治、盲文、工艺、算术、生理心理卫生、聋人语音、指语及手势语、盲聋哑教育简史等。学员通过几个月的培训与学习，能够掌握特殊教育的基本常识、知识和基本的技能，对特殊教育事业有一个全面的认识和了解。

在学习方法上，主要采取“师父带徒弟”的办法，根据每位学员的不同特点分配到原校较有经验的教师那里学习，由该教师负责培养；主要形式是深入课堂听有经验教师的课，集中听课，观摩教学，由该教师进行辅导，写听课报告，每周以小组为单位，讨论听课情况和意见，把意见综合送给教师及师委会，还有小组漫谈、经验介绍、专题讨论以及参观实习等方法，学完一单元就评比一次，每学期结束进行鉴定。学员结业后，回原单位工作。

这些充分说明当时中央和地方政府对发展特殊教育师资的重视，相关文件对师资的待遇、课程内容、培养模式等方面进行了规定和阐释。另外，我们可以看出，我国特殊教育的师资培养发展，当时还处在非专业化时期，还没有开办专门培训特殊教育师资的师范院校，培训形式单一。特殊教育的师资来源依然是普通师范院校，发展非常不平衡，主要还是集中在沿海和发达城市，覆盖面很低，县城和农村无论是特殊学校的创建，还是特殊教育师资的培养都十分匮乏。

这一时期，由于现有条件不足、资金短缺、专业教师匮乏、受苏联课程模式的影响等原因，以及大众对特殊教育教师这一职业的偏见，人才培养目标单一，课程主体仅是一些学科基础理论课，特殊教育师资培养的主要途径和方式，不是职前培养而是在职培训。培训的方式则采用中华人民共和国成立前的

“师父带徒弟”和办培训班的培训模式。在整顿创新阶段，我国特教师资少量来源于旧有学校，大部分的师资都是来自普通学校和普通师范学校毕业生，缺乏特殊教育知识和技能。所以，对新补充的特教师资仍然需要在职培训。

课程体系在中央和地方创办的培训班的教学过程中，逐渐充实丰满，开创了培训残疾人当教师和在大学教育中开设特殊教育课程的先例：在师资培训的内容方面，形成了基础文化课与教育理论课相结合的结构；特殊教育师资培养的特点，使特殊教育师资培养目标进一步明确和细化，培养目标的内涵有所增加，但师资培养主要还是集中在盲、聋、哑这三个障碍类别上；重视学员政治思想领域的引导与教育；重视学生为特殊教育事业献身的职业道德教育的培养和职业品质的培养；在教学方法上，主要采用专题讨论的形式进行教学。这一教学方法是针对问题入手，时效性强，为今后特殊教育教学方法多样化奠定了基础。

从中华人民共和国成立后到改革开放初期所积累的师资培养经验，为我国改革开放后特殊教育事业的发展，奠定了坚实基础；在师资培养方面，对我国普及聋哑教育、培养聋哑教育教师新生力量，无疑具有积极意义。

三、中国特色的特殊教育师资培养体系的初步形成（1978—1997年）

改革开放至20世纪90年代末，我国特殊教育师资培养进入全面发展阶段，特殊教育在理论、政策以及培养模式等方面，都取得了突破性进展。

这一时期，我国基本确立了特殊教育教师政策的基本框架，政策设计逐步完善和丰富（包括培养培训、工资待遇保障等激励政策），开始注重对特教师资规模数量方面的政策要求，并且初步形成了中专、大专和本科层次的特殊教育师范生培养体系。此外，特殊师范教育的学科建设全面起步，并进一步推进了职前、职后一体化的特殊教育师资培养体系的建立。

（一）特殊教育师资培养的政策制定

1. 国家和地方特殊教育师资培养培训政策

20世纪80年代初，我国政治、经济、文化等方面的发展突飞猛进，随之而来的是对教育的迫切需求，教育事业得到迅速发展。与此同时，残疾人教育事业也采取了一系列重大举措，获得了长足的发展。特教教师的培养纳入整个教师培养发展的规划体系中，开始了专业化的探索。特殊师范院校的建立和残疾人接受教育的相关的国家政策和法令如表3-4所示。

表3-4　1978—1997年国家有关特殊教育教师的主要政策法规文件

时　间	文件名称	主要思想（标志性事件）
1980 年	《关于办好中等师范教育意见》	教育部拟委托有条件的地区举办一所特殊教育师范学校，为全国各地培养特殊教育师资
1982 年	《中华人民共和国宪法》	第四十五条中规定，国家和政府帮助安排盲、聋、哑和其他残疾公民的劳动、生活和教育
1986 年	《关于实施〈义务教育法〉若干问题的意见》	要求有条件的省、自治区、直辖市应设立特殊教育师范学校，或在师范院校附设特殊教育师范班
1988 年	《中国残疾人事业五年工作纲要》	颁布了我国第一个残疾人事业发展五年规划
1989 年	《关于发展特殊教育的若干意见》	提出了"特教要发展，师资须先行"
1994 年	《残疾人教育条例》	在特教教师地位和待遇、职业道德、专业知识和技能、特教教师资格证书制度等方面均有涉及

以上政策的出台，使特殊教育师资培养开始复苏并进入新的发展时期。这一时期，关于特殊教育师资培养的政策核心，是为基础教育阶段和职业阶段培养特殊教育师资。

1980 年，教育部下发《关于办好中等师范教育的意见》（以下简称《意见》），第一次在国家政策的体系中涉及特殊教育师资培养的问题。《意见》指出，当时我国盲、聋、哑等特殊教育师资非常匮乏，为了缓解这一供不应求的矛盾，各省、自治区、直辖市都应根据本地区具体情况，在一些有条件的中师学校或者特殊学校增设特殊教育师资班，培养特殊教育师资。师资班的课程设置与普通师范学校可以基本相同，但要增设盲、聋哑教育业务课。对于这个师资班的师资和教材，国家不统一规定，由各地的盲、聋哑学校自行解决。对于有经验、有条件的学校，还要帮助其他学校，承担特殊教育师资培养的任务。[①]《意见》阐述了关于"中等师范教育的任务""学制和招生""中等师范学校课程""加强对中等师范教育的领导和管理""积极加强盲、聋哑师资的培养""有条件的中等师范学校设置特殊教育课程"等问题，使特教师资培养有

① 苏林，张贵新．中国师范教育十五年[M]．长春：东北师范大学出版社，1996.

了政策的指引。从此，特殊教育师资有了专门师范生培养制度，日益走向专业化发展的道路。

1985 年 5 月 27 日，《中共中央关于教育体制改革的决定》提出，建立一支数量充足、素质达标、稳定的师资队伍，是实施义务教育、提高教育质量的关键。但在关照到绝大多数普通儿童的同时，不能忽略有特殊需求的儿童，还要努力发展幼儿教育，发展盲、聋、哑和智力障碍儿童的特殊教育。这样，包括免费师范生在内的特殊教育的培养制度基本确立起来了，使基础教育阶段的特殊教育师资培养，走向制度化的培养轨道。

1986年国务院办公厅转发了《关于实施〈义务教育法〉若干问题的意见》。该文件强调各地都要选择适当的措施，加强特殊教育师资队伍建设。为了更好地培养特殊教育师资，一些有条件的省、自治区、直辖市，可以设立特殊师范学校，或者开设特殊教育师范班。中等特殊师范教育主要是为基础教育阶段培养特殊教育师资。普及残疾儿童义务教育是这一时期我国特殊教育工作的重中之重，提高残疾儿童的入学率是特殊教育的主要目的，为了完成这一重要任务，必然需要大量高质量的师资队伍作保障，因此，对师资的需求不仅数量急剧增加，对质量的要求也有了很大提升。该文件对各级人民政府在实施义务教育过程中的工作做了相应的要求，指出各级政府都要高度重视盲、聋哑、智力障碍等残疾儿童的义务教育。所以，在当时的特殊教育体系设置中也是以盲、聋和智力障碍教育三类为主。随着我国特殊教育事业的发展，师资培养目标逐步明确，培养体系不断更新和完善。

由于国家对残疾儿童的政策导向，我国正规的特殊教育学校、特殊教育办学规模，自改革开放后迅速扩大，截至 1985 年发展到 375 所特殊教育学校，最多能容纳 4 万名学生，虽然特殊教育学校较以前成倍增加，但受教育人数与日俱增，仍然不能满足大量残疾儿童的受教育需求，根据 1987 年我国第一次对残疾人口进行的抽样调查结果，在全国 6 ～ 14 岁的符合义务教育年龄阶段的儿童中，大约有 625 万属于残疾儿童。1988 年全国进行五类残疾人的调查显示，虽然有 54% 的残疾儿童没有接受特殊教育，但他们到了学龄期后被安置在普通学校接受教育。[①] 针对我国各地特殊教育的现实情况，徐白仑倡导的“金钥匙盲童教育计划”进行了特殊儿童随班就读的试点工作，开始在普通小学招收盲童，随后普通小学对各类轻度残疾儿童开放，并在培训特殊儿童随班就读方面不断进行摸索。

① 陈云英．中国特殊教育学基础 [M]. 北京：教育科学出版社，2004.

1989 年颁布的《关于发展特殊教育的若干意见》指出了特殊教育师资培养的重要性和必要性，强调特殊教育要想得到快速发展，必须先建立高质量的师资队伍。该文件还明确了师资培训的实施步骤，指出在五年的时间里，要创造一切可能的条件来创办特殊教师培训机构，既可以单独开设一些特殊教育示范学校，也可以在一些普通师范学校里附设一些特殊教育师范班，或者特殊教育师范部。因为当时有些类别的特殊教育师资紧缺，所以对于这类师资由政府统筹规划，对普通小学的在职教师或者刚刚毕业的中等师范毕业生进行在职培训，使其更快地适应特殊教育，然后将他们分配到一些特殊学校或普通学校的特殊教育班级中去承担特殊教育的任务。除此之外，为了满足对特殊师资的紧急需求，还可从高中生或社会其他人员中选调一部分素质好、有爱心的人，对他们进行专业培训，然后让他们以民办教师的身份到特殊教育机构中去任教；国家教委统筹安排，为各地特教事业的发展创造良好的条件；各地采取灵活多样的形式，在有条件的高等师范学校里面开设特殊教育师范班，除了承担为全国各地培养特殊教育专门师资的任务以外，还承担对当时已经从事特殊教育的师资进行在职培训，以提升其特殊教育的从教能力，提高他们的综合素质。该文件还对普通中等师范学校、幼儿师范学校做了相关规定，指出这些学校的相关专业课，可以根据当地对特殊教育师资的需求适当灵活地调整。

1989 年，国家教育部（原国家教委）开展智力障碍儿童随班就读试点工作，在浙江、北京、山东、江苏、辽宁等省（直辖市）的 15 个县、区开展。1992 年，国家教委在山东省潍坊市召开了智力障碍儿童随班就读现场会，对师资培训提出了很多建设性意见：第一，担任智力障碍儿童随班就读工作的教师首先应该具有高尚的道德品质，热爱智力障碍儿童同时还要具有较高的业务能力；第二，担任智力障碍儿童随班就读工作的教师如果没有接受过专门的特殊教育师资培训，还需要进行短期的岗前培训；第三，普通中等师范学校应该尽快开设特殊教育课程，保证从事随班就读的新师资来源；第四，通过教研活动和其他形式，提高随班就读师资业务能力；第五，聘请智力障碍教育学校（班）的优秀师资或者接受过智力障碍教育培训的教研人员为随班就读教师提供咨询和服务等。鼓励各地通过多渠道、多样化的方式来培养特教师资。

1994 年，国务院在第 161 号令中发布《残疾人教育条例》（以下简称《条例》），《条例》中规定，无论是中央还是地方政府都要重视残疾人师资的培养与培训，在特教教师地位和待遇、职业道德、专业知识和技能、特教教师资格证书制度等方面均有涉及。关于如何执行残疾人教育教师资格证书制度，《条例》指出要由国务院教育行政部门以及国务院其他有关行政部门制定相关具体办法；关于在特殊教育机构中承担教学、康复、管理等工作的教师如何配备和聘用，一律按照残疾人特殊教育学校教师编制的相应标准来执行。

1994 年 7 月，国家教育部（原国家教委）印发了《关于开展残疾儿童少年随班就读工作的试行办法》，该文件对随班就读师资做出了相应的要求。不过从当时的随班就读实践来看，随班就读师资一般可分为两类：一是在普通中小学校里，担任随班就读儿童教育教学工作的教师，主要是指随班就读儿童的学科教师和班主任，这些教师称为"随读教师"；二是在普通中小学校里，担任随班就读个别辅导与康复训练的资源教师和特殊学校派出的巡回辅导教师，这些教师称为"巡回教师"。"随读教师"和"巡回教师"在我国的随班就读实践中是并存的。据调查，我国现有的许多特殊教育教师，还是由普通学校转至特殊教育岗位的。这一时期，组织特殊教育学历培训，是满足广大特殊教育教师自身发展迫切愿望的必要途径，特殊教育教师职后培训开始成为教育发展的重要组成部分。因此，各地采取多种形式，对在职特殊教育师资进行培训，提高他们的业务素质，加强职前职后一体化教育。

1994 年，国家教委印发《关于开展残疾儿童少年随班就读工作的试行办法》，特别强调要加强对随班就读师资的思想道德培养，保证随班就读师资具备较高的思想道德水平，认为这是随班就读师资的首要素养，其次才是业务水平的要求。该文件规定随班就读教师应该具备进行特殊教育的必要基础知识，掌握对特殊儿童进行教育的基本技能，熟悉对特殊儿童进行教育教学的基本原则与方法。采取多种形式，如各省、市（地）及有条件的县级教育行政部门要组织各级人员，包括教育行政管理人员、教研人员、科研人员等，进行教学研讨活动，请他们各抒己见、畅所欲言，为特殊教育、随班就读教学质量的提升提供坚实的保障。积极开展残疾儿童少年随班就读的教育教学研究工作，对随班就读班级教师进行岗前和在职培训，不断提高教育教学质量。

1998 年，教育部颁布《特殊教育学校暂行规程》，其中的第四章对特殊教育学校中的校长、教师和其他人员进行了具体规定。

在各种特殊教育文件的推动之下，我国的特殊教育事业获得快速发展，这对当时的特殊教育师资队伍建设提出了严峻的挑战，为了满足特殊教育对师资的要求，大批普通教育师资补充到特殊教育的师资队伍中。因此，使普通教师具有特殊教育的基础知识和基本技能，是特殊教育师资发展的当务之急。从特殊教育师资政策的演进历程看，独立定向型的特殊教育师资培养模式是主要的培养模式。发展到这一阶段，特殊教育师资培养形成了两种培养政策：第一种是由特殊教育师范院校和普通师范院校的特殊教育专业承担为特殊教育培养师资的任务；第二种是普通师范院校培养随班就读的普通教育师资。后一种培养政策的确立与发展，体现了我国特殊教育事业不断壮大和发展对特殊教育教师多种形式、多种层次的迫切需求。

上述有关特殊教育师资培养的政策制定与实施，体现了国家对发展残疾人教育事业的重视，明确规定了特殊教育教师的专业要求以及国家和社会在特殊教育师资培养中的责任等。这一阶段，国家把重点放在基础教育阶段，对盲、聋、哑、智力障碍这几个主要障碍类别的残疾儿童实施教育，并逐渐形成较为完善的特殊教育体系。国家颁布的有关特殊教育师资培养的规章制度和条例，也主要是针对基础教育阶段残疾儿童师资培养，国家和政府采取各种形式开办中、高等师范学校，逐步形成了中专、大专和本科层次的特殊教育师范生培养体系。同时，对特殊教育教师、普通教师进行特殊教育专业的岗前和在职培训，其中对特殊教育教师的资格制度、聘任制度都有了初步的规定。特殊教育教师政策不断发展完善，指导着教育法规和立法的实施。这一时期，我国特殊教育刚刚起步，特殊教育教师政策水平亟待提高，依法治教是发展我国特殊教育的科学路径。只有不断完善的特殊教育师资政策才能更有效保障我国特殊教育师资队伍的发展，从而促进我国特殊教育事业的继续向前推进。

2. 特殊教育师资待遇和聘任政策

改革开放后，特殊教育发展焕发出新的光彩，随着上述特殊教育师资培养培训政策的制定与实施，国家和地方在政策的指引下，采用多种形式培养不同层次的特殊教育教师。至此，特殊教育教师队伍犹如雨后春笋般地充实发展和壮大。特殊教育教师数量在短时间内急剧膨胀带来的结果，就是师资水平堪忧。因此，在重视加大特殊教育师资规模的同时也要兼顾质量，这一时期，规范和解决特殊教育师资队伍建设问题，是特殊教育事业发展的主要任务，也是促进特殊教育教师专业化发展的主要追求。

1989 年，国务院办公厅转发的国家教委等部门颁布的《关于发展特殊教育的若干意见》中指出：改善特教学校（班）和残疾儿童福利机构教职工的待遇，提高他们的社会地位。各地在表彰教师时，要从特殊教育的实际出发，给予适当照顾；各地应根据特教学校（班）的特点和实际需要，本着节约、精简的原则尽快制定各类特教学校（班）的公用费标准和人员编制比例。

该文件在我国首次提出特殊教育教师的待遇和地位问题，改变了我国特殊教育教师一直处于边缘化地位的局面，基本确立了今后特殊教育教师政策保障制度的基本框架，进一步稳定了特殊教育的师资队伍，推进了特殊教育教师专业化发展的进程。

1990年通过的《中华人民共和国残疾人保障法》以法律的形式确保特殊教育教师和手语翻译享受特殊教育津贴，进一步强化了特殊教育教师的保障制度，使特殊教育教师的地位和待遇问题有法可依。1994年《中华人民共和国残疾人教育条例》从改善特殊教育师资成长的外部工作环境和条件的角度出发，提出要采取措施逐步提高特殊教育教师的地位和待遇。同时，该条例还规定从事残疾人教育的教师、职工根据国家有关规定享受残疾人教育津贴及其他待遇。残疾人特殊教育学校举办单位，应当依据残疾人特殊教育学校教师编制标准，为学校配备承担教学、康复等工作的教师。残疾人特殊教育学校教师编制标准，由国务院教育行政部门会同国务院其他有关行政部门制定。

我国特殊教育教师聘任和职务制度，一直与普通教师基本保持一致。1986年国家教育委员会发布了《中小学教师职务试行条例》等文件，提出了教师职务的具体办法，规定了教师职务设置、任职条件和考核评审办法。教师职务的评聘要通过评审委员会，后者是负责评议、审定教师是否符合相应技术职务任职条件的组织。各级学校根据自身的实际需要，建立不同等级的职务评审委员会，对教师的考核标准从满足政治、道德和学术等方面进行考量，突出学历和工作能力的要求，同时根据不同类别学校教师的工作性质灵活处置。1993年《中国教育改革和发展纲要》再一次提出学校内部管理体制的改革重点放在人事制度和分配制度的改革。本着充分调动教师积极性的原则，对特殊教育师资实行岗位责任制和聘任制，在工资待遇上拉开档次。进一步强调深化人事劳动制度改革，同教育体制改革相配套。中小学逐步实行教师资格制度和职务等级制度。

1993年，《中华人民共和国教师法》颁布，国家以法律的形式对教师职务制度和教师聘任制度进行了专门规定。这些规定同样适用于特殊教育师资。1998年，教育部参照《中华人民共和国教师法》制定了《特殊教育学校暂行规程》，其中第4章第38条规定特殊教育学校的师资管理全部都参照国家统一规定来执行，包括教师聘任、职务制度、工资奖励等。

上述条例和纲领性文件，对各类学校的教师职务设置、各级教师职务的职责、任职条件以及考核和评审标准等都作了具体规定。时至今日，我国实行教师职务聘任制已经取得了相当大的成效，对于调动教师积极性，促进人才的合理流动，推进学校的管理体制改革等都起到了积极作用，但在实践中也有背离初衷的情况，如相关政策不配套，在观念上论资排辈，重资历轻水平的思想依然存在。尽管如此，这些文件初步确立起我国教师职务聘任制的法规框架，深刻影响着今后教师的管理政策。简而言之，改革开放后，我国整个师范教育伴随着国家一起与时俱进不断成长，特殊教育师资培养成为国家整个教师队伍建设的重要组成部分，被纳入国家师范教育的体系中，有关特殊教育师资政策逐步丰富，逐渐明晰，涉及特殊教育师资发展的全部要素。在特殊教育教师培养培训的相关规定中，详细论述了特殊教育师范院校和普通师范院校的特殊教育专业在培养师资上的具体要求，相关政策还涉及人事编制和评聘制度的管理政策、社会地位和工资待遇的问题，突出特殊教育教师的特殊意义和价值，为我国此后的特殊教育师资培养向规范化、制度化、法制化方向发展，奠定了良好而坚实的基础。

（二）特殊教育师资培养模式的变迁

在师资培养政策的指引下，我国特殊教育师资取得了突飞猛进的发展。我国特殊教育师资培养进入了一个新的发展阶段，1948 年，中国仅有 42 所盲聋哑学校，2 380 名学生，360 名职工。至 1965 年，盲聋哑学校为 266 所，学生 22 850 人，专职教师 2 613 人。[①] 而到 1984 年为止，特殊教育学校的数量已增加到 330 所，拥有 39 684 名在校生，10 291 名教职工，并规定了统一的学制和教材等。[②]20 世纪 50 年代我国师范教育有四个层次，即初师、中师、师专、本科，60 年代层次结构上移，取替了初师，形成了三个层次，即中师、师专、本科。

改革开放以来，随着社会的整体水平的提高和基础教育师资需求量的增加，我国对教师学历提出了明确要求，特教师资由短期非正规的在职培训，转向以长期正规的师范院校职前培养为主的培训方式，形成了主要以中等特殊师范教育和高等特殊师范教育的两种系统为规范的培养模式。虽然我国特殊教育师资培养取得了很大发展，但是特殊教育和特殊教育师资培养的总体发展水平，还远远不能满足我国社会政治经济发展的要求。1988 年与上年比，特殊学校教师增加了 4 329 人，其中中师特教班毕业的 146 人，仅占增加人数的 3.4%。[③] 因此，根据我国的国情，希望所有特殊教育教师都具有正规的中等和高等特殊教育师范毕业的学历是不现实的，应从国家整个教育和特殊教育的实际出发，有步骤、有计划地对特殊教育师资进行培养。我国这一时期特殊教育师资培养采取了多种形式。

---

① 《中国教育年鉴》编辑部．中国教育年鉴（1949—1981）[M]．北京：中国大百科全书出版社，1984.

② 朴永馨．试论我国特殊教育的发展和普及 [J]．北京师范大学学报，1986（2）：65-70.

③ 张茂聪．中国特殊教育发展的几个问题 [J]．江西教育科研，1992（4）：65.

1. 从定向型向非定向型转变的中等特殊教育师资培养模式

中等特殊教育师资培训共有三种培养形式。一是设在普通中师的特殊教育师范班或部。利用现有普通中等师范学校条件，依靠集体力量办特殊教育培训，这样投资少、见效快，不需要太多专业人员，最符合当时的教育发展形势。因此，这种方式成为培养特殊教育师资的一种主要形式。二是单独设立特殊教育师范学校。这是正规的培养特教师资的主要形式，招收初中毕业生。虽然这种培训方式投资大、培养周期长，但是针对性强。随着我国的经济发展这种模式逐步成为主流模式。三是开办短训班。短训班可设在特殊教育学校、特殊教育师范学校或普通中等师范学校，招收小学教师或普通中等师范学校应届毕业生进行 1 ～ 3 个月的速成培训，掌握特殊教育的基本知识、基本理论以及教学方法，之后到特殊教育学校、特殊教育机构、普通小学教有特殊学生的班级实践。这种方式灵活多样，不受固定编制、场地的限制，按当地的学科或残障类型培养急需的特教教师。

1979—1984 年，中等特殊师范教育处于恢复调整阶段。自十一届三中全会召开以来，迎来了我国中等师范教育事业的春天，中等特殊师范教育也在这一大背景下不断发展。

1980 年 6 月，教育部颁布《关于办好中等师范教育的意见》与《中等师范学校规程（试行草案）》两个文件，要求必须从中等师范教育的实际情况出发，继续贯彻改革、提高的方针，明确办学方向，对中等师范的培养目标、课程设置、教学计划等各类问题都有了统一标准和要求。国家一系列有关中等师范教育政策的出台，激发了各地中等师范学校的办学热情和信心。对学校进行全方位改革与重建。

一批中等师范学校开始兴办特殊教育专业。1981 年，我国黑龙江省肇东市肇东师范学校建立了特殊教育师资培训机构，这是中国第一个设在普通师范学校内的特殊教育师资培训机构，主要是为黑龙江省培养盲校、聋校、智力落后儿童学校的教师和随班就读教师。

在此期间，全国各省也开始创办自己的中等特殊师范教育机构，其中少部分属于独立建校。如山东省将原昌乐师范学校全面改建为特殊师范学校，培养本省所需的特殊教育师资，另外独立挂牌的还有辽宁省营口特殊教育师范学校；其余大部分的省市在普通中等师范学校内附设特殊教育师范部。1995 年的调查结果显示，全国建立了 34 个中等特殊教育师范学校（部、培训中心），独立设置的中等师范教育学校 3 所，非独立设置但已正式挂牌设立的中等特殊师范学校 6 所，在普通师范学校设置的特师部 16 个，特教师资培训中心 9 个；

在校生约 7 000 人，每年约向特殊学校输送 2 000 名新师资。①

由此可见，培养承担基础教育阶段的特殊教育师资是中等师范学校特殊班和中等特殊师范学校的主要培养目标。当时，我国中小学特殊教育主要是盲、聋和智力障碍教育三类。因此，实施特殊教育师资培养的中等特殊师范学校设置的专业也相应地分为以上三类。另外，中等特殊师范生的就业渠道除了担任特殊学校的教师以外，还可以去普通学校指导其教师工作和帮助随班就读的特殊学生学习，如兼任普通学校的特殊教育咨询教师、特殊教育巡回教师等。

1985—1991 年，中等特殊师范教育进入繁荣发展的阶段。1985 年《中共中央关于教育体制改革的决定》规定，师范院校要坚持为基础教育服务的办学思想，毕业生都要分配到基础教育机构任教。该文件充分体现了国家对尊师重道社会风尚的引领，推动了整个社会都关爱教师群体。国家的政策制定与实施，进一步将特殊中等师范院校的改革向纵深发展。中等特殊师范教育的生源主要来自初中阶段，学生毕业后直接分配到各类特殊儿童集中的中小学校或普通学校的特殊班担任特殊教育教师。有的学校从普通中师二年级中选拔品学兼优的学生，让他们转学特殊教育，经过一两年专业学习后到特殊学校工作。中等特殊师范教育职前培养模式培养目标明确，注重对学生基本功的训练，拥有丰富的课程设置和灵活多样的学习内容，注重学生一专多能素质的培养，如组织各种团体活动、参加各种人际交流活动、组织各种兴趣班等。学生的专业思想也比较稳固，重视学生职业理念和敬业精神的培养；对教育实践环节十分重视，能很快直接进入实际教学活动的组织与实施，学科教学能力较强。以上这些方面，是中师教育育人功能的成功之处，也是教育史中可资借鉴的财富。20 世纪 90 年代后期，随着我国社会经济体制、政治体制和科技体制的逐步发展，教育体制改革也获得了长足进步，师范类院校也加快了改革的步伐，不断进行布局结构的调整，中等师范院校发生转型。

中等特殊师范教育虽然重视了特殊教育师资方法、能力方面的培养，却忽视了教育教学理论广度和深度的学习，限制了教育观念、教育评价以及对整体教学的系统把握和设计能力，知识范围较窄，专业化程度较低，适应能力也较差。因此，在面对 21 世纪的人才需要时，必然为大专或本科学历培养模式所取代。1992—1998 年，随着社会主义市场经济体制的逐步确立，中等特殊师范学校的招生与分配制度与中等师范学校一样，也随之由“计划”走向“市场”。

① 陈云英．中国特殊教育学基础 [M]．北京：教育科学出版社，2004.

另一深层次的原因是教育与社会主义市场经济相适应，国家有关中等师范的教育政策也做出了相应变化，中等师范生理想与现实中存在巨大差距，造成中等师范生在选择中等师范教育时望而却步。20 世纪 90 年代后，我国市场化的中等师范培养体系的改革，以及中等师范学校的各项措施的实行（如在招生政策上，由免费生逐步增加了委培生和自费生，取消三年制中等师范培养制度，非师范生也可以加入教师行列，实行统一收费和自主择业等制度和措施），造成中等师范生源质量的降低、毕业生就业难等问题，使中等师范职业在原本社会地位就不太高的情况下，更不具有吸引力，中等特殊师范学校和中师特教班，更受到冷落和边缘化。中等师范教育的生源多数来自农村，农村家庭经济的现实状况，与农家渴望农村学子通过读取中等师范来改变命运的愿望，促使农村家庭教育投资以追求教育收益最大化为目的。经济基础是家庭教育投资的底线和动力源泉，如果这一方面没有得到进一步的改观，中等师范将对农村家庭失去吸引力。

2. 从单一到多样化的高等特殊师范教育培养模式

随着九年义务教育在全国范围内开始全面实施，以及中等特殊师范教育的不断完善和发展，对特殊教育师资的学历和层次需求不断提高，促使原有培养机构升级和学制变革，推动了我国高等特殊师范教育的建立和发展。我国高等师范院校在 20 世纪 80 年代以前没有设置特殊教育专业，特殊教育师资培养缺乏专业性。特殊教育师资主要是由中等师范学校承担的。20 世纪 90 年代后高等师范院校才开始渐进性改革，开始承担培养特殊教育师资的任务，推动了我国高等特殊师范教育的发展。在高等师范院校的教育学院下设特殊教育系或特殊教育专业，招收高中毕业生，经过四年的学习，将其培养成为能够胜任中等特殊师范院校、普教特师班、师资培训中心等机构教育教学任务的合格教师。我国特殊师范大专专业的培养目标是直接从事特殊教育教学的师资。1993 年国内第一个特殊教育大专专业在重庆师范大学成立，开始为基础教育培养师资。

与中等师范学校不同，高等师范院校设立的特殊教育专业，主要招收高中毕业生（也招收少量中等师范保送生），学制 4 年，其目的是将师范生培养成具有大学本科文化程度以上的特殊教育师资。此外，特殊教育专业还承担着对中小学特殊教育师资进行在职培训的任务。1986 年，北京师范大学在其教育系下设特殊教育专业，这是高等特殊教育专业的开始。

1988 年，华东师范大学心理系创立（设有学前特殊教育系）；1990 年，华中师范大学教育系创立（设有特殊教育专业）；1993 年，陕西师范大学教育系

（设有特殊教育专业）和西南师范大学（今西南大学）教育系（设有特殊教育专业）创立；1995年，辽宁师范大学教育系创立（设有特殊教育专业）……国内7所高等师范院校都相继建立了特殊教育专业，主要是为中等特殊教育师范学校培养合格师资，同时也为社会上一些特殊教育机构输送合格师资。[①]研究生层次的高等特殊师范教育，也在此时期逐渐形成。1983年以来，先后在中国科学院心理研究所、北京师范大学教育系、华东师大特幼教学院、辽宁师范大学教育系、杭州大学心理系以及中央教育科学研究所与北京大学心理系联合和陕西师范大学、重庆师范大学儿童智能发展研究中心等院校或机构分别建立了特殊教育研究生硕士点。华东师范大学还开设了我国特殊教育博士学位点[②]。

高等特殊师范教育模式层次分明，培养目标明确面向中等特殊师范学校，虽然各高等师范院校的特殊教育专业对培养目标的表述存在较大差异，但基本方向是一致的，主要培养具有较高理论水平，能够胜任特殊教育的人才，使其能够成为中等特殊教育师范学校、社会相关特殊教育机构的合格教育教学人员、研究人员以及管理人员等。这样的特殊教育师资培养体系，既满足了我国社会对大量特殊教育师资的需求，也促进了我国特殊教育事业的发展。

师范类院校还肩负着特殊教育师资的在职培训任务，一些省市的高等师范类院校建立本科、大专层次的特教专业或函授教育。教育对象比较广泛，包括选调到特殊学校的应届毕业生，普通中小学、儿童福利机构在职教师，高中毕业生，民办教师等。为了适应特殊儿童在普通学校随班就读的需要，国家要求普通师范院校开设特殊教育课程或者讲授相关内容，使普通教师掌握必要的特殊教育知识，目的是使学生毕业后既能教普通学生，又能教各种类别的特殊学生。

从20世纪80年代初到90年代末，特殊教育教师职前培养模式主要以定向、封闭型的培养模式为主，而且在特殊教育教师培养层次上，虽然已经建立了中专—大专—本科—研究生的培养层次，但还是以中等特殊师范教育为主。这一时期是中等特殊师范教育发展的繁荣时期。

为适应时代和社会发展的需要，高等教育大众化、终身教育等教育理念和价值取向凸显，社会各行各业需要更多学术型、应用型、复合型的高层次专门人才，高等师范类院校所做出的反应就是招生来源日益多样化、投资渠道多元化、质量评价多样化等，为特殊教育教师培养模式的变革提供动力源泉，使

① 彭霞光.中国特殊教育发展报告[M].北京：教育科学出版社，2013.

② 石学云.特殊教育教师胜任力研究（实践卷）[M].北京：教育科学出版社，2012.

封闭型特殊教育师资培养模式向开放型特殊教育教师职前培养模式转变。

（三）特殊教育师资课程设置的转变

特殊教育师资的课程设置是实现师资培养目标的重要支撑。在改革开放以来的发展历程中，课程目标上虽然有所改变，但是在课程结构设置上的改动不大。20 世纪 90 年代后，随着特殊教育改革的不断深化，特殊教育学校教师向为融合教育培养教师的方向发展，康复教师培养受到重视，特殊教育教师课程模块中理论与实践结合加强，康复与教育结合加强，我国特殊教育师资培养进入了新的发展时期。

1. 中等特殊师范教育课程设置

在改革开放后相当长一段时间内，我国中等特殊师范教育较前一时期都没有太多变化，课程设置主要是以原有的普通中等师范课程设置为基础，增添一些特殊教育的相关课程，还没有形成自己独立的中等特殊教育师资的课程体系。我国中等特殊师范教育课程体系在 20 世纪 80 年代中后期才逐渐体现出自己的特色。1988 年 11 月 16 日，国家教委发出《中等特殊教育师范学校教学计划（试行）》的通知。这份计划从培养目标、时间安排、课程设置、教育实践、课外活动等各个方面规定了中等特殊教育师资的职前培养的课程体系内容。这是针对中等特殊教育师范学校以国家政策的形式首次颁布的内容比较具体、翔实的教学计划。这份教学计划的适用对象是学制为 3 ～ 4 年的中等特殊教育师范学校或班，主要是为盲、聋、智力障碍儿童培养初等教育教师。

由于我国各地经济、文化和教育发展很不平衡，各省、自治区或直辖市可以在本计划的基础上，结合当地的实际情况，灵活调整该计划的相关规定。但调整的必修和选修课时不得少于本计划规定，课外活动时间可根据具体情况适当调整。特殊教育师资培养既应考虑当前的状况，也要考虑到将来需要。因此，应注意将普通知识和特殊知识有机结合，才能使学生具有广泛的知识基础。虽然这一计划是针对学制为 3 ～ 4 年的中等特殊师范学校制定的，但对于学制为一年制或二年制的特殊教育师资培训班，其特殊教育相关课程应参照本计划开设。另外，还可以在普通中等师范学校开设特殊教育基本理论和基本教学能力训练的选修课，使普通师范学校的毕业生能够胜任随班就读残疾儿童的教学。

1989—1995 年，在联合国儿童基金会和联合国教科文组织的支持下，国家教委委托中央教科所特殊教育研究室，开展了残疾儿童随班就读在职师资培训实验，在 12 个省的 20 所中等师范学校开设特殊教育课程的实验研究。该研究结果显示，虽然都是特殊教育课程，但是普通中等师范与中等特殊师范教育开设的具体情况有所不同。中等师范开设的特殊教育课程应反映普通班的特殊教育的独特性，其课程内容应包括：①特殊教育与特殊儿童；②随班就读的政策、成果、趋势；③个别化教育计划；④学生在学习上的各种特殊需要；⑤几种特殊的教学方法；⑥评价；⑦支持系统等。该研究建立了我国随班就读师资培训的基本模式，提出了随班就读师资培养的基本途径和理想结构，如图 3–1 所示。

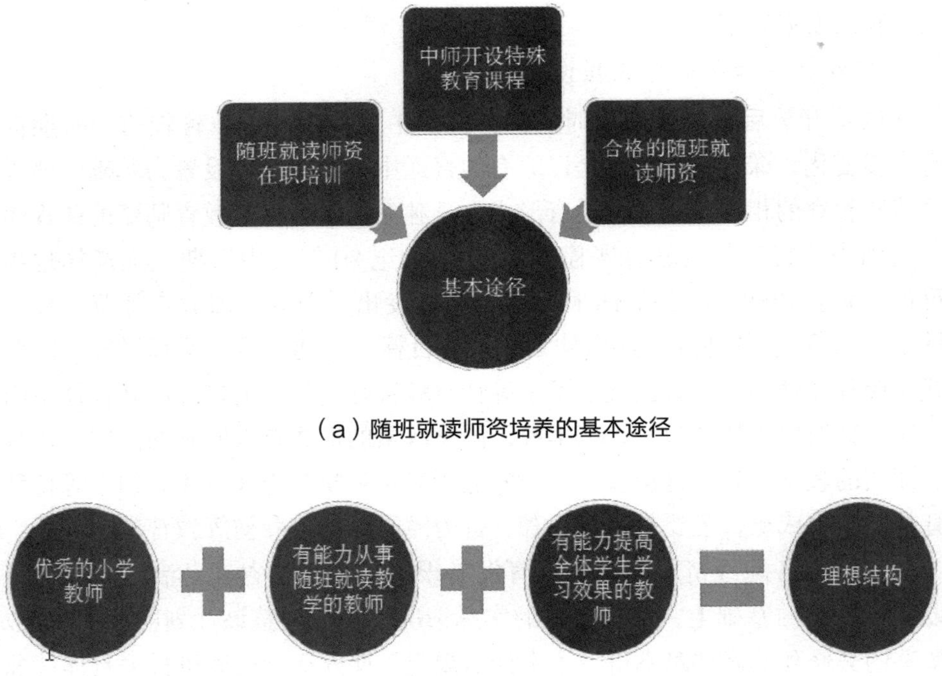

（a）随班就读师资培养的基本途径

（b）随班就读师资培养的理想结构

图 3–1　随班就读师资培养的基本途径和理想结构

中等特殊师范学校的课程设置，由公共课程和专业课程两大类别组成。公共必修课包括四大部分，一是语文、数学、物理等学科相关课程；二是政治、法律基础、毛泽东思想等思想类课程；三是艺术课和体育课；四是教育学基础、心理学基础和特殊教育概论等教育教学类基础课程。专业课程分为必修课和选修课。必修课是为了培养中等师范特殊教育专业学生较为全面的知识和技能开设的课程，是基础性的课程；选修课是根据特殊教育的需要并依据学生的特点，为学生开设的拓宽知识面和发展专业特长的相关课程，学生可以根据自己的兴趣爱好自由选择。

思想政治课主要是通过法律基础、马克思主义原理、毛泽东思想等相关课程的教学，培养学生的爱国热情、政治立场、人生观世界观等，使其成为符合国家需要的特殊教育师资。文化课主要是提升学生的综合素养，使其具有较为广博的专业知识；艺术课和体育课主要是培养学生良好的体魄和欣赏美的能力。教育类课程主要是使学生具备从事未来教学的基本能力，掌握教育教学的理论，并形成正确的教育观、学生观、教师观。专业必修课又要根据不同类型残疾儿童教育的实际需要，对学生进行与实际密切结合的基本理论的教育，要突出实用性，注重各种形式的实践活动，主要包括手语基础、耳聋预防及康复、盲字基础、目盲预防及康复、儿童精神发育迟滞及测查、行为矫正基础，以及小学语文、数学、常识教材教法等。

专业选修课一般开设普通小学各科教材教法、特殊教育专业必修课以外的相关特殊教育课程。选修课内容既要反映特殊师范学校所在地历史、地理、文化特点及经济发展状况，同时还要切合学生的年龄特点、兴趣爱好等。特别应鼓励学生选修其他特殊教育专业必修课的课程。各个师范学校可以根据师资力量、设备条件等，在确定必修课程后，选择开设相应的选修课程。选修课的课时要求如下：三年制的学校，选修课时为 184 课时；四年制的学校选修课时不少于总课时的 7%（约 280 课时）。四年制学校的必修课科目与三年制相同。四年制特殊教育师范生的教学内容可以在三年制特殊教育师范生的基础上有选择地增加。实践类课程由教育参观、教育见习、教育调查、教育实习等组成。

三年制特殊教育师范生总计要完成 10 周的教育实践，四年制学生则要完成 12 周的教育实践。对于其他形式的教育实践可以集中进行，也可以分散进行，但最后一年的教育实习应集中进行。课外活动的具体形式有讲座、学科活动、科技文体活动、参观访问、社会调查、兴趣小组等，鼓励学生到普通小学、特殊学校或社会福利机构从事有益的社会工作或志愿性辅导活动。

这一时期中等特殊师范教育的培养目标，主要是为国家培养合格的特殊教育小学教师，课程设置包括很多普通师范教育开设的文化课程，专业化课程不突出。但这份教学计划明确了中等特殊师范教育学校或机构的办学目标和培养模式，使我国培养中等特殊教育的师资有章可循，这一时期的课程设置为今后建设、规范和完善特殊师范教育的课程体系，起到了承前启后的作用。

1993 年国家教委以《中等特殊教育师范学校教学计划（试行）》为依据，针对中等特殊师范学校的盲教育、聋教育、智力障碍教育三个专业制定了专业课教学大纲，并组织编写和出版了特殊教育概论、聋童心理学、手语基础、耳聋预防及康复、聋校小学语文教学法等22门专业课教材。

在国家政策的支持与指引下，中等师范学校在培养目标、教学内容等方面进行改革，专业性课程的整合性明显增强，学科教学法由初期的小学学科教学改为盲、聋、智力障碍教育的分类课程教学法，使学生受益匪浅。中等师范教育课程设置的局限性是缺乏特殊教育的课程理论以及学科基础课程的学习，如心理学、教育学等。分科教学的课程设置也很狭窄，虽然是有针对性地为某类特殊儿童的教育需求培养师资，但课程内容主要集中在盲、聋、智力障碍教育三个障碍类别和三门学科的教学法。

2. 高等特殊师范教育课程设置

我国高等师范教育在1977年国家恢复高考制度后获得较快的发展，但直到20世纪80年代中期，随着中等特殊师范教育的发展对中等师资的迫切需求，以及对更高层次的特殊教育在康复训练、科研、管理、教学等方面的专业人才的大量需求，我国高等师范院校才开始设置特殊教育专业。进入20世纪90年代，高等师范院校地域结构和层次结构有了大调整，职前教育层次重心开始上移，本科院校有较大发展，专科教育也得到逐步加强，过大的中等特殊师范学校办学规模合理收缩，不断进行资源重组。1988年10月，国家教委师范教育司召开的全国高等师范院校特殊教育专业课程方案研讨会在北京师范大学举行。会议通过了《高等师范院校特殊教育专业教学计划（草案）》，对高师特殊教育专业的培养目标、课程设置作出探讨。该计划对高等师范院校特殊教育专业的培养目标、学制、招生等都做了相应规定，指出特殊教育专业主要是面向中等特殊师范学校，培养能够胜任中等师范特殊教育专业课的师资，学制为四年。除了招收高中毕业生之外，还可以招收一些有一定实践经验和文化程度的在职人员，也可以接受中等师范学校保送生。

1989年，在北京召开了第二届全国高等师范院校特殊教育专业课程方案研讨会，会议对制订高等师范院校特殊教育专业的教学计划提出了指导性意见。同年12月，《高等师范院校特殊教育专业教学计划（草案）》出台，对特殊教育专业的培养目标、学制和招生、时间安排、学分、课程设置等进行了明确规定，指出各高等师范院校的特殊教育专业的教学计划，可根据各校情况自行制订，在4学年的总学制范围内，灵活设置总周数和具体时间分配；实行学年与学分结合的培养模式，但其中上课时间不能少于115周，包括专业见习、调查、实习在内的实践类课程不能少于12周。课程有公共课和专业课两大类，每类课程又分为必修课程和选修课程。必修课程约占课程总学分的80%；选修课分限制性和非限制性选修课两类，约占课程总学分的20%。高等特殊教育专业的课程设置，以开办最早的北京师范大学、华东师范大学特殊教育专业的课程设置为范本，在此基础上，全国各师范院校根据自己学校的特色和办学实际情况作出适当调整。这一时期，我国高等院校本科特殊教育专业在培养目标上虽然有所改变，但是课程设置上的改革并未与之同步，因此变化幅度不大。从现有课程体系可以看出，虽然课程体系得到调整，学生学习了大量的教育学、心理学、盲文与手语、病理语言学基础、障碍儿童教育等课程，具备了丰富的特殊教育理论，能够对特殊儿童进行有针对性的教学，但是由于没有受过具体的学科课程的专业训练，专业化程度不高，无法有针对性地胜任特殊教育学校的任何一门学科教学工作，毕业后适应一线教学实践还需较长时间。因此，本科特殊师范教育毕业生的知识结构和能力，已经明显满足不了特殊教育发展的需要，对该培养模式进行改革也是形势使然。

四、中国特殊教育师资培养的深化改革（1998—2019年）

（一）特殊教育师资培养的政策建设

20世纪90年代，我国特殊教育师资培养的政策由重数量向重质量转变，重心转向特殊教育系统内部要素改革，促进特殊教育系统自身的制度优化和创新。在全纳教育、终身教育和特殊教育一体化等观念的影响下，特殊教育师资培养层次逐渐提高、布局结构不断调整、类型日益多样化，定向型师范院校已不能满足特殊教育师资的高层次和多样化需求，特殊教育师资由单纯教育型师资向“教育—康复”的复合型师资类型发展，由传统的三类残疾人教育师资向多种类别残疾人教育师资转向。特殊教育的师资培养向多学科知识以及政府、社会、学校多部门、多主体的多元合作、多主体治理，形成良性互动和有效配合机制发展。

1.特殊教育师资培养体制的建立

这一时期，我国高等师范院校是特殊教育师资的主要培养体制。1999年，中央发布了《中共中央、国务院关于深化教育改革，全面推进素质教育的决定》，该决定是我国教师教育体制改革的重要战略举措，也是培养特殊教育教师的必由之路。我国师范教育正从中师、师专、大学三个层次逐渐减为两个层次。中等特殊师范学校的调整与其同步。

2008年，《中共中央、国务院关于促进残疾人事业发展的意见》提出，“鼓励和支持普通高等学校开办特殊教育专业，要把特教师资培养纳入培养计划”；2012年，《关于加强特殊教育教师队伍建设的意见》进一步提出，“支持师范院校和其他高等学校在师范类专业中普遍开设特殊教育课程”；2010年，《国家中长期教育改革和发展规划纲要（2010—2020年）》强调“特殊教育教师队伍建设要以提升专业化水平为重点”；2014年，《特殊教育提升计划（2014—2016年）》再一次强调“鼓励各省（区、市）择优选择师范类院校和其他高校增设特殊教育专业，扩大特殊教育教师培养规模，逐步建立特殊教育质量监测评价体系”。

以上政策充分体现了我国经济水平的提高，国家对弱势群体的关注以及社会对特殊教育师资的大量需求。特教师资培养的层次逐渐提高，并由重数量逐渐向重质量迈进。培养层次向研究生延伸，以及优先录取和免费师范生的培养政策，说明国家不仅注重对特殊教育师资培养的数量要求，而且更加重视特殊教育师资培养的质量水平。

2. 特殊教育师资专业化培养培训的制度与政策

2001年，《关于“十五”期间进一步推进特殊教育改革和发展的意见》强调了对特殊教育中青年骨干教师的培养与培训；《中共中央、国务院关于促进残疾人事业发展的意见》提出，“要加强特殊教育师范院校专业建设，适应残疾儿童少年教育普及水平提高的需要。各地要将特殊教育教师培训纳入教师继续教育培训计划。”2008年7月1日施行的《中华人民共和国残疾人保障法》第二十八条中规定，“国家有计划地举办各级各类特殊教育师范院校、专业，在普通师范院校附设特殊教育班，培养、培训特殊教育师资。”2009年，国务院办公厅转发教育部等部门《关于进一步加快特殊教育事业发展的意见》，该意见第4部分第16条规定，“各地要将特殊教育教师培训纳入教师继续教育培训计划”。2010年，《国家中长期教育改革和发展规划纲要（2010—2020年）》第十章详细阐述了目前我国特殊教育师资发展的走向是加强特殊教育师资队伍建设、提高特殊教育师资队伍的专业化水平。该纲要指出，“建立和实施国家特殊教育教师资格证书制度。既要重视专业教师的培训，也要重视随班就读教师的培训。我们要借鉴国外先进教育经验和做法。”2012年，《关于加强特殊教育教师队伍建设的意见》中指出，“依托‘国培计划’，采取集中培训和远程培训相结合的方式，加大对全国特殊教育学校的教师的培训力度，教师培训机构要建立专兼结合的特殊教育教师培训队伍，提高培训的专业性、针对性和实效性。”2014年，《特殊教育提升计划（2014—2016）》提出，要“加大国家级教师培训计划中特殊教育教师培训的比重……逐级开展特殊教育教师全员培训和校长、骨干教师培训。”

上述国家出台的政策指向非常明确，即统筹规划特教师资队伍建设，资源重组，提升培养层次，通过升格、合并、转型等，由中等转向高等特殊师范教育的培养模式。建立特殊教育教师资格制度，为特殊教育师资提供更深入的特殊教育专业知识，提高其专业水准，使他们能够提供高品质专业服务。师资培养采用多种模式和形式，通过集中、分散、远程培训等多种形式相结合的职前、职后教师培训政策的制定，重视教师职业道德的培养，从而从整体上提高教学质量和教师素质，最终形成布局结构合理、学段衔接、普职融通、医教结合的专业水平较高的特殊教育师资培养培训体系，培育出具有良好的职业道德素养、扎实的专业知识素养、富有爱心和耐心的特殊教育师资。

3. 特殊教育师资培养模式的转向

这一时期，特殊教育师资培养模式由教育型师资向“教育—康复”的复合型师资转向。2008 年重新修订的《中华人民共和国残疾人保障法》在第二章详细规定了国家赋予的残疾人康复的权利，主张将传统与现代的康复技术相结合，要求特殊教育康复师资的同步打造与同步发展，并提出，“地方各级人民政府和有关部门应当根据需要有计划地在医疗机构设立康复医学科（室），举办必要的专门康复机构，开展康复医疗与训练、科学研究、人员培训和技术指导工作。”

2012 年，《关于加强特殊教育教师队伍建设的意见》中规定各省级有关部门应当依据残疾人特殊教育学校教师编制标准，为学校配备承担教学、康复等工作的教师。2014 年，《特殊教育提升计划（2014—2016）》中明确提出医教结合的政策，并在提高教师专业水平中提出要推动地方确定随班就读教师、送教上门指导教师和康复训练人员等的岗位条件。上述有关政策的颁布和实施，体现了国家对“教育—康复”的复合型人才师资的培养力度，也反映了我国特殊教育教师专业化发展的新趋势。

4. 特殊教育师资培养类型的转变

这一时期，特殊教育师资培养类型由三类残疾向多类残疾儿童教育师资转变。2008 年，《中共中央、国务院关于促进残疾人事业发展的意见》第四点提出，“逐步解决重度肢体残疾、重度智力残疾、失聪、脑瘫、孤独症等残疾儿童少年的教育问题”；2009 年，《关于进一步加快特殊教育事业发展的意见》又进一步指出，“以多种形式对重度肢体残疾、重度智力残疾、孤独症、脑瘫和多重残疾儿童少年等实施义务教育”。这些文件的贯彻和落实，说明我国由注重三类残疾儿童的教育问题向多重残疾和多类别特殊儿童教育的方向发展，充分体现了我国特殊教育发展迅速。随着各种类型残疾儿童受教育群体增加，传统的三类残疾儿童教育的师资，不能满足多类别残疾儿童的教育需要。因此，国家最紧迫的任务是培养合格的师资。2014 年，《特殊教育提升计划（2014—2016 年）》指出，全面推进全纳教育，使每一个残疾孩子都能接受合适的教育。

由于特殊教育受教育人群的残疾类型、程度以及安置模式的多样化，促使对特殊教育师资的需求也发生巨大改变，为此，国家在《特殊教育提升计划（2014—2016）》中强调要加大特殊教育教师培养力度，提高特殊教育师范生的全纳意识和全纳教育理念，培养师范生开展随班就读的能力，进而使残疾学生更好地融入社会。

（二）特殊教育师资培养模式的变迁

20 世纪 90 年代，我国开始高校合并，对基础教育等学校教育制度进行整体改革，沿用近百年的“师范教育”逐渐被“教师教育”所取代。话语的变化意味着培养模式的变革，在经济全球化、融合教育的大背景下，特殊教育师资的培养模式正由专门化、封闭式、定向型向开放式、非定向型、多元化转变，同时体现出学历的多层次性、专业的多类别性、普特师资培养一体化趋势。

我国特殊教育师资培养一直以来都与普通教育师资培养模式相一致，以一般综合性大学培养特殊教育师资，即非定向型师资培养体系为辅。师范院校这一培养体系的特征是培养目标的同一性、教学计划的同质性，所开设的专业也主要是面向基础实际的师范性专业。但知识更新速度飞快的信息社会对教师专业化提出了更高的要求，已有师范院校要想生存和发展，就必须通过师资培养模式的改革，适应教育发展对特殊教育师资的新的需要。2010 年后，中等师范教育逐渐淡出了中国教育的体制。“各地中师，则依据实际的情况，通过调整，以合并、升格、转制等方式退出历史舞台”①。我国师范院校升格为专科、本科两个层次。我国师范院校特殊教育专业在保持其自身的传统优势和特色的基础上，进行了积极的实践和探索，从而获得了新的发展机遇。

根据国外特殊师范教育的成功经验，我国特殊师范教育可采取专门型和复合型两种类型的人才培养模式。复合型人才培养模式可采取两种方式。一是高等师范院校的特殊教育专业在四年学制内本科与其他学科合作培养的方式，实行“3+1”制。即学生用三年（或两年半）的时间学习非特教类的课程，然后用一年（或一年半）的时间学习特教类专业课程和进行特殊教育方面的专业实习。二是“4+2”制，先学习一种专业，然后对普通大学本科毕业生进行一

① 何东昌.中华人民共和国重要教育文献（1998—2002）[M].海口：海南出版社，2003.

年或两年的特教专业知识培训，使其能获得教育硕士学位[①]。这类学生既可以在普通学校，也可在特殊学校教某一门文化课。专门型（定向型）人才培养模式是指学生从大一开始，就学习心理学和教育学的基本理论，然后很有针对性地学习某一障碍类别的特殊教育专业知识。这类学生走出校门后，主要从事某一类障碍学生的矫正及康复训练工作，如心理咨询、言语矫正、职业治疗等。我国20世纪前的特教师资培养模式，属于独立、定向的师范教育机构培养师资，20世纪后，我国特殊教育的师资培养模式，在新的培养目标体系下做了新的转型与调整，培养模式主要以定向型为主、非定向型为辅的特教师资培养模式。进入21世纪，我国高等院校特殊教育专业的培养模式主要有以下几种。

1. 大专培养模式

高等专科学校和高等职业技术学院是我国大专院校的两种形式。我国特殊教育高等专科学校有十几所，如长沙职业技术学院、南昌师范高等专科学校，还有部分本科院校承担专科层次的人才培养，如滨州医学院、泉州师范学院的特殊教育专业等。这些特殊教育高等专科学校绝大多数都是由我国中等特殊师范学校升格而来，主要招收高中毕业生，实施三年制大专培养模式。我国现有大专层次的特殊教育专业有两种不同学制：一是五年制大专，招收初中毕业生，主要是为特殊教育学校培养一线教师，注重教师实践操作技能的训练和培训，如肇东师范学校、营口职业技术学院、郑州师范专科学校等都曾招收过五年制大专的特殊教育师范生，后来因其教学质量不高，师资层次低，学生在就业市场缺乏竞争力，中师不断调整升格，招生逐渐缩减；另一种是三年制大专，招收高中毕业生。特殊教育专业方向的划分是根据特殊教育儿童的障碍类型，有所侧重地培养特殊教育专业师资。如南京特师在2002年升格为南京特殊教育职业技术学院后，培养模式也由招收初中毕业生转化成招收高中毕业生，学制改为三年制大专培养模式。由于该模式无法使学生在短短的三年期间既学习理论又掌握特殊教育基本技能，还要进行教学实践，很难达到预期培养目标的要求，又由于市场竞争的压力，学历层次要求不断提升，专科层次的学生在就业中面临一定的困难，受到一定限制。因此这种模式逐渐被本科层次的特殊教育师资培养模式所取代。

2. 本科培养模式

我国特殊教育专业本科生的培养模式以“四年一贯制”和“2+2”培养模

① 王雁，顾定倩，陈亚秋．对高等师范特殊教育师资培养问题的探讨[J]. 教师教育研究，2004（4）：55-60.

式为主，兼有多种不同模式。

（1）“四年一贯制”师资培养模式是指本科的特殊教育专业，学制为四年。我国本科特殊教育专业培养模式大多采用的都是四年一贯制，即入学前先选好专业，前两年是通识课和学科基础课，主要培养学生知识的广度，后两年侧重于专业教育和实践能力的培养。这一培养模式是我国一直沿用下来的传统培养模式。进入21世纪后，除了一些高等师范院校，如北京师范大学、华东师范大学、辽宁师范大学设置本科层次的特殊教育专业实施四年一贯制以外，其他一些综合类高校、省属高校、体育学院、医学院和医学高等专科学校等都陆续开办了特殊教育专业，加强各学科、各领域的交叉与融合。

（2）“2+2”师资培养模式，即前两年学习基础公共课和学科基础课，后两年进行专业教育和教育理论的学习与教学实践。学生入学后先不分专业方向，按一级学科门类进行通识教育和专业教育。后两年根据学生的成绩排名和兴趣选择专业方向，完成专业教育的学习，是专业教育和实践能力培养阶段。① 如北京师范大学，采取“1.5+2.5”分段培养模式（前一学年半和后两学年半分段培养）或称“3+5”分段培养模式（前三学期与后五学期分段培养），即全院以一级学科“教育学”的名义统一招生，先不分专业，到了第四学期（2年级下半学期）才开始分专业。前一年半（前三个学期）是基础教育阶段，学习公共基础课；后两年半（后五个学期）是专业教育和实践能力培养阶段，完成专业学习（从2年级第二学期起开始分专业学习）。

（3）“4+2”师资培养模式，即四年的本科相关学科教育+两年某一障碍专业教育的研究生层次的师资培养。该培养模式改变了单一的四年制本科人才培养模式，适应了多样化的培养目标以及对多种类型人才的需求，学生在本科4年的学习期间，完全按照综合大学的培养模式接受本专业教育，本科结束后，对有志于从事特殊教育事业的大学生进行严格筛选，从中择优选拔进入特殊教育专业攻读专业硕士学位。我国专业化程度更高的特殊教育工作人员的培养，主要定位于应用型人才培养，如职业治疗师、物理治疗师、言语矫正师、康复训练师以及各类特殊教育学校或普通学校的文化课教师等。这一培养模式今后要加大招收有学科背景的学生及报考特殊教育专业硕士的力度。特殊学校十分缺乏有专业背景的特殊教育教师教授特殊儿童文化课。本科特殊教育专业就课程设置而言，以教育学课程体系为主要依托，安排了系统的教育学、心理

---

① 王雁，李欢，莫春梅，等.当前我国高等院校特殊教育专业人才培养现状分析及其启示[J].教师教育研究，2013，25（1）：28-34.

学课程，盲、聋、智力落后、学习障碍等不同方向的特殊教育课程，具备了丰富的特殊教育基本知识和理论，但专业方向不够清晰明确，学科课程缺乏，毕业生无法有针对性地胜任特殊学校的任何一门学科课程；学生本体性知识缺乏，导致一些特殊学校在招聘过程中，宁愿接收其他专业本科毕业生，也不愿接收特殊教育专业的本科毕业生，在特殊学校的职位应聘上缺乏专业认同。因此，只有特殊教育教师既受过学科专业的训练，又受过特殊教育专业训练，才能满足特殊教育儿童的文化课教学需求。

（4）"4 + 3"师资培养模式，即四年的本科相关学科教育 + 三年研究生层次的师资培养。与"4 + 2"师资模式相比，这种模式既重视特殊教育专业学生实际操作、针对某一障碍类型进行教育教学能力的培养，又注重专业理论知识的学习，使其具有从事特殊学校教科研的能力。这种师资培养模式主要是培养更加专业的人才，为继续深造，进一步从事研究打下坚实的基础，进而满足社会对优质教师资源的需求，如培养特殊教育研究人员在相关研究部门从事特殊教育研究工作等。

中国教育年鉴数据显示，1978 年，全国共有特殊教育教职工 6 933 人，到 2006 年增加到约 4.36 万人，净增约 3.67 万人。另外，专任教师数量从 1978 年的 0.42 万人，增加到 2018 年的 5.87 万人。2002 年到 2004 年，特殊学校专任教师的学历层次提高，由原来高中层次逐渐提高到本科和专科层次。高中阶段毕业的教师人数逐渐减少，本科学历和专科学历的教师人数逐渐增多，本科学历净增 2 200 多名，专科学历净增 2 300 多名。[①] 虽然无论从师资数量还是质量上都呈上升趋势，但随着特殊教育事业的发展，特殊教育教师数量仍显不足，且专业化程度不高。因此，为了适应社会经济迅猛发展和基础教育改革迅速发展对特殊教育师资层次和质量不断提升的需求，要以正规系统的长期特殊教育师资培养为主，以非正规短期培训为辅，采用多样化的师资培养模式培养特殊教育师资。上述的师资培养模式将有助于增加我国特殊教育师资队伍的数量。有数据显示，目前我国 62.41% 的残疾儿童正在普通班级或普通学校附设的特教班接受义务教育。这一数字说明，我国对特殊教育的需求日益多元化，以上特殊教育师资培养模式可以满足我国对特殊教育师资开放、多元和层次提升的需求。

随着特殊教育事业的普及与发展，我国基础教育阶段的特殊教育教师，

① 孟万金，刘在花，刘玉娟．让更多残疾儿童接受教育——三论残疾儿童教育公平 [J]. 中国特殊教育，2007（1）：4-9.

从数量不足转变为结构性的矛盾，对优质教育资源和高素质、专业化的特殊教育师资需求量越来越大。随着我国特殊教育师资体系封闭与开放、定向与非定向的相互融合，培养具有复合型知识结构的研究型教师，逐步提升教师层次是时代发展的需要，特殊教育师资培养模式的改革势在必行。以上特殊教育师资培养模式的改革，弥补了我国特殊教育师资培养中长期存在的专业培训与教育培训失衡的现象。如“大学＋师范（4+2）”的综合性教师教育培养模式，将学科专业人才培养与教师教育剥离，教师培养层次进一步提升，专业知识和专业技能更为牢固与扎实，教师职业技能训练更为深入和系统，为我国新世纪特殊教育师资培养，即具有复合型知识和技能的新型教师的培养，作出了宝贵的尝试和探索。

（三）特殊教育师资培养的课程改革

20 世纪 90 年代，我国高等师范院校的总体培养目标，实现了师范教育向教师教育的转变，特殊教育专业的培养目标，也体现了其发展的共性要求。人才培养目标明确由阶段性的师范教育向终身化的教师教育转变，以培养综合性研究型师资为主，特殊教育体系建构体现开放式特点，特殊教育师资专业成长的构成要素由原来被动、显性可以量化的培养培训，转变成重视师资隐性的、缄默的知识与主动发挥个体经验和体验，并逐步开始多样化的人才培养模式的探索。高等特殊教育专业在课程设置方面，从职前职后脱节的教师教育课程体系向职前职后一天话、终身化的教师教育课程体系的转变。课程不是固定的、先验的“跑道”，而是达成个人转变的“通道”[①]，终身化的特殊教育教师课程体系更加注重知识的整合化，重视学科间的整合，课程内容动态化、课程结构也关注隐性结构的开发，如教学理念、教学情感、教学态度等，以实现知识结构与情意品质进一步整合和统一，为未来师资的全面发展做准备。

1. 以学科为中心向以学科为基础的综合性转变

课程集中体现了教育思想和教育观念，它既是实现教育目标的蓝图，也是组织教育教学活动的最主要的依据。21 世纪，在特殊儿童“回归主流”“全纳教育”等理念及世界教育改革潮流的推动下，特殊教育班级被整合在普通基础教育中，许多轻度残疾儿童开始到普通学校随班就读，特殊学校的学生主体也由过去的轻度残疾为主逐步发展为中重度残疾学生占多数的状态。在这一宏观环境发生重大转变的背景下，对特殊学校的师资类型的需求也相应地发生了重大改变。因此，高等师范院校特殊教育专业的课程设置也需要不断改革，应

① 小威廉·E. 多尔 . 后现代课程观 [M]. 王红宇，译 . 北京：教育科学出版社，2000.

使特殊教育课程与普通教育课程相融合，重视教师综合素质的培养，进而适应当代社会和特殊学校对多元化人才的需求。当代高等院校特殊教育专业课程的价值取向逐渐从单一的以病理学诊断、分类为主的补偿性医学发展模式（如视障、听障、智障三大基本障碍类别），聚焦于发展性障碍、行为障碍和学习障碍的发展性心理发展模式，强调要把学科性的知识技能与学生的实际生活相联系的功能性社会学生态模式，向以综合素质能力发展为核心的多元整合型发展，强调三者的相互渗透与和谐统一。

目前，我国高等师范院校特殊教育专业课程中普遍存在学科专业课程比例过高的现象，这必然会导致基础课等其他课程比例的降低。学科知识固然重要，但特殊教育教师职业的复杂性，决定了其不但要精通所教学科的知识，还要熟练掌握教育教学的知识等。另外，特殊教育课程内容陈旧，缺乏整合，不能根据学科的发展及时进行调整、补充，缺乏足够的灵活性。因此，学生难以对所学知识达到融会贯通，不能构建自己的知识体系，限制了特殊教育教师的专业发展空间和研究型教师培养的可能。

复合型人才培养模式的首要路径就是优化课程结构，注重各类课程设置的比例。目前各高等院校通识课的学时、学分大体相似，一般通识必修课程占总学分比例 25% 左右，通识选修课程占学分 6% 左右。[①] 通识课中鲜有人文科学、自然科学、艺术类课程。课程结构不够平衡合理，必修课与选修课比例失调。针对目前我国高等院校特殊教育专业课程设置的问题，很多高等院校采取了有力措施，努力尝试，试图调整课程之间的比例，使其更加合理化、规范化。比如，适度增加特殊教育专业选修课程的种类和课时，学生可根据自己兴趣和特长，选修课程，深化所学知识，形成扎实的专业技能，使课程具有灵活性与多样性。

特殊教育专业本身就是综合性和专业性很强的学科领域，特殊教育的对象是个体差异较大的特殊儿童。因此，对特殊教育教师知识综合化程度的要求更高，教师不仅要有相关的学科知识，还需具备评估鉴定、康复训练、制订个别化教育计划等能力，这就使特殊教育课程需要更多学科的综合。由此，整合课程结构显得至关重要。应对各类特殊课程间的联系和整体进行优化设计，使学科之间相互渗透、交叉融合，使课程符合学生的认知特点，满足学生生理和心理的整体发展需要，使学生掌握系统的、完整的知识，增强教育活动的科学

① 王雁，李欢，莫春梅，等．当前我国高等院校特殊教育专业人才培养现状分析及其启示[J]．教师教育研究，2013，25（1）：28-34.

性。目前，我国各高等院校打破了原有针对盲、聋、智力障碍三类学生开设的模块课程，在专业选修课中实施拓展模块课程类型，增设学科教法课程，将自闭症、学习障碍、言语障碍等课程按障碍类型形成课程群，兼顾学生知识广度和深度，同时满足学生多样化的需求，要求特殊教育教师或从业人员不仅要具备相关的基础理论知识，而且要掌握不同类别特殊儿童的专业教育知识和实践技能。

应增加培养学生职业道德和理想方面的课程。这方面，目前主要是通过教师或其他课程的日常渗透，并没有专门的课程。特殊教育教师专业成长不仅只是知识体系的建构，更是一种生命意义的认知和精神生活的追求，学生应通过在课程中不断学习和对话，体验情感和精神不断生成的意义，实现全面发展。如果增加此类课程，必将有助于培养出具有较好专业素养的特殊教育师资。

2.课程设置重理论轻实践向理论与实践并重转变

为适应社会的变迁和发展，提升特殊教育教师专业化水平，师范院校特殊教育专业师资培养要改革以前重理论、轻实践的培养体制。特殊教育是实践性和操作性很强的一门学科，是以满足特殊儿童的独特教育需要为目的而设计的教育教学和相关服务[①]，而教师专业技能的养成需要在一定的专业场景中才能实现。美国心理学家 R. J .斯腾伯格认为专家型教师和“新手”的区别之一在于解决实际问题的效率和创造性。因为专家型教师所具备的实际工作能力需要在实际情境中的训练加以提升。因此，在特殊教育师资培养的课程中，要注重实践课的比重。当前，我国的特殊教育师资培养内容已经不再是单一的教学知识，而是转变为多维度、多视角，进一步将理论与实践相结合，越来越强调学生、教师、课程的互动关系，重视课程的生成性、体验性。特殊教育专业所培养的师资，应是课程的建构者、研究者、开发者，而非专家学者。从我国2007年几个部属院校开始招收免费师范生以来，改变了过去偏重于学生理论素养培养的状况，开始重视教育实际技能操作。目前，我国各高等院校特殊教育专业大多必修课都设置了实践环节，包括课堂练习和实验操作，各学校一般采取两种实习模式，一是按地点分为分散实习和集体实习，二是按实习时间分为集中教育实习和分段教育实习，但实习时间较短，一般为10周左右。与之相比，欧美发达国家各高等院校教育的实习、见习时间最少为18周，约占整

① 汤盛钦.特殊教育概论：普通班级中有特殊教育需要的学生[M].上海：上海教育出版社，1998.

个学习时间的三分之一。①

近几年，高等师范院校特殊教育专业为使学生毕业后能够迅速适应特殊教育学校的教学和康复工作，不断加强实践教学环节建设，创造多样的专业教学模式。很多院校特殊教育专业的培养计划参照一线特殊教育学校的教学要求，使学生了解基层特殊教育学校的教学需要，更好地将理论知识和实际问题相结合。很多院校特殊教育专业与特殊学校共建实践教学基地，适当延长了学生的实习期限，以培养学生的实际操作能力。高等院校特殊教育专业与基层特殊教育学校教学资源共享，教师资源共享，如组织专题讲座或报告，对特殊教育学校教师的教学实践作理论上的指导，一线的特教骨干教师具有相当丰富的教育教学实践经验，可向学生传递。另外，一些专业技能性较强的专业任选课在教学实践基地开展，学生也可以利用寒暑假，到教学实践基地进行观摩与实习，从而扩大自身的专业视野。各高等院校特殊教育专业根据自己学校的办学特色，培养目标和办学层次，调整课程结构，为我国培养出具有一定规格的特殊教育人才。

随着特殊教育实践的进步，在我国基础教育改革中，倡导以人为本的核心理念和承认学生多元需要等观念为融合教育在中国的实施与发展奠定了基础，为残疾儿童回归主流学校提供了可能，也使我国特殊儿童的安置形式向多元化发展。我国残疾儿童最重要的三类安置形式是随班就读、特教班和特殊学校，后来送教上门也开始成为安置形式之一。多元安置形式，更多课程结构的发展对特教师资提出了更高的标准和要求。课程设置的多学科交叉，课程方向划分的具体和细化，有利于特殊教育师资职业道德、知识、能力和素质的综合培养，从而提高特殊教育教师的专业化水平。

第二节 国外特殊教育教师培养发展历程及其对我国的启示

日本、美国、新加坡、韩国等国家，因教育环境不同，其特殊教育教师培养发展的历程也不尽相同，本节以美国为例讲述国外特殊教育教师培养发展历程及其对我国特殊教育的启示。

① 王昌善．世界主要发达国家本科学历小学教师培养课程设置述评[J]．外国中小学教育，2003（10）：21-24，20.

一、美国特殊教育教师培养的发展历程

（一）美国特殊教育教师培养的萌芽期

17 世纪之前美国属于印第安人的领地，17 世纪之后，来自英国、法国、西班牙等大批移民涌入北美。这些来自不同民族的移民及其后裔构成了现代美国社会的主体。他们虽然有不同的文化背景、宗教信仰、政治意识和生活习惯，但作为新大陆的开拓者，早期移民都拥有冒险、实干、创新精神，也由此诞生了美国社会独特的实用主义哲学。这种与生俱来的实用主义哲学观也影响了包括特殊教育在内的制度建构。同时，开拓者们的移民身份也造就了美国社会崇尚民主与平等的精神，学者们也指出美国是一个“由理念孕育的民族，是理念而不是土壤创造了美国政府”[①]。

1607—1783 年是美国特殊教育教师培养的萌芽时期。这一时期家庭仍是多数残疾儿童生活和接受教育训练的主要场所，家长承担着对残疾儿童进行管束、知识技能传授和道德教化的角色。[②]承担部分残疾儿童教育工作的是手工作坊、救济院、福利院与慈善机构；职业工匠、手艺人、政府机构工作人员是残疾儿童教育与特教教师培养的教职人员；教育的形式是学徒制，是家庭教养方式下的职业培训与一定年份的无条件个人服务之间的契约交换关系；学徒制的教育对象主要是贫困人家的子女、残疾儿童以及无家可归的流浪汉；教育内容受当时社会生活环境与实干哲学的影响趋向于职业教育，辅之以必要的通识教育，如识字教育、财务教育等。

在学徒制的教育方式中，师父与学徒签订契约，师父主要教授徒弟一门将来可以谋生的职业技术，在教导的过程中也间接地管教学徒、传递精神价值观、规范学徒言行等。学徒主要学习师父的手艺，在协助师父完成工作的过程中经年累月地习得技能，在习成之后便可自立门户，成为一名师父再招收自己的学徒。因此，学徒制不仅有对残疾儿童的教育，也包含初级特教教师的培养。

学徒制是时代的产物也促进时代的发展。其有以下优势：一是有效弥补正规教育无法接受残疾儿童的不足；二是学徒制为手工作坊提供免费劳动力，促进资本主义经济的发展；三是给予残疾儿童谋生的技能，在降低政府财政负

---

① 韦布．美国教育史：一场伟大的试验[M]．陈朝阳，译．合肥：安徽教育出版社，2010.

② 佰纳德·贝林．教育与美国社会的形成[M]．王晨，章欢，译．合肥：安徽教育出版社，2013.

担的同时也有利于社会稳定。由此，美国政府非常鼓励学徒制，且出台了相关法律促进学徒制的普及。如1642年马萨诸塞州颁布教育法令，规定父母或师父必须要教会子女或徒弟认字，使其能读懂法律条文，掌握生产技术，否则将处以罚金。1642—1672年，弗吉尼亚也对此颁布法令，要求公共机构将贫困家庭子女送至手工作坊接受某种技能的训练，各地要派专门人员监督和帮助父母和行业师父对儿童进行学徒训练，否则将予以惩罚。

萌芽阶段的特殊教育教师培养具有以下特征：一是慈善性。手工艺人愿意接受残疾人作为徒弟，让其学会一门手艺，将来能以之为生。二是济贫性。贫穷家庭无力负担家庭众多子女的教育费用，手工坊的师父接受儿童学艺，无疑为家庭减缓了经济负担。三是管束性。手工作坊对徒弟的管教极为严苛，虽有资本家的剥削在内，但也在一定程度上对儿童起到了教化和管束的作用。①

（二）美国特殊教育教师培养的发展期

1783—1945年是美国特殊教育教师培养的发展阶段，这一时期主要实现特殊教育教师的培养由慈善机构向专业机构的转化，并涌现出一批倡导特殊教育教师专业化培养的实践者，对特殊教育教师的专业化发展提出了初步要求。在特殊教育教师培养的萌芽时期，慈善性质的救护机构也承担特殊儿童收留、养护与教育的功能，其教育偏向于宗教教育。但在18世纪后期，慈善机构的性质更加像一个收容机构，管理混乱，收容人员鱼龙混杂，有精神病人、流浪汉、风湿病人、瘫痪病人等，对特殊儿童的教育与看护作用逐渐弱化。但这些机构不仅没有承担起智障儿童的教育责任，还对智障儿童多有虐待等非人性的监管措施，受到社会大众的指责。19世纪美国开始出现特殊教育机构，1817年首次设立聋童机构，1832年设立盲童机构，1848年设立智障儿童机构，1861年设立肢残儿童机构。②特殊教育机构的成立一方面提升了特殊儿童受教育的机会，提高了特殊儿童教育质量与教育成效，另一方面也促成了特殊教育教师专业化的培养。此时承担特殊教育教师培养职能的是救济院和师范学院，涌现出一批倡导特殊教育教师专业化培养的先驱实践者，且注重特教教师师资培养的质量。

托马斯·霍普金斯·加劳德特父子开创了美国聋人教育的先河，是美国聋人教师培养的先驱，对美国特殊教育事业的发展做出了杰出贡献。老加劳

① 杨民.世界特殊教育研究[M].大连：辽宁师范大学出版社，2004.

② Margret A. Winzer. The History of Special Education: From Isolation to Integration [M]. Washington, D.C.: Gallaudet University Press, 1993.

德特认为，特殊教育教师的知识和技能需要经过特殊的专业化系统化训练才能达到，在正式教学之前还必须经过严格选拔，并给予合适的薪水，这样才能提高特殊教育教师的专业地位。1817 年，老加劳德特在康涅狄格州哈特德芙成立了美利坚聋人学校，这所聋校由哈佛救济院开设，是美国第一所特殊教育学校，也培养了美国第一批专业化聋人教师。1825 年，老加劳德特建议每个州都应建立英语教育公共部门来培养教师候选人，该建议对美国包括特殊教育在内的所有领域的教师培养起到了重要的推动作用。19 世纪后半期，师范学校和教师学院接过救济院的“接力棒”，成为美国特殊教育教师职前培养的主要机构。1864 年，小加劳德特向美国国会递交议案，要求美国国会批准哥伦比亚盲聋哑教养院培养聋人学生。1864 年，当时的总统林肯正式签署法令成立国立盲聋哑学院，小加劳德特任首任院长，政府正式开始培养特殊教育教师。1954 年，为了纪念加劳德特，国立盲聋哑学院更名为加劳德特学院。1986 年里根总统签署美国聋人教育法，将加劳德特学院正式改名为加劳德特大学。这所已有百年发展历史的聋人大学已成为拥有学科数量最多、办学层次最高、学校规模最大、办学历史最长的世界著名院校，它也被誉为聋人教育的“西点军校”。截至 1929 年，美国 22 个州已有 12 个公立机构、3 所教育学院、3 所师范学院、6 所大学设立特殊教育学院与专业。20 世纪 30 年代，30 个州的 54 所大学和学院已至少开设一门“特殊儿童概论”。[①]

除师范学校和教师学院对特教教师进行专业化培养之外，美国联邦政府在 19 世纪初期开始实施教师资格证书制度，以规范特殊教育教师的职业管理并提高特殊教育教师的质量，同时出台了系列激励措施激励更多年轻人成为特殊教育教师，鼓励在职特殊教育教师接受专业培训以提升专业性。1825 年，俄亥俄州规定“欲申请一年或三年期限的特殊教育学校教师证书的申请人需在通过考试后再进行 30 小时的培训，其中 15 小时为教学实践”。1864 年，俄亥俄州在 1825 年教师资格证书的基础上，又颁布终身教师证书制度，强调不同教龄的特殊教育教师要每年进行在职培训，完成规定学时的继续教育后进行证书置换。深感高质量的特殊教育教师师资对于特殊儿童取得学业成功、实现社会性发展起到至关重要的作用，美国其他州都纷纷效仿俄亥俄州的做法，出台相关法律，规定特教教师在上岗之前需要取得教师资格证书。截至 1930 年，全美共有 16 个州通过相关特殊教育法，其中有 10 个州对特殊教育教师资格必

① 张福娟，马红英，杜晓新．特殊教育史 [M]. 上海：华东师范大学出版社，2000.

须具备的相应学位和专门培训做了明确要求。[①] 此外，为鼓励更多青年加入特殊教育队伍，提高特殊教育在职教师的专业水平，美国政府还出台了相关激励措施。如纽约市教育局给特殊教育教师三个月带薪外出培训的福利，按相关工作年限每年增加 100 美元的年终奖金，最高 500 美金的激励制度等。

综上所述，1783—1945 年是美国特殊教育教师培养的发展阶段，其主要特点是特殊教育教师的培养从萌芽走向正规化，并对特殊教育教师提出了专业化发展的初步要求。培养主体实现慈善类的福利机构向师范类院校的转化，也为特殊教育教师批量化与专业化培养奠定了基础。师范院校的培养主要以开设相关专业与课程为主，课程类型的领域较窄，以特殊儿童显性障碍为主，专业化的细分领域精度低，由此也导致特殊教育教师的培养类型上主要以聋、盲、哑、智障儿童特殊教育教师为主。在这一时期出台特殊教育教师资格证书制度，对特殊教育教师的规范化发展和提高特殊教育教师的质量起到了重要的促进作用。同时，美国联邦政府也开始出台各项激励措施鼓励更多的年轻人加入特教的队伍，鼓励已加入特教队伍的教师能够不断学习实现自我专业化成长。这一时期的特殊教育教师培养，尤其是到 20 世纪 二三十年代，已显出美国特殊教育教师培养机制制度化、规范化、专业化、综合化、多样化发展的趋势。

（三）美国特殊教育教师培养的完善期

1945 年以后是美国特殊教育教师培养不断完善和发展的时期，该时期的主要特点是特殊教育教师培养体系完整，专业出现细分化趋势，并出现相关特殊教育教师培养标准。1957 年，苏联成功发射世界上第一颗人造地球卫星，美国艾森豪威尔政府为了能够尽快恢复世界霸主地位，1958 年 8 月通过了《国防教育法》。该法在美国教育的发展历程中具有举足轻重的作用。该法第一次以法律的形式提出强化师范教育，提高教师水平，并对天才儿童、大学生和研究生提供奖学金和助学贷款。美国联邦政府拨出数百亿美元资助各州发展教育事业，同时也加强了联邦政府对各州教育事业的管理。

20 世纪 70 年代到 80 年代，美国综合性的大学教学学院和心理学系都开设了特殊教育专业，并形成了本科、硕士到博士的完整的教育体系。在特殊教育的专业门类的设置上也越来越精细化，包括盲教育、聋教育、智力障碍教育、言语矫正教育、特殊教育管理等专业。学校数量和培养特殊教育专业人才的数量上也逐年提升。其中，仅培养聋与重听专业的教师高校就有 75 所，每年培养学生 1 000 多人。到 20 世纪 90 年代后期，美国特殊教育教师的职前培

① 洪明．美国教师质量保障体系历史演进研究 [M]. 北京：北京师范大学出版社，2010.

养体系逐步完善，发布了各专业的特殊教育教师培养标准，各高等院校也在教师的培养实践中不断对特殊教育专业课程的设置做出了相应的调整。进入21世纪后，美国特殊教育持续发展不断完善。

二、国外特殊教育教师培养对我国的启示

（一）尽快建立特殊教育教师资格证制度

目前，我国特殊教育教师只要具备普通教育教师的学历要求和资格证即可，还没有明确的特殊教育教师资格种类，只有普通教师资格证根据不同的教育阶段进行了分类，且规定了普通教师资格取得的程序和手段，这种教师资格证一旦取得就是终身制。这种制度很容易使已获得教师资格的普通和特殊教育教师停滞不前，不追求自身的发展和提升，不利于特殊教育教师质量的提高。由此可见，我国在特殊教育教师资格申请的各项要求上还有较大的完善空间，建立一个符合中国国情的特殊教育教师资格认证制度势在必行。由于特殊教育对象的特殊性，特殊教育教师承担着比普通教师更加复杂的工作内容，工作目标也与普通教育体现出较大的不同。

这种状况要求特殊教育教师资格认证制度应该从普通教育教师资格认证中分离出来，资格认证内容应当充分体现出特殊教育教师工作的特殊性。建立特殊教育教师资格认证制度将是我国提升特殊教育师资培养质量的重要一步，国家和社会应当予以思考和重视。

（二）师资培养目标应充分体现社会目标和儿童发展目标的结合

对于特殊教育的目标，虽然各国有不同的表述或发展重心，但集中反映在两大层面：社会本位论和儿童本位论。社会本位论的特殊教育目标旨在使受教育对象适应社会，使个人社会化；儿童本位论的教育目标是顺应儿童的天性和自然使其和谐发展。现今无论是特殊教育目标还是普通教育目标的内涵几乎都是这两大目标的变体和衍生。美国特殊教育师资培养强调以教育对象为中心，以理论为先导，以实用性为原则，以学校为纽带，以促进学生发展、与社会融合为目的。[①] 特殊教育教师培养目标不只是强调残疾儿童的个人需求，同时也考量社会对残疾儿童发展的需求。

我国的特殊教育师资培养目标，应充分体现社会目标和儿童本位目标的结合，即在特殊教育师资培养过程中，既要培养学生与其他教育工作者、与残

① 顾定倩，钱丽霞．美国特殊教育教师的任职资格及其对我们的启示[J]．外国教育研究，1999（4）：3-5.

疾学生家长合作的能力，能够从社会要求出发从事特殊教育工作；也要在培养过程中体现为残疾学生设计个性化教育、使用通用课堂设计、指导和支持服务等儿童发展取向。这种综合化的师资培养目标，充分体现了特殊教育全方位参与的特点，也反映了新时代教师工作的特殊性和复杂性。

（三）特殊教育师资培养模式应呈现出多样化与灵活性

美国高校特殊教育教师职前培养主要是通过综合性大学和教育学院来完成。以四年制本科为例，本科前两年不分专业，只进行通识教育。特殊教育专业与其他专业合作培养，学生先攻读其他学科的学位，具有学科背景以后，再转入特殊教育专业，考取教师资格证。多种培养模式是特殊教育多样人才需求的保证，面对复杂多变的受教育群体，不同地域、不同经济发展水平对特殊教育发展的制约，采取多样化的培养模式是特殊教育发展的必然选择。随着我国特殊教育的持续发展，特殊教育师资培养也开始走向规范化、科学化之路。残疾儿童具有多种不同的残疾类型，对教育的需求也极具个性化。特殊教育师资培养的多样化趋势既体现了对民主平等思想的践行，又体现了残疾儿童自我发展的教育需要。因此，师资培养模式的多样化是我国特殊教育发展的必然趋势。

（四）师资培养的课程设置应充分体现时代性、实践性与针对性

以美国大学特殊教育专业本科的课程设置为例，其所提供是两个全日制的本科特殊教育教师培养计划：一是小学、初中特殊教育；二是幼儿和儿童早期特殊教育双重认证课程。学生要按要求修满一些规定的文科和理科课程的学分与专业课程的学分，获得教育学士学位。

虽然我国的特殊教育教师培养的课程设置日益专业化和精细化，但在课程设置的方向性和针对性上仍然存在较大的提升空间。这要求我国在今后要根据不同年龄和不同障碍类别的儿童来设置特殊教育师资培养的具体课程，使其充分体现时代性、实践性和针对性；同时，将全纳教育的思想渗透于所设定的课程中，在课程编制时强调多学科交叉、多领域合作的基本宗旨。

综上所述，特殊教育师资培养的理念和模式受国家的政治、经济、文化和科技发展水平等影响和制约。美国特殊教育师资培养的上述特点，为反观我国特殊教育师资培养的理念、模式和课程提供了一个较为独特的外部视角。同时，也为我国当下特殊教育模式的完善与提升提供了可供借鉴之处。如何在借鉴国外先进特殊教育师资培养经验的基础上，反思我国特殊教育师资培养体系的不足，有效构建起具有我国本土特色的、符合我国国情的特殊教育师资培养模式，将成为教育工作者进一步思考的方向。

第三节　我国特殊教育教师培养路径构建

一、文化觉醒和关怀是中国特殊教育师资发展的必由之路

目前，我国的特殊教育发展与普通教育类似，仍存在城乡、地域之间的不平衡，和普通教育相比是有过之而无不及，其中最主要的原因是师资的匮乏，以及师资流失严重等。加大经费投入，如为特殊教育发展和特殊教育师资培养硬件的标准化建设投入资金，政府给予相应的政策倾斜等，是解决此问题的非常重要的措施，但是仅靠经济手段无法从根本上解决问题，一是光靠国家单一的财政投入犹如杯水车薪，二是经济手段只是基础条件，并不是全部条件和解决问题的万全之策。

教育问题正在逐渐从外部转移到内部，教育发展正在由硬件建设转为以软件的更新、提升为主。特殊教育的师资发展应秉承文化关怀的教育理念，关注文化对教育的影响，全面加强文化建设，强化文化意识。中西文化、古今文化、城乡文化、地域文化等都具有不同的文化禀赋和特定的文化团体，走向文化关怀是特殊教育师资培养的新价值取向。文化是一种隐性因素，就像一张无形的网，发展特殊教育师资要有机整合、有行投入外部政策支持与内部自主创新等因素，一方面增加经济支持，另一方面关注多元的文化建设，使特殊教育从业者、决策者等在文化的浸染下提高自身的教育水平。特殊教育师资培养要以增强文化软实力为主的发展方式，重视文化引领、文化影响、文化传递、文化研究，对其文化价值取向等进行反思、批判、剖析、比较和选择，以确立其正确的发展方向。

二、特殊教育教师专业水平提高是重点

目前，教师素质已成为社会关注的焦点，提高教师的教育专业水平和自身素质已成为新世纪教育改革的一个核心问题。20 世纪 90 年代至今，在教育一体化、融合教育、全纳教育开展的背景下，我国由重视“普”向重视“特”转变，从注重数量开始向提高质量转变，更加强调特殊教育教师专业化的发展。我国特殊教育师资培养不但重视质量，还更加重视教育的公平问题。公平和质量一直是特殊教育改革的方向，寻求公平和质量的平衡，更需要专业化的

师资。在全纳教育、终身教育和特殊教育一体化等观念的影响下，20 世纪 90 年代后，特殊教育师资培养层次逐渐提高、布局结构不断调整、类型日益多样化，由单纯教育型师资向教育—康复的复合型师资类型发展，由传统的三类残疾人教育师资向多种类别残疾人教育师资发展。特殊教育的师资培养向多学科知识以及政府、社会、学校多部门、多主题的多元合作、多主体治理，努力向良性互动和有效配合机制的方向上发展。

我国特殊教育教师资培养无论是内部还是外部结构和环境都取得了很大进展，但从当前发展现状来看，特殊教育师资培养与国家对特殊教育发展和改革的需求之间还存在较大差距。我国特殊教育教师队伍整体的专业化水平尽管有所提升但仍不令人满意表现为：本科以上学历的教师占有效样本的 63.4%；学历专业以非特殊教育为主，学历专业为特殊教育的教师占特殊教育教师总人数的 21.8%。一些特殊教育学校的教师即使是本科学历，但是很多都是普通师范院校毕业的，初始学历专业为特殊教育专业的教师仅为 30%，很多教师并未接受过系统的特殊教育专业的训练，职后学历教育不完善。因此，提高教师素质，不仅要提高其学历水平，还要提高其专业化水平。

目前，我国特殊教育学校教师的观念、专业知识与技能等方面还有待进一步提高。虽然《残疾人教育条例》中指出“从事残疾人教育的教师应当热爱残疾人教育事业，具有社会主义的人道主义精神，关心残疾学生，并掌握残疾人教育的专业和技能”，但在具体实施过程中，各地方标准不一，没有明确界定，造成效果并不是很明显。其中，最重要的原因是特殊教育在职前培养的过程中，虽然师范院校特殊教育专业的培养目标、课程设置、培养模式以及培训等方面都做了相应的改革与调整，但由于本身有特殊教育背景的高校教师师资匮乏，以及政策、资金投入、观念等问题，整个特殊教育体系的运作效率和实施效果并不令人满意。

若要培养合格的特殊教育教师，就需要重视教师专业发展的连续性，引导他们形成一定的思维结构，即培养一个反思型特殊教育教师。反思型特殊教育教师要在实践中培养，注重实践和理论的统合，让学生学习行为研究、个案研究等实践性课程，在教学实践中运用各种知识与经验，对自己的教学过程进行反思，修正原有的目的与方法。师资培训过程不再是仅仅教给师范生一套通用规则，也不是将学到的规则、知识、技能等直接应用到实际中，而是着重培养其依托情境反思、变通或修正，达到解决问题的目的。特殊教育的师资培养不只是特殊教育专业和师范院校的工作所在，而是，需要来自全社会的关注和关怀，需要教育系统整体的广泛参与。大学教授、研究人员、教育管理者、在职中小学教师、理疗师、医生、家庭人员等诸多领域的人员都可以在特殊教育师资培训中贡献自己的一份力量。社会各方参与特殊教育，加强与合作伙伴的关系，并将它们的合作制度化、法制化，是使特教教师专业化的有效途径。在一个合格特殊教育教师的成长过程中，需要个体不断努力，并在多学科、多领域的制度和机制的共同作用下不断提高个体素质。

三、特殊教育教师职前培养与职后培训一体化是趋势

联合国教科文组织成人教育局原局长保罗·朗格朗在20世纪60年代提出了“终身教育”这一概念，其基本含义是要求实现教育的时间和空间的统一，随后终身教育思想很快得到世界范围的广泛认可，成为一种国际性的教育思潮。终身教育思想促使师范教育观念的更新，有利于将整个教师教育的过程从职前教育的功能，扩展到职前培养、职初培训和职后继续教育融为一体、互相联系、全面沟通、连续统一的完整系统。我国原有教师教育体系由两大部分构成：一是普通性质的师范院校，也就是中师负责培养小学教师，师专培养初中教师，师院和师大共同培养高中教师；二是教育学院负责教师在职培训，也就是县级培训学校培训小学教师，地市级教育学院培训初中教师，省级教育学院培训高中教师。此外，还有电大、夜大、函大、自大等机构辅助教师的培养和培训。[①] 这样的教师教育体系看似合理，但条块分割，彼此分离，培养与培训之间缺乏沟通与合作，各自为政。

因此，面对我国教师教育体系存在的种种问题，受世界教师教育发展潮流的影响，我国教师教育也开始了一体化的改革：针对现有师范教育中职前职后分离、各自为政、资源配置不合理、教育内容重复等问题，在终身教育思想的背景下，依据教师职业生涯理论，试图构建一个体系机构完善、教育内容科学合理以及教育资源优化配置的一体化教师教育培养模式。我国特殊教育教师培养模式与普通教师培养方式基本一致，特殊教师教育中的职前教育主要由师范大学的特殊教育专业（系）、中等特殊教育师范学院以及一小部分普通中师附设特殊师范部（班）实施；职后教育主要由特殊教育师资培训中心、特殊师范学校师资培训部、特殊学校附设师资培训部，以及各种形式、层次的短期师资提高班、函授等实施，但是职前与职后教育机构的专业水准与学术水准远远落后于前者。因此，在教师教育一体化的背景下，应努力探

① 周洪宇．教师教育论[M]．北京：北京师范大学出版社，2010.

索我国特殊教育教师职前与职后培训的方式方法和基本路径，最后形成科学一体化的培养模式。

（一）特殊教育师资培养目标一体化

我国高等院校特殊教育专业在培养目标的发展历程中有了很大的改观，大学特殊教育专业的培养目标不再局限于单一的特殊教育专业，学科方向趋于多元化、综合化，所涉及的领域呈现多样化的发展趋势，但其中也存在诸多问题，如虽然培养目标从纵向上看有很大发展和进步，但是无论是省属高校还是部属高校的整体培养目标趋同，虽然都是为培养一线专业师资、特殊教育研究者、特殊教育管理者而服务，但是各个学校的培养目标还是太过笼统，自身学校的培养目标特色不突出，造成培养出来的人才不受一线特殊教育学校和特殊教育机构的欢迎，二者之间不能形成有效的对接。因此可以借鉴美国北卡罗莱纳教育交流中心（Carolina Educational Consulting，CEC）制定的特殊教育教师标准，对特殊教育教师职前培养机构的要求，既有体现特殊教育教师的道德标准，又有实践标准，同时还体现按各类残疾类型制定更明确、更具体的专业知识和专业技能，成为职前与职后总体目标的依据。我们要制定出各阶段目标，并使其相互衔接，互相补充，最后为总目标服务。

（二）特殊教育师资课程设置一体化

特殊教育师资培养的职前和职后的教学内容和课程体系一体化，并不是指这两者的教学内容和课程体系相互交叉堆叠，而是相互衔接，探寻其结合的契合点，最后形成既显示阶段性、又体现整体性的教学内容和课程体系。我国高等院校各个特殊教育专业的课程设置基本都是每隔 3 年进行一次修订和完善，但变化的幅度不大，专业化程度不高，特殊教育专业的学生毕业后适应一线教学实践需较长时间，难以应对特殊教育学校、机构的改革与发展的进程。

（三）特殊教育师资队伍一体化

特殊教育师资队伍一体化是指建立一支既能进行职前培养、又能进行职后培训的一体化特殊教育教师队伍。职前培养和职后培训属于同一类型和学科体系，有很多相通之处，只是教育对象的知识层面有所差异。应鼓励高校在师范类专业中开设特殊教育课程，加大国家级教师培训计划中特殊教育教师培训的比重，加强普通学校随班就读、资源指导、送教上门等特殊教育教师培训。在教育终身化、全民化的时代，我们不应该仅限于职前的特殊教育师资培养，而应按照教师专业发展的不同阶段，对教师的培养和培训进行整体考虑和设计，最终实现职前与职后一体化教育。

四、特殊教育教师资格证书制度构建是基本手段

教师资格制度以及相关标准体系的完善和实施，是加强教师队伍建设的重要措施，是教师教育质量的重要保障。其主要目的就是通过法律的形式来保障和提高教师的整体素质。《中华人民共和国教师法》规定，国家实施教师资格证书制度，但其中并没有对特殊教育教师资格方面做出规定。因此，只要具备所规定的学历标准就可以承担教学工作，甚至有些特殊教育学校的教师完全没有特殊教育方面的知识经验。这就导致进入特殊教育教师队伍的门槛过低，降低了特殊教育教师的质量，淡化了特殊教育教师职业的专门性要求。要想提高特殊教育教学质量，确定其专业地位，就要建立特殊教育教师鉴定标准，形成认证制度，以教师的专业化实现教学的专业化。

在国家政策层面，应该建立国家教师专业标准，实行更严格的教师资格制度。既要有选择性地吸取发达国家的先进经验，又要从我国的实际出发，给予认证主体充分的关注，激励他们的主观能动性，使特殊教育教师认证对象尽可能细化和具体化。如美国的特殊教育教师认证系统，20 世纪 80 年代后，美国政府为提高教师质量逐渐形成了一套特有的专业化取向的教师质量保障机制。这种质量保障机制与高等教育认证体系相一致，是专业化的质量鉴定，很多机构参与教师资格标准的制定和执行。目前，美国全国性的教师认证机构主要有美国国家教师教育认证委员会（National Council for Accreditation of Teacher Education，NCATE）、州际新教师评价与支持协会（Interstate New Teacher Assessment and Support Consortium，INTASC）以及美国国家教学专业标准委员会（National Board for Professionalization Teaching Standards，NBPTS）和美国优质教师认证委员会（American Board for Certification of Teacher Excellence，ABCTE）四个，这四个机构组成了教师培养和发展的连续统一的质量保证系统，成为教师质量保证的四大支柱。

我国教师专业标准体系还不完善，而其中的特殊教育教师专业标准更是处于萌芽阶段。我国《特殊教育教师专业标准（试行）》在 2015 年才颁布实施，还处于试行阶段，不是真实意义上的标准，还没有形成各级各类的完整体系，没有涉及普通学校里随班就读的资源教师、巡回指导教师等。应根据我国特殊教育师资队伍的实际情况和特殊教育的发展水平，制定我国特殊教育任职资格标准。应该形成多元化、立体的教师资格标准体系，尝试让更多的机构参与教师资格标准的制定和执行，汲取和采纳更多专业人士的建议，避免标准的

狭隘，采用多种资格证类型的方式，培养适合各种障碍类别的师资。取消资格证终身制，使教师资格证书在教师招聘、教师发展上发挥更大的作用。

此外，我们要加大社会的参与力度，充分发挥社会民间组织的力量，加强相关标准的执行力度和效果。

第四章　追求卓越：特殊教育教师职前培养实施策略

第一节　我国特殊教育教师职前培养的现状与问题

一、我国特殊教育教师职前培养的现状

20 世纪，我国的特殊教育师资主要由中等特殊师范教育和高等特殊师范教育来培养。但随着社会的发展，我国对师范教育进行了改革，中等特殊师范教育模式在我国已基本消失，取而代之的是新的特教师资职前培养模式——专科特殊师范教育模式。而专科特殊师范教育模式又存在两种形式，一种是五年制的，招收对象以初中生为主；另一种是三年制的，招收对象为参加高考的高中毕业生。

五年制的专科培养模式产生于 20 世纪末，如我国第一所中等特殊师范教育学校——南京特殊教育师范学校（今南京特殊教育职业技术学院）于 1997 年开始尝试招收五年制的专科生。此外，营口职业技术学院和襄樊职业技术学院等校的特殊教育专业也采用该模式。南京特殊教育师范学校特殊教育专业的培养目标为：培养德、智、体全面发展的，能适应特殊教育发展和改革需要的，具有大学专科程度的九年制义务教育阶段的特殊教育教师。营口职业技术学院特殊教育专业旨在培养德、智、体全面发展的适合特殊教育中小学校和普通教育中小学校教师及为残疾人提供服务的专业人员。

从上述两所学校的培养目标可以看出：两所学校都强调特殊教育教师的德、智、体全面发展，都以提高特教师资的学历层次为最终目标，都是为了培养具有大专学历的、能胜任特殊教育中小学校教学的教师。

由于国家对中等师范学校进行了升格或并转，三年制专科特殊师范教育

培养模式已逐渐成为我国当前特殊教育师资职前培养的一种主流模式。如南京特殊教育师范学校 2002 年成功升格为南京特殊教育职业技术学院（专科），2003 年就开始试行三年制专科培养模式，招收参加高考的高中毕业生。此外，襄樊职业技术学院、营口职业技术学院、泉州师范学院等院校的特殊教育专业都运行了三年制专科培养模式。南京特殊教育职业技术学院特殊教育专业的培养目标是：培养德、智、体全面发展的、具有现代特殊教育理念、适应社会主义现代化建设需要，能够从事特殊儿童教育教学和康复的复合型应用性专业人才。襄樊职业技术学院特殊教育专业旨在培养热爱特殊教育事业的专门人才，使学生掌握特殊教育专业实际工作需要的基本理论、基础知识、基本技能，胜任特殊教育学校教学及管理工作。

从上述两所学校的培养目标可以看出：两所学校已经成功升格为大专院校，所以都已不再强调学历，而是以培养具有特教新理念，既能从事特教教学又能进行康复和管理工作的复合型应用性专业人才为目标。

我国高等师范院校（本科）特殊教育专业的培养目标大多包括基本素质目标、职业素质目标和类型目标 3 个方面，如表 4-1 所示。

表4-1　各院校特殊教育专业培养目标

学校名称	基本素质目标	职业素质目标	类型目标
北京师范大学	具有广博的人文、科学修养	具有扎实的教育学科基础知识；具有特殊教育专业知识技能	在各级各类特殊教育机构从事特殊儿童教育、训练、康复服务及相关工作
华东师范大学	深刻领会邓小平理论的精神实质、坚持四项基本原则，热爱社会主义祖国；热爱特殊教育事业，具有现代教育思想和观念；有良好的教师职业道德和艰苦奋斗、求实创新的精神	了解国内外特殊教育发展趋势和最新成果，了解我国特殊教育发展实际情况；具备普通教育和特殊教育的知识和技能	能在特殊教育机构及相关机构从事特殊教育实践、理论研究、管理工作
华中师范大学		具备普通教育和特殊教育的知识和能力	培养在特殊教育学校、班级和管理机构从事特殊教育、实践、管理工作方面专门人才

续 表

学校名称	基本素质目标	职业素质目标	类型目标
重庆师范大学	具备人文、科学基本知识	具备教育科学、心理学基本知识和特殊教育心理学、特殊儿童教育学方面的知识	培养在特殊教育学校或班级和管理机构从事特殊教育、训练、康复工作的临床特殊教育师资及管理人
西南大学	具有良好的道德修养	具备较高的特殊教育理论和实践能力	在各类特殊学校、特殊教育科研机构、残障人士福利机构、特殊教育管理机构和社区从事教学、科研管理和社区工作

由表 4–1 可知，上述几所高等师范院校特殊教育专业的培养目标有以下几个特点：

第一，除华东师范大学之外，关于职业素质目标和类型目标的表述比较多，而对基本素质目标表述比较少。

第二，多数院校都强调学生对特殊教育知识和技能的掌握，而忽视了对学生专业道德的培养。

第三，都强调“师范性”与“特殊性”并重，但并没有突出“特殊性”。

第四，都强调学生对特殊教育理论、基本知识和方法的掌握，要求学生具有一定的管理能力，但对学生科研能力的培养重视不够。此外，对学生与特殊儿童家长交流、为不同特殊儿童制订个别发展计划及与社区人员合作等能力的培养未做要求，而这些能力是一名合格的特殊教育教师应必备的。总体来说，我国高等师范院校特殊教育专业培养的仍是传统的“知识型”的特殊教育教师。

第五，尽管各高等师范院校特殊教育专业类型目标的表述有所不同，但其实质都是培养面向基层的具有特殊教育教学能力和一定管理能力及科研能力的人才。

（二）中国特殊教育教师职前培养的培养模式

人才培养模式有广义和狭义之分。广义的人才培养模式是指学校为学生构建的知识、能力、素质的结构以及实现这种结构的方式①；狭义的人才培养

① 王泽农，曹慧英．中外教师教育课程设置比较研究[M]. 北京：高等教育出版社，2003.

模式是指高校人才培养的方式及学制。本书采用狭义的培养模式的定义。

目前特殊教育培养模式主要包括3种：定向型、非定向型和混合型。其中，定向型是较为传统的特殊教育模式，我国高校目前普遍采用这种方式，即通过设立特殊教育学院或特殊教育系培养专门型特殊教育人才。

当前，我国特殊教育教师的职前培养经过近几十年的迅猛发展已经有了质的飞跃。特殊教育教师的职前培养模式也正在从20世纪的中等特殊师范教育和高等特殊师范教育模式向21世纪的专科和本科学历的特殊师范教育模式转变。

1.专科特殊师范教育模式

（1）五年制专科特殊师范教育模式

20世纪80年代以来，我国中等特殊教育师范学校主要采用四年制的特教师资培养模式。但随着社会的快速发展，这种模式越来越与社会不相适应。终于在20世纪末出现了五年制的专科培养模式。

五年制专科特殊师范教育模式具有以下几个特征：

第一，培养目标明确。这种模式的主要目的就是提高特殊教育教师的学历层次，培养具有大学专科程度的九年制义务教育阶段的特殊教育教师。

第二，拓宽培养内容。国家没有制定统一的课程计划与课程标准，每个学校都根据自身的特点制定了具体的各有侧重的课程计划与课程标准。如南京特殊教育职业技术学院的五年制特殊教育师范课程由必修课、选修课、教育实践和课外活动4个部分组成。必修课又分为公共必修课和专业必修课两个部分，专业必修课又增加了中等特殊师范教育模式中所缺少的学科专业课，即文科和理科课程；选修课包括必选课和任选课两部分。五学年共260周，其中教学活动180周，教育实践14周，机动6周，寒暑假60周。

第三，保障措施全面。在该模式的试行过程中，国家和地方颁布了一些政策、法令，以保障各学院的特殊教育专业（系）无论是对生源还是任教老师的选择都有严格的要求，如专科生的录取分数线远远高出中师生，任教老师需具有高级职称等。另外，各学校也高度重视经费投入、电教设备及实验室的配备，以保障教学实施过程的顺利进行。

（2）三年制专科特殊师范教育模式

三年制专科特殊师范教育培养模式是在各地中等特殊师范学校的成功升格或并转后逐渐成为我国当前特殊教育师资职前培养的一种主流模式的。

三年制专科特殊师范教育模式具有以下几个特征：

第一，培养目标注重“专业化”。学历已不是重点，关键在于培养出能胜任特殊教育教学和特殊儿童康复工作的专业人才。

第二，课程结构向“专业化”方向发展。如南京特殊教育职业技术学院特殊教育专业确定了聋童教育、盲童教育、智力障碍儿童教育、自闭症儿童教育及随班就读儿童教育5个专业方向。每个专业方向的学生除了要修本专业的必修课程外，还要根据自己的兴趣选修其他至少一个专业方向的选修课程，选修课程实行弹性组合，体现学生的个别化需要。

第三，保障措施更切合实际需要。该模式在运行中除了有国家的政策与法令的保障外，各个学校的升格并转使特殊教育师资培养更为科学、合理，从招生到教育、教学、社会实践、课外活动等更为规范、系统，相互之间的衔接、配合更为紧密，教育教学效果更佳。

2. 本科特殊师范教育模式

目前的本科特殊师范教育由两类学校发展而来，一类是原高等师范院校特殊教育专业（系）培养模式的改革，另一类是中等特殊师范的升格与并转。[①] 比如，1997年9月，上海市教委与华东师范大学实现共建，成立了特殊教育学系。从此，上海不再招收中等师范特殊教育专业学生，以招收四年制本科生为主。此外，北京师范大学、华中师范大学、辽宁师范大学、重庆师范大学等院校的特殊教育专业（系）在培养目标和课程结构上都进行了调整与改革，主要面向特殊教育的基层师资培养。

本科特殊师范教育模式具有以下几个特征：

第一，培养目标面向基层。如北京师范大学特殊教育专业的培养目标为培养具有普通教育的基本理论基础，掌握特殊教育和康复训练理论和技术的专业工作者。辽宁师范大学特殊教育师范专业旨在培养德、智、体全面发展的特殊教育机构师资、特殊教育科研人员、残疾人社会工作者及相关部门的管理人员，使学生具有从事特殊教育科研与教学的实际能力。从上述两所学校的培养目标来看，虽然语言表述有所不同，但目的都是为特殊教育学校或相关的基层机构培养既有实际教育教学能力又有基本科研能力的专业人才。

第二，课程结构“专业化”不够突出。如华东师范大学主要课程为普通心理学、心理学史、实验心理学、心理测量与统计、特殊教育概论、特殊儿童心理与教育、教育听力学、特殊儿童评估、儿童精神与神经病理学、言语语言病理学、特殊学校实践等；北京师范大学主要课程有特殊教育导论、特殊教育

① 王辉，方长春．我国特殊教育师资职前培养模式研究的现状[J]．中国特殊教育，2006（4）：62-65.

医学基础、特殊儿童心理学评估、特殊儿童心理评估、特殊儿童行为管理、特殊儿童早期干预、特殊教育史心理卫生咨询、现代特殊教育技术等。从这两所学校开设的主要课程中，我们可以发现它们的课程设置并没有随着培养目标的转变而发生大的变革，这些课程只是特殊教育的基础学科，并没有突出特殊儿童的类别特点，专业方向不够明确，对针对各类特殊儿童的实际教学能力的培养不足。

第三，政策不断跟进，但区域发展差异大。近年国家出台了一些政策、法令来保障特殊教育师资的培养。2015 年 8 月 26 日教育部颁布的《特殊教育教师专业标准 (试行)》中对特殊教育教师专业标准提出了具体的要求，分为“专业理念与师德”“专业知识”“专业能力”三大维度，其中对教师和学生的态度与行为、教育教学的态度与行为、教育教学设计、教育教学知识等多方面进行了具体规定，成为我国特殊教育教师专业发展的依据。2017 年颁布的《第二期特殊教育提升计划 (2017—2020 年)》中提到，“落实并完善特殊教育津贴等工资倾斜政策，核定绩效工资总量时适当倾斜”，特殊教育教师工资待遇问题引起了学者们的广泛关注。2019 年 10 月教育部出台《特殊教育专业认证标准》(以下简称《标准》) 的出台为特殊教育人才培养模式改革指出了方向。然而在事实上，我国东、中、西部地区特殊教育学校教师配置不均衡，差异比较大。东部地区平均每所特殊教育学校拥有专任教师数高于全国均值，中部地区平均每所特殊教育学校拥有专任教师接近全国均值，而西部地区则低于全国均值。同时，西部地区特殊教育教师不仅在数量上较为缺乏，专业化程度上也较低。

（三）中国特教教师职前培养的课程设置

目前，我国进行特殊教育教师职前培养的院校所设置的课程虽然在名称上有所不同，但大致可以从两个维度对课程进行分类：第一个维度，将课程分为通识课程、教育专业课程和专业课程；第二个维度，将课程分为必修课程和选修课程，有的学校又将选修课程分为限定选修和任意选修。

1. 通识课程

国内大多将这部分课程称为公共基础课。通识课程是非专业性、非职业性、非功利性的课程，旨在培养积极参与社会生活、有社会责任感、全面发展的社会公民，促进人的生活、道德、情感、理智和谐发展。

为了使未来的特殊教育教师具有更广博的人文和社会科学修养，国内各高校都开设了大量的通识课程，各高校的通识课程具有极大的相似性。如北京师范大学、华东师范大学、华中师范大学、重庆师范大学和西南大学的通识课程设置，如表 4–2 所示。

表4-2 我国高校特殊教育专业通识课程设置

学校名称	通识必修课程	学时	学分	比例 /%
北京师范大学	思修、马哲、邓论、毛概、马政经、英语、体育、法律基础、计算机	738	42	26.25
华东师范大学	同上，就业指导	882	38	24
华中师范大学	同上，军事理论	770	42	23
重庆师范大学	同上，形式与政策	526	—	23.69
西南大学	同上，基础数学、军事理论、语文、文化素质教育、名著选读	1064	45	26

注：其中的比例是指占总学分的比例，思修指思想品德修养，马哲指马克思主义哲学，邓论指邓小平思想概论，毛概指毛泽东思想概论，马政经指马克思主义政治经济学，同上是指北京师范大学的通识必修课程。

由表 4-2 可知，上述 5 所高校的通识课程非常相似，都包括思修、马哲、邓论、毛概、马政经、英语、体育、法律基础和计算机，这些课所占比例很大，而人文科学、自然科学等课程很少，好多学校甚至都没有开设。各高校通识必须课所占学时、学分非常接近，一般占总学分的 25% 左右，这与发达国家相比差距并不明显。但需要说明的是，我国高校特殊教育专业通识选修课仅占通识课程总量的 1/4 左右，通识选修课和通识必修课比例明显失调，这与我国一直以来不够重视学生的主动性有很大关系。

2. 教育专业课程

教育专业课程是为了培养合格的教师而开设的课程。下面继续以北京师范大学、华东师范大学、华中师范大学、重庆师范大学和西南大学的课程设置为例，如表 4-3 所示。

表4-3 我国高校特殊教育专业教育专业课程设置

学校名称	教育专业课程	学时	学分	比例 /%
北京师范大学	人体解剖生理学、教育统计、教育测量与评价、普通心理学、儿童心理学、教育心理学、教育学原理、德育原理、教学论、教育科学研究方法、外国教育史、中国教育史	656	46	28.75

续　表

学校名称	教育专业课程	学时	学分	比例 /%
华东师范大学	普通心理学、教育心理学、教育统计	198	11	7.10
华中师范大学	普通心理学、发展心理学、教育心理学、教育概论、教学论、课程论、德育论、中国教育史	440	36	19.67
重庆师范大学	心理学、教育学原理、教育与心理统计学、教育心理学、中外教育史、神经心理学	504	28	21.34
西南大学	心理学导论、教育原理、中国教育史、外国教育史、学校管理学、发展心理学、教育统计学、教育心理学、德育原理、课程论、教学论、人体解剖生理学	654	34	22.67

由表 4–3 可知，各高校特殊教育专业开设的教育专业课程主要有以下几个特点：

第一，以教育学和普通心理学为主。各高校的教育专业课程基本上都包括普通心理学、教育学原理和教育心理学等基础课程。

第二，教育专业课程占总学分比例相差较大。如华东师范大学教育专业课程所占总学分比例仅为 7.10%，而北京师范大学教育专业课程占总学分的比例则高达 28.75%，两者差距悬殊。

第三，以理论课为主，涉及技能与方法的课程很少，多数学校没有开设这方面的课程。

第四，课程相对独立，缺少整合。各高校特殊教育专业的教育专业课程大多以学科分类为基础构建科目，这种分科课程是“以学科为中心”设计的，虽然保持了学科各自的相对独立性、系统性、完整性，但忽略了各科目间的联系，导致科目本位，割裂了各学科间本身固有的内在联系，既不利于各科目自身的教学，还造成了科目间经常出现相互重复的现象，不利于学生将所学各门科目的知识有机联系，综合运用于分析、研究及解决实践中的问题。

3. 专业课程

特殊教育教师职前培养的专业课程主要是为了帮助学生掌握有关特殊教育的基础知识、基本理论、基本技能及国内外在该领域的发展动态，并为学生进一步深造打下基础。目前，各高校将专业课程分为必修和选修两类。

（1）专业必修课

顾名思义，专业必修课就是每个学生必须要修的课程。它的设置最能体现特殊教育专业设置的一般性，各高校特殊教育专业的专业必修课如表 4–4 所示。

表4–4　我国高校特殊教育专业的专业必修课

学校名称	教育专业课程	学时	学分	比例 /%
北京师范大学	特殊教育导论、特殊教育医学基础、特殊儿童心理学评估、特殊儿童心理评估、特殊儿童行为管理、特殊儿童早期干预、特殊教育史	240	33	11.79
华东师范大学	教师口语、神经科学、大学语文、高等数学、现代教育技术培训、教育与心理测量、儿童发展心理、实验心理学、心理学史、特殊教育概论、智力障碍儿童心理与教育、特殊儿童评估、教育听力学、特殊学校教材教法、教育实习、毕业论文	954	67	43.23
华中师范大学	特殊教育导论、盲文基础、手语基础、盲童心理与教育、聋童心理与教育、智力障碍儿童心理与教育、超常儿童心理与教育、残疾儿童心理与教育、儿童行为矫正、特殊教育技术	550	45	24.59
重庆师范大学	特殊教育课程与实践、特殊儿童心理诊断、特殊教育职业道德修养、个别化教育与教学、特殊儿童沟通与教育、早期干预与职业教育、学科教学法、特殊教育管理、特殊儿童养护学、教学活动设计、行为矫正	990	—	67.30
西南大学	特殊教育概论、特殊儿童心理学、特殊教育课程与教学、特殊教育史、特殊儿童沟通（手语、盲文）、特殊儿童测量与评估、特殊儿童医学基础、特殊儿童康复学、特殊儿童随班就读、特殊儿童卫生学、特殊教育社会工作、特殊儿童早期干预、教育科学研究方法、特殊儿童测量与评估实验、特殊儿童医学基础实验、特殊儿童康复学实验	570	29	21.48

由表 4-4 可知，我国各高校特殊教育专业的专业必修课程有以下特点：

第一，课程兼容并包，但指向性不明确。从教育技术培训、教育与心理测量到特殊儿童心理诊断；从特殊儿童医学基础到神经科学；从特殊儿童测量与评估到特殊教育课程与教学，只要和特殊教育有关的课程都被各高校列入课程计划之中。在这些课程中，教育学和心理学方面的比较多，而语文、数学等课程则较少。这样学生在毕业时只是学到了一些特殊教育的基本理论，并没有受过语文、数学等学科的专门训练，参加特殊教育工作后就会感到难以胜任，无法跟所教课程和所学专业对口的大专生、大学生相比。

第二，课程缺少整合，模式单一。许多课程的内容是重复的，这样造成理论课课时偏多，一定程度上导致实践课课时的减少。课程模式也较单一，未能根据学生的差异和知识间的内在联系进行整合，不能体现高等教育课程的个性化。

第三，课程内容陈旧且偏重理论，对学生能力的培养重视不够。课程内容多为教育学、心理学和特殊教育学的一些基本理论，内容比较陈旧，反映学科前沿的课程较少，且忽视了对学生能力的培养，如课程中没有对学生应对不同学生及多变的教学情境的能力的培养。

第四，各高校各有侧重，专业必修课所占比重差异较大。华东师范大学侧重于对学生进行心理学知识的教育，西南大学则比较重视实验操作，而北京师范大学则较重视教育基本理论知识。此外，各高校的特殊教育专业课程在课程门类、学时、学分以及所占比例上存在较大差异，有些甚至可以说是差距悬殊，如重庆师范大学专业必修课占专业课的比例高达 67.3%，而北京师范大学则只有 11.79%。

（2）专业选修课

相对于专业必修课，专业选修课具有更大的灵活性，它的设置旨在满足学生的不同需求。

我国高校特殊教育专业的选修课程主要有以下特点：

第一，专业选修课所占比例较低，各高校在设置上存在较大差异。各高校特殊教育专业选修课所占比例一般较高，说明其比较尊重学生的兴趣，给学生较大的选择自由，这样有利于调动学生的学习积极性。

第二，课程的可操作性强。与特殊教育专业必修课相比，特殊教育专业选修课显然更具有可操作性。如北京师范大学设置的儿童问题诊断与咨询；华东师范大学的学校心理咨询和特教辅导实践；重庆师范大学的特殊儿童心理咨询；西南大学的儿童游戏治疗实验等。

第三，各高校特殊教育专业选修课各有侧重。北京师范大学开设了大量的专业选修课程，既有文化方面的课程又有经济方面的课程和法学方面的课程，但主要还是偏重于教育学的相关课程，如比较教育学、高等教育管理学、中外教育史等。此外，北京师范大学还开设了一些中小学主要科目的教学论课程，这是其他高校所没有的；而华东师范大学和西南大学则开设了很多针对各种障碍类型儿童的教育与心理的课程。

（四）中国特教教师职前培养的教育实习

20 世纪 80 年代，我国从国外引进了模拟实习（微格教学），并在一些师范院校进行推广，但由于资金的短缺，难以解决音像设备及场地等问题，此项活动进展得并不顺利，未能取得理想的效果，目前仍处于探索阶段。因此，我国的教育实践活动主要还是以见习和教育实习这两种形式为主。

1. 见习

见习一般在教育实习的前一周进行。由各高校选择一部分指导教师带领学生到指定的学校进行实习，实习生一般先要听取实习学校领导对学校的介绍，然后开始熟悉实习学校环境，与实习学校的教师进行交流，随其到实习班级了解情况，旁听各科老师的课程，并观摩他们的教学，以获取对实际教学的直接经验。

2. 教育实习

教育实习一般安排在大四上学期进行，由一名指导教师带领学生到设在附近的实习基地进行为期 4—6 周的实习。其目的在于使学生通过对特殊教育的直接接触，加深对特殊教育的理解，巩固从事特殊教育的专业思想，在特殊教育的实际教学过程中检验所学的特殊教育专业知识，锻炼和养成分析解决问题的能力；理解及熟悉特殊中小学的教育、教学和管理的情况，从而尽快融入特殊教育教师的角色中。教育实习的主要内容就是特殊教育教学实习与班主任工作。前者主要就是让实习生研究特殊教育教材、设计特殊教育教案、进行特殊教育教学、布置和批改特殊儿童的作业、检验特殊儿童的学习成绩等；而后者则主要是让实习生制订班主任的工作计划、处理特殊班级的日常事务、组织特殊班级的集体活动及与特殊儿童和特殊儿童家长进行交流等。

二、我国特殊教育教师职前培养存在的问题

（一）特殊教育教师数量短缺

根据中国教育科学研究院陈云英教授的一项调查，我国特殊教育不仅师

资严重不足，年龄老化，而且素质不高，专业知识缺乏。这一情况直接影响了我国特殊教育的质量。2019 年全国共有特殊教育学校 2192 所，招收各种形式的特殊教育学生 14.42 万人，特殊教育在校学生数量 79.46 万人，特殊教育学校共有专任教师 6.24 万人。另外，由于特殊教育专业毕业生就业体制等原因，许多特殊教育毕业生并没有从事特殊教育工作，造成了人才的流失。每年毕业生就业时都因缺少信息而如大海捞针般地寻找工作，难以找到合适的用人单位；而急于进行特殊教育教师补充的用人单位，却不知到何处寻找自己需要的人才。由于特殊教育是个冷门专业，许多不想从事本专业相关工作的学生都选择了考研，这又使特殊教育人才流失一部分。还有一些在职的特殊教育教师因为待遇不好及社会的偏见最终选择离开这个行业。因此，在新的特殊教育教师补充有限而原有的特殊教育教师又部分流失的情况下，我国特殊教育教师的数量还远远不能满足实际的需要。

（二）特殊教育教师质量不高

我国在一些普通学校开设了特殊教育班并安排一些轻度残疾人到普通班进行随班就读，然而，其实际效果却不佳。之所以出现这种情况，在很大程度上是因为教师不具备特殊教育教学的基本知识与技能，尽管这些教师很有责任心，并为此付出了巨大的努力，但由于力不从心而收效甚微，这极大地损害了特殊儿童的健康发展，严重影响了我国特殊教育的质量，阻碍了特殊教育的发展。由于还有大量的特殊儿童希望到普通学校随班就读，国家制定了一些法律条文要求普通师范学校开设特殊教育必修或选修课程。如《中华人民共和国残疾人保障法》第三章第二十五条规定，"……普通师范院校开设特殊教育课程或者讲授有关内容，使普通教师掌握必要的特殊教育知识……"但这条法律执行得并不理想，目前只有北京师范大学和屈指可数的几个师范学校在实行。而且，现有的特教教师队伍中，有相当一部分教师是从普通教育转过来的，虽然他们都有丰富的教学经验，但却从没有接受过特殊教育知识与技能的系统培训，对特殊教育教学只能靠自己一步一步地摸索。还有相当一部分教师毕业于中等师范学校，学历较低，文化水平不高，严格来讲，他们并不能完全胜任特殊教育教学。

从上述情况可以看出，当前我国特殊教育师资的培养工作还有待完善，培养的特殊教育教师无论是数量上还是质量上都不能满足我国快速发展的特殊教育事业的需要。因此，需要我们做出更大的努力，培养出数量可观、质量合格的特殊教育教师，以促进我国特殊教育事业的发展。

第二节　国外特殊教育教师职前培养的现状与问题

一、美国特殊教育教师职前培养的现状与问题

（一）美国特殊教育教师职前培养的培养目标

培养目标是师资培养行为的向导。美国教师教育不仅重视学科专业知识，而且也非常重视教育理论及实践，美国特殊教育教师的培养同样如此，强调“以教育对象为中心，以理论为先导，以实用性为原则，以学校为纽带，以促进学生发展、与社会融合为目的”。① 以美国纽约大学教育学院特殊儿童教育专业的培养目标为例，其培养目标主要有以下几点：具有广博的人文、科学知识，具备良好的素养；具有扎实的关于儿童生长发育及发展差异的知识；掌握关于提供丰富的、以儿童为中心的教学情景的知识和技能，并能根据不同儿童的需要进行调整；掌握与其他教师、家长以及教育和健康方面专家合作的技能；培养的师资可以在普通教育机构或特殊教育机构工作。②

从美国纽约大学教育学院特殊儿童教育专业的培养目标可知：第一，美国在特殊教育教师培养中重视人文修养，要求学生要有广博的人文知识；第二，在整个特殊教育教师培养过程中强调要面向全体儿童的观念，重视培养学生以儿童为中心满足不同儿童不同需求的能力；第三，重视培养学生的实践能力及与儿童家长、其他老师和相关专家合作的能力；第四，培养的师资就业面较宽，既可以从事特殊教育工作也可以从事普通教育工作。

（二）美国特殊教育教师职前培养的培养模式

美国属于非定向型的师资培养模式，其特殊教育师资的培养模式主要有以下几种：

第一，特殊教育专业本科四年学制。在综合性大学的教育学院设立特殊教育专业，学生在入学后的前两年学习教育学基本课程，在大三时开始特殊教育课程的学习，加利福尼亚州立大学就是采用此模式。

第二，特殊教育专业与其他专业合作培养。在美国很多大学，学生在大

① 顾定倩，钱丽霞．美国特殊教育教师的任职资格及其对我们的启示[J]．外国教育研究，1999（4）：3-5.

② 赵宵逍．高校特殊教育专业师资培养比较研究[D]．成都：四川师范大学，2008.

一和大二时是不确定专业的，学生按照要求从学校提供的众多课程中广泛选修文理课程，只要修满学校规定的学分即可，在大二结束时再根据自己的爱好决定自己主修或副修何种专业。因此，采用此模式培养特殊教育教师的大学的学生在校学习特殊教育专业，最后再考取特殊教育教师资格证书。

第三，培养具有硕士学位的师资。在美国还有一种培养特殊教育教师的模式，就是学生在入学后的前两年广泛学习文理课程，然后在大三和大四学习特殊教育的基本课程，然后再学习一年的特殊教育高级课程，获得硕士学位，如华盛顿大学的教育学院是一个专门的研究生院，里面设有特殊教育专业，培养具有硕士学位的特殊教育教师及研究人员。

（三）美国特殊教育教师职前培养的课程设置

美国特殊教育师资培养课程在本科阶段一般由 3 部分组成，即通识课程、教育专业课程和专业课程。

通识教育所有专业必修课程，在学生入学后的前两年完成。这类课程属于基础课，如英语、数学以及自然科学、人文科学等。通识课程在本科阶段特殊教育师资培养计划中所占的比重从 1/3 到 1/2 不等，学校开设这类课程的学科门类很多，学生可根据自己的兴趣和未来职业的需要进行选择。如华盛顿大学教育学院的通识课程主要分为技能性课程和知识性课程。技能性课程主要包括写作和外语；知识性课程主要包括定量推理、视觉、文学与表演艺术、个人与社会、自然科学。

教育专业课程包括教育基本原理、教育方法、评价与测量几个方面，占总学时的 1/4 ～ 1/3。教育基本原理涉及教育心理学、社会学、历史学、人类学原理，其中教育心理学所占比重最大。特殊教育专业的学生除学习教育基本原理所包含的心理学课程之外，还要求学习更多的心理学课程。

专业课程是特殊教育专业的专业课程。美国大学的特殊教育专业下面还分为很多子专业，如肯特州立大学的特殊教育专业下设 7 个子专业，不同专业开设的课也不同，而且不同高校开设的课程种类也有很大差别。根据辛辛那提州立大学早期儿童与特殊教育系的琼斯对美国 49 个州和地区的 57 所开设特殊教育专业的大学和学院的调查，选修频率最高的几门课程分别是：如何帮助残疾儿童制订“个别教育计划”；特殊儿童交往技能；个别学习的类型和特征；特殊儿童的发展与教育计划；特殊儿童的环境与适应。这几门课程都比较强调儿童本位，同时又与特殊教育专业学生将来的日常工作结合紧密。20 世纪七八十年代，美国高等教育中的特殊教育专业分类较细，相应的专业课程也分得比较细，但 20 世纪 90 年代以来有调整的趋势，专业课程体现出综合化倾向，即这类课程不是专为某一种特殊学生开设，而是针对某一类障碍，且这种障碍可在多种学生身上存在，如开设“非口语交流”“咨询原则与指导”等课程。

美国纽约大学教育学院特殊儿童教育专业开设的主要课程可以分为通识课程、教育专业课程和专业课程三大类，其中通识课程又可以根据课程性质的不同，分为工具类课程和非工具类课程；教育专业课程可以分为教育理论课程、教法课程和教育实践课程；专业课程可以分为专业基础课程和研讨课程。

1. 通识课程

美国纽约大学教育学院特殊儿童教育专业通识课程分为工具类课程和非工具类课程。前者包括计算机应用基础、英语、日语、西班牙语、统计基础、决策中的数学原理、写作基础；后者包括人体解剖生理学、人体解剖学、数学基础、现代物理学、普通生物学、微生物、生物学原理、世界人文、世界历史地理、现代诗歌、法国文化、独立战争后的美国。

从课程设置可以看出，美国纽约大学特殊儿童教育专业的通识课程门类丰富，既有文学课程、历史课程、医学课程、生理学课程，又有统计课程和数学课程，既注重对学生人文素养的培养，又注重对学生科学素养的培养，这样就会使培养出来的学生具备良好的综合素养。除此之外，通识课程中还有许多如计算机、外语和统计学之类的工具类课程，这就保证了培养出来的学生既具有较高的电脑操作能力又具备良好的外语交流能力，而这两种能力正是在目前的国际化、信息化社会生存所必需的能力，同时也是现代教师的必备能力。

2. 教育专业课程

美国纽约大学教育学院特殊儿童教育专业的教育专业课程分为教育理论课程、教法课程和教育实践课程，具体课程如表 4–5 所示。

表4–5　美国纽约大学特殊儿童专业教育专业课程

课程类别	课程名称
教育理论课程	教育史、教育哲学、教育概论、比较教育学、心理学导论、发展心理学、学习理论、课程与教学、教学设计 / 评价 / 管理

续　表

课程类别	课程名称
教法课程	中学科学教学法、中学英语语言艺术教学、小学外语教学、中学数学科学、中学代数及几何教学、中学数据收集及分析教学、小学数学教学、外语教学、中学几何教学、中学微积分教学、小学科学教学
教育实践课程	早期特殊儿童观察与实践、特殊教育观察与实践、双语特殊教育观察与实践、学校访问、特殊教育实践、儿童教育实践、早期儿童教育实践、数学教学实践、双语教学实践、外语教学实践、科学教学实践、社会性教育实践

由表 4–5 中可知，美国纽约大学特殊儿童教育专业的教育专业课程具有以下特点：

第一，教育理论注重基础性。教育理论方面的课程门类很多，涵盖面很广，既有教育学和心理学，又有课程与教学，比较注重基础性。

第二，教法课程注重实用性。教法课程主要目的是教会学生教授某门课的指导原则和方法，如如何激发学生动机、如何与学生进行有效的交流和如何进行课堂管理等，其与以后的教学有密切关系，实用性很强。这类课程分为小学课程和中学课程，涵盖中小学的主要科目，有利于培养学生单科教学的能力。

第三，教育实践课程针对性强。教育实践课程主要是为以后学生到特殊学校或相关机构实习时准备的。为了学生以后到特殊学校时可以更好地和特殊儿童进行交流和玩耍以加深对特殊儿童的了解，开设了一些针对各类型儿童的实践课，如早期特殊儿童观察与实践。为了让学生到特殊学校实习时可以进行一些具体学科的教学实践，开设了一些中小学的主要科目的教学实践课程，如数学教学实践。这样学生既能了解特殊儿童，又可进行一些具体科目的教学，毕业后可以更好地适应特殊教育工作环境。

3. 专业课程

纽约大学教育学院特殊儿童教育专业的专业课程分为专业基础课程和研讨课程两类，具体课程如表 4–6 所示。

表 4-6　纽约大学特殊儿童教育专业专业课程

课程类别	课程名称
专业基础课程	特殊教育中的行为矫正、儿童发展与学习、家庭·学校·社区与儿童发展、教育改革与社会性教育、社会性教育发展趋势及存在的问题、儿童教育课程论、儿童社会性教育课程、早期儿童教育中差异教学策略、特殊教育导论、艺术在儿童教育中的应用、青少年读与写、早期儿童教育导论、多元文化背景下儿童语言发展及读写能力培养、儿童语言发展及阅读指导、幼儿语言发展及阅读指导、儿童教育中的语言艺术、早期儿童及特殊儿童教育中的数学概念、民主参与·合作学习与社会性教育、对重度残疾儿童的教学原则、对轻微至重度残疾儿童的教学原则、特殊教育课程中的心理学基础、问题儿童教学策略、早期儿童教育及特殊教育中专业人员的作用、作为社会成员的重度残疾者、城市学校危机、儿童文学创作、全纳教育中特殊儿童的教育
研讨课程	外语教育研讨、儿童教育及特殊儿童教育研讨、早期儿童教育及特殊儿童教育研讨、英语教育研讨、城市教育问题、教学研讨、社区研究、教学调研

纽约大学教育学院特殊儿童教育专业的专业基础课程有以下特点：

第一，着重突出培养技能和技巧。为了让学生掌握相应的技能与技巧，大部分课程都是根据一定的理论向学生介绍具体的操作方法。如“特殊教育中的行为矫正”这门课，先介绍了一些主要行为主义理论如经典条件反射、强化等，又介绍了如何在教育中实现这些理论；“青少年读与写”“儿童教育课程论”“儿童社会性教育课程”“幼儿语言发展及阅读指导”等课程则是为了使学生具备培养儿童语言发展和读写能力的技能。

第二，课程内容反映相关领域的最新动态。“全纳教育中特殊儿童的教育”这门课使学生能够了解特殊教育的新理念；“教育改革与社会性教育”这门课从教育变革的角度来关注社会性教育，并对两者之间的关系进行剖析；“社会性教育发展趋势及存在的问题”这门课既让学生了解到了社会性教育发展的趋势，又使学生正确面对社会性教育发展中存在的问题，可以培养学生全面看待问题的能力。

第三，强调家庭、学校、社区之间的合作，对儿童进行社会性教育。对特殊儿童的教育仅靠学校是行不通的，要想达到最佳效果，就必须进行家庭、学校、社区三者的合作。例如，“家庭·学校·社区与儿童发展”这门课，使学生看到家庭和社区对儿童教育的重大意义，学会如何通过与家庭和社区的合作来实现对儿童的深入了解。“教育改革与社会性教育”“民主参与、合作学习与社会性教育”“作为社会成员的重度残疾者”等课程，从不同角度对儿童如何更好地适应社会进行了分析，体现了对儿童的社会性教育的重视。

第四，重视多元文化背景下的儿童教育和儿童的差异性。如“多元文化背景下儿童语言发展及读写能力培养”这门课程关注的是在美国社会多元文化背景下，如何培养儿童语言及读写能力。“早期儿童教育中差异教学策略”这门课，详细介绍了怎样观察儿童，探寻他们的优点与独特之处，根据观察和评价所得的数据制订个人教育计划，并通过实践不断进行修改，这些举措目的是让每个儿童都获得最大可能的发展。

而研讨课程主要有以下两个特点：第一，内容的开放性。这类课程的内容具有很大的灵活性及开放性，就某一主题并没有给出确切的陈述，而是通过师范生研究后讨论，从不同的角度对主题进行全面的分析。如“儿童教育与特殊儿童教育研讨”这门课就分为 4 个系列，分别从 4 个不同的方面来进行研究讨论：第一个系列主要从儿童不同的背景及学习环境这个角度来研讨；第二个系列主要讨论如何评价儿童的学习以及如何对他们进行指导；第三个系列讨论家长、专家在儿童教育中扮演的角色，以及如何更好地与他们合作；第四个系列讨论的核心为如何为不同的儿童设计适合他们的课程，如何评价这些课程。这些不同角度的研究和讨论使师范生对儿童教育与特殊儿童教育有了更全面、更深刻的理解。第二，研讨的重点是儿童差异性、多元文化、语言教育、教学策略与技能、学校与社会各界的合作。

（四）美国特殊教育教师职前培养的教育实习

教育实习在美国整个特殊教师教育中被予以高度重视，是作为获得特殊教师资格证书的必要条件。美国的教育实习有 3 种类型：模拟实习、早期实地体验和正式的教育实习。

1. 模拟实习

模拟实习基本上在教育学院内或实验室内进行，严格意义上不是教育实习。主要采取微格教学的方法，利用声、像手段对学生应掌握的各种教学方法、技巧进行选择性模拟，学生讲授录像后由指导教师做出客观的评价与分析，使学生形成清晰的自我图式，并最终熟练掌握整个教学过程的各种技能。

2. 早期实地体验

美国大学很重视早期实地体验。美国塞奇学院的朱利亚 · 罗森伯格和约翰贻默等对两组实习教师（一组为有实地体验的本科生，一组为无实地体验的研究生）进行问卷调查，而分析、对比得出的结论是：有无实地体验直接影响到教学能力的强弱。美国几乎所有的特殊教育师资培养计划中都包括实地体验的内容。多数大学在第一学年就会安排学生进行实地体验，学生一般先担任特殊教育教师的助理，观察特殊教育教师的课堂教学、辅导特殊儿童、批改特殊儿童的作业等。在大二和大三时，他们会慢慢减少和特殊中小学生接触及观察他们的时间，而将更多的时间用来进行课堂教学及与特殊教育教师的共同工作上。在整个实地体验的过程中，实习学校会为实习生指定一名特殊教育教师作为其指导教师，学生在指导教师的指导下进行实习，有时大学指导教师也会给实习生安排一些具体任务，并会经常访问特殊教育学校，与特殊教育教师进行合作，共同促进实习生的成长。需要说明的是，学生在进行实地体验的同时还要学习教育基本理论及教学方法等课程。这种连续的实地体验可使学生在潜移默化中逐步进入特殊教育教师的角色。

3. 正式的教育实习

美国特殊教育专业学生的教育实习一般安排在第四学年进行，学生要用15 周左右的时间在特殊中小学的实际环境中从事特殊教学活动。大学会给学生指定一名实习指导教师，而实习的特殊教育学校也会给学生安排一名特殊教育指导教师，学生按照两名指导教师的指示进行教育实习活动，并按照正式的特殊教育教师的标准开展教学。在整个实习期间，学生都可以获得充分的实践机会，既可以制订每日计划和长期计划、授课，进行成绩评定等常规教学工作，还可以与指导教师就实习中遇到的问题进行讨论。

（五）美国特殊教育教师培养存在的问题

虽然美国特殊教育的发展历史比较早，特殊教育师资培养也有很长的历史，但目前，其特殊教育师资也十分匮乏。近年来，美国特殊教育教师流失现象十分严重，已成为制约特殊教育发展水平的一个重要因素。据统计，全美有587 万多儿童接受特殊教育，但自 20 世纪 90 年代以来，每年特教教师的离职率都高于入职率，教师的大量流失进一步加大了建立高质量的特教师资队伍的难度。这一现象已经受到美国各级政府部门和教育组织的关注与重视。

1. 特殊教育教师供需关系严重失衡

理想的教师供需状态当然是教师供需关系平衡稳定。但是，大量的研究表明，长期以来美国特殊教育教师的供需关系极不平衡，突出表现就是对特殊教育教师的需求大于供给，特殊教育教师数量严重短缺。

2. 学校师资更换频率过高

由于美国特殊教育教师不断流失，学校只能不断聘任新教师，这就导致了教师的更换过于频繁。目前，美国已有近 98% 的学区报告他们的特殊教育教师严重不足，这种现象在农村和偏远地区以及少数民族社区尤其突出。有些学区大概每 3 年就不得不经历一次特殊教育教师的全部更换，每年教师的更换率为 30% ～ 50%，很多学区被迫使用大量的只拥有临时或替代性教师资格证书的人来执教。据粗略估计，在每年新聘任的教师中，有近 1/4 的教师没有资格证书或者只拥有替代性资格证书。研究发现，这类教师由于个人水平和学校管理要求等方面的原因，离开特殊教育教职的比例要远远大于拥有合格教师资格的教师。过于频繁地更换特殊教育教师使许多特殊学校的教育理念和教学实践的实施缺乏连续性，也使特殊儿童感到无所适从；而大量的既缺乏特殊教育资格又没有教学经验的教师的聘用实际上会延误特殊儿童的教育。因为这些新教师一开始并不清楚他们在做什么及应该如何做，要弄清楚这些问题还需要花费很长的时间，这就使特殊儿童得不到及时又恰当的特殊教育与关怀，从而错过宝贵的受教育时机。

3. 教师“质量短缺”现象普遍

对教师职位的需求，并不仅仅是单纯的数量需求，也包括质量上的要求。因此，对教师职位需求的满足，就不仅仅是对其数量的满足，更应该是在此基础上对质量要求的满足。

一般来说，特殊教育教师的素质要求要比普通教师更高，因为特殊教育的对象是特殊儿童，这决定了特殊教育工作要远比普通教育工作艰巨。美国各州都对教师的质量要求做了规定。在 2001 年的 NCLB（No Child Left Behind）法案中，对于合格教师的基本要求是要具有学士学位、教师资格证书以及所教专门学科的知识与技能。不少学校领导反映，目前不仅特殊教育教师缺乏，而且现有的特殊教育教师中有相当一部分也不合格。据统计，近 10 年有 11.4% 的特殊教育教师不具备合格的教师资格证书，有人称为特殊教育教师的“质量短缺”。

二、英国特殊教育教师职前培养的现状

（一）培养目标

特殊教育教师职前培养目标为特殊教育教师职前培养的内容制定了标准，也决定了特殊教育教师人才培养的方向。1998 年，英国教育与就业部颁布了《教师资格证书授予标准》，明确规定了英国特殊教育师资培养发展计划，可以将教师人才培养目标分为：基本素质目标、职业素质目标和类型目标三类。

1. 基本素质目标

基本素质目标指特殊教育教师应该具有崇高的职业道德和良好的个性品质。

特殊教育是一项神圣却又复杂的教育事业，它要求特殊教育教师不仅应该具有普通教师的基本职业道德，如爱岗敬业、严谨治学、团结协作、为人师表、热爱学生等，还要求其具有高尚的人生观和价值观，如富有爱心和生命关怀。由于特殊教育教师所教授知识的对象是一个特殊群体，尤其是在肢体上产生残疾的儿童和青少年，他们在心理上都与普通儿童有所差异。这就需要特殊教育教师富有更多的耐心和爱心对他们进行教育指导，在日常的教学工作中能够公正、平等、尊重特殊学生，不歧视任何学生，客观评价和对待每一位特殊学生，使他们早日进入主流社会并适应社会。教师的这些职业道德的养成并不是一朝一夕的工作，是需要经过长期的职前教育培训和指导，使他们形成职业意识，从而养成职业道德。例如，伦敦大学教育学院在其《1996—1997 学院简介》中明确指出教师教育的培养目标为：通过提供高精尖的培训课程，将每个师范生培养成自信心强、能胜任工作、善于理解以及高效率的合格教师。良好的个性品质是指特殊教育教师在教育教学中具有积极乐观的工作态度和动机，具有客观的自我意识和自我评价，如有恒心、不轻言放弃，意志坚韧、能吃苦耐劳，自信、幽默、机智，以及具有良好的心理调节能力等健康的个性品质。

2. 职业素质目标

职业素质目标指特殊教育教师在特殊教育工作中应该具有的专业知识结构和专业技能。

英国特殊教育教师的专业知识结构是由普通文化知识、学科专业知识和教育学科知识三部分构成的。普通文化知识是对所有进行教育教学的教师规定的一项基本知识，它是教师在任教之前所接受文化教育积淀的文化底蕴，包括教育法律法规常识、人文社科知识以及最基本的生活常识。这些知识对特殊教育教师在日后的教学工作中处理突发状况能够起到一些作用。学科专业知识是指特殊教育教师在自己所任教学中的专业知识，包括对盲、聋、哑儿童及智障儿童专门的教学内容知识、残疾儿童康复训练的知识和语言障碍或者心理障碍等儿童的心理结构方面的知识等。这些知识比较强调教师任教的单一性，不涉及其他学科内容，有利于特殊教育教师有针对性地开展教学。教育学知识是特殊教育教师对如何进行特殊教育教学等方面的知识，包括特殊儿童的身心结构特点、评估、评价及康复训练等。

英国特殊教育教师的专业技能是指教师的实践能力和创造能力。特殊教育教师的实践能力包括与普通教师相同的课堂讲授课程能力、进行教学设计与组织能力、应用多媒体与信息化教学能力、教学评估与反思能力、教育科研能力等。除此之外，特殊教育教师还应具有娴熟的特殊教育专业创造能力，如认识和了解特殊儿童身心发展特点的方法，正确使用特殊的测量工具对特殊儿童和青少年进行客观公正评价的能力，根据所教特殊儿童的身心发展特点制定符合他们发展的专门的教学方法、教学课程和教学模式，设计与创建符合特殊儿童青少年发展并可灵活变通的教与学的环境，创设模拟的社会环境使学生及早地体验社会生活以增强其自信心。

随着英国全纳教育的普及和开展，一些专业人士积极研究新的特殊教育教师发展方式。英国教育相关部门要求在对特殊教育教师进行职前培养的同时，也要注重加强对他们科研能力和学术水平的培养。由于特殊教育教师的学历水平在英国属研究生水平，如英国莱斯特大学教育学院，因此加强特教教师的科研能力，鼓励他们积极参加科研开发和创造，利用他们的“临床经验”来促进科研的发展，不失为一个好方法。

3. 类型目标

与世界其他国家的特殊教育教师构成体系不同，英国的特殊教育教师体系具有师资结构多样化的特性。它是由三类特殊教育工作者组成的，即特殊教育教师、特殊教育需要协调员和巡回指导教师。

特殊教育教师就是在特殊教育学校担任教学、评估、进行康复训练及心理辅导等任务的教师，他们的职责主要是对特殊儿童青少年的日常教学及生活方面的悉心照顾。2001 年，英国颁布的《特殊教育需要实务守则》中，明确规定了每个接受政府资助的早期教育机构和学校都要有专门负责为有特殊需要的儿童提供支持的协调人员，称为特殊教育需要协调员。[①] 特殊教育需要协调员是随着全纳教育的出现应运而生的，他们是英国政府为了确保全纳教育的顺利推行，在公立学校中委派以提供特殊需要支持的。他们的特殊性在于不仅要具备特殊教育教师所必需的特殊教学知识和技能，还要进行过最专业的特殊教育培训，具备丰富的早期教育经验。此外，还要具备较强的领导能力、组织能力、沟通合作能力等。他们不仅需要与特殊儿童的家长沟通有关特殊儿童的生理生活状况，还要与特殊教育教师合作，共同对特殊儿童进行管理和指导。所以，在特殊教育教师职前培养中应纳入对这些老师的职前培养。如果说特殊教育需要协调员是对特殊教育的日常行政工作进行监督和管理，那么巡回指导教师就是对特殊教育理论和教育信息进行传播和沟通、对特殊教育教师的教学工

① 贾兆娜，兰继军．英国特殊教育需要协调员制度对我国的启示[J]．现代特殊教育，2013（2）：33-34.

作进行辅助和补充、具有流动性质的特殊教育协调员。他们是由一群具有丰富的特殊教育经验的专家教师来担任，根据普通学校中的特殊教育现象和问题随时提出解决方法。流动性强是他们的重要特性，哪里需要他们，他们就在哪里。

（二）培养模式

根据联合国教科文组织研究发现，世界特殊教育教师职前培养主要有三种模式：定向型培养模式，如我国通常通过专门的师范性教育机构来培养特殊教育教师；非定向型培养模式，如英国通常由综合大学的教育学院通过设置特殊教育专业来培养特教教师；定向型与非定向型相结合的培养模式，如美国的很多教育机构和院校都承担对特殊教育教师的职前培养工作。

英国的特殊教育教师培训体制在非定向型培养模式的大方向下，又衍生出了具有英国特色的四年一贯制和“3+1”制。四年一贯制就是本科学生就读于综合大学的教育学院，通过四年的学习获得学士学位，然后考取教师资格证书。“3+1”制就是在普通大学学习三年获得第一学位，然后在综合大学教育学院学习一年教育课程，获得教育学学位证书，再考取教师资格证书。这两种模式都是针对以后将要从事教师行业的学生来说的，如果要成为专门的特殊教育工作者，在此基础上学生还必须获得特殊教育资格证书。

由于英国没有专门的师范类院校，普通教育教师培养和特殊教育教师培养都由普通综合院校来完成。英国的特殊教育教师培养体系虽然没有美国和日本等国家从本科生到博士生那么完善，但也要求特殊教育教师的培养专业达到研究生层次。

（三）课程设置

根据英国特殊教育教师职前培养的两种模式，教师的培养需要两个步骤：学生需要在综合大学教育学院学习 3 ～ 4 年的本科基础课程，获得教育学士学位，或者接受“3+1”年的研究生教育，获得研究生教育证书；继而通过特殊教育相关课程的学习获得特殊教育证书。因此，对英国特殊教育教师职前培养课程进行研究，需要先对普通师范类课程进行研究，因为这是获得特殊教育教师资格的必经之路。我们通过对英国 9 所综合大学教育学院的特殊教育专业课程设置进行研究，完整呈现特教教师职前培养的课程体系。依据独特的教师培养模式，教师培养的课程分为普通师范类课程和特殊教育类课程。

1. 普通师范类课程

从横向来看，普通师范类课程在课程内容上可分为普通文化教育课程、学科专业教育课程、教师教育专业课程和教学实践课程。根据表 4–7 可以看出英国所有综合大学教育学院教师教育课程涉及的学科领域以及每门学科的学时、学分比例。[①]

表4-7　英国教师教育课程

课程结构	学科领域	占总学时的比例	占总学分的比例
普通文化教育课程	自然科学、社会科学、人文学科和艺术、语言学	1/3	1/2
学科专业教育课程	中小学教学科目、各种教学方法	1/6	1/6
教师教育专业课程	教育基本理论、各种教育方法	1/6	1/6
教学实践课程	教学实习、以中小学为基地的见习	1/3	1/6

本科教师教育专业课程内容由学科研究课程、专业研究课程和教学实践课程三部分组成。学科研究课程是师范生围绕国家课程的核心学科和基础学科任选其一进行研究，主要是对教学法、学科教学能力和评定能力的研究。学科研究课程的目的是使师范生加深对全国统一课程所规定的学科知识的了解，掌握各学科理论知识和课堂教学法。专业研究课程主要研究与教师职业相关的领域，对学校教育的理论与实践有完整的认识，了解教育发展的过程与规律，从而促进专业的发展。教学实践课程是教师职前培养课程的核心，有利于教师日后进入工作岗位顺利开展工作。它将教师安排在不同教学环境中进行模拟操作，使他们获得实践经验，在日后的工作中提高应变能力。

2. 特殊教育类课程

根据英国特殊教育教师职前培养的两个模式，本科生在经过了 4 年的教育专业学习或者“3+1”年的教育专业学习之后获得了教师资格证书。如果要进行特殊教育教学，还要经过一定年限的学习获得特殊教育资格证书。由于全纳教育在英国的推广与传播，英国教育当局意识到高校的特殊教育专业应该培养专业化程度更高的人才，因此英国的特殊教育专业一般属于研究生层次。英

① 李淑敏．英国综合大学教育学院中职前教师教育课程设置研究[D].重庆：西南大学，2009.

国的布里斯托大学教育学院就发挥了这一功能，要求每位学生修满教育专业课程、特殊教育专业课程，完成一篇相关课题的毕业论文，才能毕业并获得特殊教育教师资格。其中，特殊教育专业课程包括全纳教育与特殊教育的国际国内研究、学校如何面对儿童的多样性及满足儿童的特殊需要、全纳教育及与儿童父母的合作、倾听来自儿童的声音、特殊教育和全纳教育中有争议的问题、认知与学习障碍、交流及交际障碍、感官和身体障碍、情感与行为障碍等。

由学校的课程设置可以发现，布里斯托大学教育学院特殊教育专业特点主要包括以下两点：第一，在所学课程要素内包含了全纳教育的要素，其中包括全纳教育的政策立法、发展趋势与所面临的挑战以及促进全纳教育发展的各种社会、学校和家庭方面的因素；第二，教会特殊教育专业学生最基本的鉴别与评价特殊儿童种类的方法，使特殊教育专业学生经过学习之后掌握一系列教学方法与策略，促进特殊教育教学更好地发展。

此外，英国莱斯特大学教育学院开设的特殊教育课程有特殊儿童的观察、评估与记录，课程项目与实践，读写困难（一种特殊的学习困难），促进语言与文化发展的课堂策略，情感和行为问题儿童教育，支持教学等。这些课程的开设说明，大学与学院注重以学校为基础的师资培养，特殊教育技能的培养成为教师职业技能的重要组成部分。

（四）教育实习

教育实习是每个学生在完成基础知识和技能的学习之后，要进行的一个就业之前的过渡，这是每所师范类院校或者教育学院规定学生必须完成的学业任务。英国特殊教育教师职前培养的实习阶段对特殊教育教师未来走上工作岗位尤为关键。它可以检验特殊教育教师是否能将在培养时期所学的知识应用于实践。教育实习也是衡量特殊教育教师是否能够胜任未来特殊教育工作的重要标准。20 世纪 80 年代以来，英国教育界普遍认为，教育实践可全面体现师范学生的素质，也是提高师资培养水平的重要措施。因此，英国格外重视教育实习，师资培养的实习时间不断延长。在实习过程中，教师必须学会如何面对课堂中的特殊儿童，包括如何观察、记录、评估和鉴定儿童的特殊教育需要，如何制订个人教育计划以及相应的教学策略，等等。

1. 实习的目标

英国的教师职前培养体系相对于世界其他国家是比较完善的，它所制定的特殊教育教师实习目标也很权威和全面。

英国教育当局以文件的形式规定，合格的教师在以下三方面要达标：专业价值观与实践、知识和理解、教学。“专业价值观与实践”规定了教师从业要具备的基本素质，如教师在职前培养期间学到的教师从业的专业知识与技能。“知识和理解”明确了教师应具备的学科基础知识和促进学生进步的能力，如特殊教育教师对盲、聋、哑学生的基础生理和身体构造知识的了解以及利用这些知识促进学生进步的能力。“教学”规定了实习生在教育教学过程中要达到的英国教育当局规定的国家教师资格标准，如班级管理和教学评价。因为教学是所有教育活动的中心，所以对教学的规定标准比较严格。例如，特殊教育教师要能够有效地分配教与学的时间；要能够同时承担起多个班级的教学责任；要能够边教学边及时给予学生评价和反馈，以利于他们随时调整学习；要创设一个安全、自信的学习环境来促进学生的进步；要具有能够随时处理突发状况的能力，不对学生的日常学习生活造成不必要的恐慌；等等。英国政府通过文件规定的特殊教育教师所要具备的实习标准都对未来特殊教育教师的教育工作产生了积极的引导作用。

2. 实习的时间安排

英国教育实习的训练强度大于很多国家，其中本科合格教师资格课程实习时间达到了 160 天（32 周），两年或三年制合格教师资格课程以及中等研究生教育证书课程实习时间都为 120 天（24 周），初等研究生教育证书课程实习时间也达到了 90 天（18 周）。[①]

英国特殊教育教师在获得了教师资格证书之后，要进入综合大学特殊教育系进行为期一年的特殊教育师资培养。在这一年中教师所学习的课程分布在春、夏、秋三个学期共计 36 周，而实习时间就占用了 30 周。表 4-8 是英国布里斯托大学特殊教育专业实习时间安排。

表 4-8　英国布里斯托大学特殊教育专业的实习时间安排

学　期	时　长	实习内容
春季	14 周	前 9 周：每周要抽出 2 天时间进入特殊学校了解学校的基本情况以及班级组织状况，在学校指导教师的帮助下学习课堂管理和学校纪律 10 ～ 14 周：要帮助中小学正式教师承担工作量的 30%
夏季	10 周	要开始学习课堂教学、课堂管理、课堂记录和课堂评估，并承担教师工作量的 40%

① 赵微 . 英国培养普通师资具有特教技能 [J]. 中国特殊教育，1998（4）：3-5.

续 表

学 期	时 长	实习内容
秋季	6 周	学习如何组织课堂活动和课外活动，并承担教师工作量的50%

由表 4–8 可知，特殊教育教师在实习阶段大部分时间都用来熟悉和学习未来工作的特殊中小学学校状况和班级状况，并用充足的时间承担正式教师的工作，提前以准教师的身份感受正式教师的工作。教师教育实习是将所学知识应用于实际工作的必经阶段，这是每个接受职前培养的教师必须进行的教育。

3. 实习的形式

英国的高校特殊教育专业学生的教育实习形式可以分为三种：课堂模拟实习、见习、正式临界实习。课堂模拟实习是特殊教育专业学生在大学教育学院接受职前培训时，授课教师通过创设真实的特殊教学情境，模拟特殊教育师范生应该掌握的教学方法，使他们自然地掌握整个教学过程，便于下一步见习工作的开展。

见习是英国特殊教育教师实习中最具特色的实习形式，让特殊教育师范生从大一到大三的所有实践期间，都能与特殊教育中小学校进行接触，掌握儿童的教学活动并了解学校的教育方式，作为助理承担正式教师的一部分工作量，提前体验学校教师的教育工作。

正式临界实习就是特殊教育师范生在学校领导与教师的带领下，到伙伴关系中小学校开展短期的教学工作。这种实习方式能够使实习教师更为准确地把握学生的身心发展阶段性、连续性、不平衡性和差异性等特点，以利于以后更好地开展教学工作。此外，英国教育部门非常重视为准教师提供特殊教育的实践机会。例如，2006 年 7 月，学校培训与发展署和 20 多家高等教育机构合作，提供了为期 4 周的在特殊学校和普通学校融合班实习的机会给这些高等教育机构中的教师学员。

4. 实习的组织与管理

在英国，实习工作主要是由地方教育行政部门统一领导，师范生所在大学教育学院、中小学伙伴关系院校以及地方教育行政部门共同合作进行的。他们自行组织一个领导小组，日常工作是制订特殊教育实习计划、分配实习生、组织特殊教育实习、进行实习评价等。每学期大学教育学院都将师范生实习名单交给教育行政部门，再由教育行政部门将学生分配至不同的伙伴关系院校，安排学生实习。通过这样三方合作的方式，进行不同的分工，可以提高特殊教育实习的管理水平和教育实习的质量。

除此之外，为保证综合大学教育学院与伙伴学校合作能够顺利、有效地进行，英国采用双规制平行管理模式，即由教育标准局和特殊教育师资培训署共同负责师范生的教育实习工作。教育标准局负责培训工作的常规性督导和培训课程的质量检查，定期到伙伴关系学校，考察大学与中小学校责任的实际落实情况，测评、监督与评价特殊教育实习的有效性；特殊教育师资培训署负责认证教师培训机构的资格并对教师培训的质量做出最终评价。对教育实习过程和结果两方面的监控有效地保证了教育实习的质量。在教育实习的组织与管理中，对实习指导教师的要求和对实习生的教育评价是最重要的两个部分。

实习指导教师主要包括大学教育学院的指导教师与伙伴学校的员工教师。大学的指导教师要按规定承担起实习生的实习活动，确保满足实习生的实习条件。例如，在实习前后要研究制定出符合实习生个人的教学策略，指导他们如何正确、充分地将自己的教学观念和理想表达出来；与伙伴学校的指导教师合作共同参与对实习生的指导与评价。伙伴学校的正式教师首先要为实习生提供直接的帮助和指导，如提供教学示范、教学观察机会，提出教学意见；其次，为师范生处理所有来自伙伴院校的日常教学困难，排除一切实习干扰；最后，为实习生创设一种良好的实习环境，如协助其建立良好的与学校领导和同事之间的关系、与学生家长之间的关系以及与学生干部之间的关系等。

实习生活动的评价工作主要是由大学教育学院和伙伴关系学校共同负责，而评价标准由大学教育学院依据《合格教师资格标准》制定。大学教育学院的专业老师通过伙伴关系学校的校长、教师和学生的反馈，结合实习生的自我评价对其做出综合实习评价。伙伴关系学校根据实习生的日常实习表现通过书面形式给出最直接的评价。实习结束后，实习生要根据自己的实习工作做出书面陈述，并向学校领导进行总结汇报。

英国的特殊教育专业学生教育实习有着严格的资格制度。每所综合大学教育学院均根据自己学校特殊教育专业课程制定的实习目标，合理地安排实习内容，在规定的时间内完成实习内容并及时给出评价，从而完成整个实习活动。英国特殊教育教师有条不紊、循序渐进地将所学的理论知识转化为实践能力，有利于促进英国特殊教育的发展。

第三节　我国特殊教育教师职前培养的问题路径

——以广西壮族自治区为例

一、广西壮族自治区特殊教育教师职前培养的主要问题

（一）师资队伍薄弱

广西壮族自治区特殊教育教师培养院校的师资队伍力量薄弱主要表现在以下几方面：一是师资队伍人才数量少，Y 院校特殊教育系仅有教职工 18 人，S 院校特殊教育专业仅有 6 名特殊教育教师。二是师资队伍高学历人才少，Y 院校中博士研究生 2 人，硕士研究生 9 人，有博士、硕士学位的教师所占比例为 62%。三是师资队伍专业不精、不专、不强。S 院校 6 名教师中，主要负责人并不是特殊教育专业科班出身，L 教师从本科至博士阶段的研究方向均为教育学其他研究方向。因为特殊教育专业高层次人才缺乏，所以很多方面都得慢慢探索。四是缺少本土化特殊教育人才。Y 院校 2 名博士研究生中 1 人为外来引进高层次人才，S 院校中 6 名教师大多也是由外省引进。S 院校是民族地区特殊教育教师培养的主要基地，其教师团队的科研实力对整个民族地区特殊教育事业的发展至关重要，它引领着整个民族地区特殊教育事业的发展，决定着其发展质量和方向，唯有专业精、专、强的高校教师团队才能更好地引领民族地区特殊教育事业的发展。

（二）招生规模小，非第一志愿居多

首先，广西壮族自治区自 2014 年至今，总共招收特殊教育专业的学生 597 人，至 2018 年已毕业学生 402 人，培养儿童康复方面的特殊教育教师 55 人，老年服务与管理专业的特殊教育教师 13 人，社区康复专业的特殊教育教师 58 人。而广西壮族自治区目前总共有 77 所特殊教育学校，55 所市级特殊教育学校，22 所县级特殊教育学校，培养的特殊教育教师数量远远满足不了广西壮族自治区特殊教育学校学前教育、义务教育、高中职业教育的师资需求。2016 年广西壮族自治区政府颁布《广西壮族自治区第二期特殊教育提升计划实施方案（2017—2020 年）》指出，到 2020 年，各级各类特殊教育普及水平全面提高，残疾儿童少年义务教育入学率达到 95% 以上，非义务教育阶段特殊教育规模显著扩大，基本满足残疾儿童、少年学前和高中阶段教育需求，初步满足残疾人接受高等教育和成人教育的需求，其他残疾人受教育机会

明显增加。按照该方案提出的要求，当下特殊教育专业的招生数量远支撑不起民族地区特殊教育事业的发展。

其次，报考志愿的时候，很多特殊教育专业的学生是被其他专业调剂过来的。以S院校为例，S院校中2014级16人全部由其他专业调剂到特殊教育专业，2015级特殊教育专业15人中有1人第一志愿为特殊教育专业，2016级特殊教育专业31中有3人第一志愿为特殊教育专业，2017级特殊教育专业14人中有2人第一志愿为特殊教育专业。调研中，我们通过与Y院校和S院校的特殊教育专业的学生交谈了解到，有一部分学生随着对特殊教育专业了解的加深，越来越对特殊教育“有感情”，有继续深造的意愿。但是也有一部分学生随着深入地学习特殊教育，尤其是在实习之后，对特殊教育有畏难、抵触情绪，甚至毕业后不选择特殊教育。

（三）培养目标缺乏层次性、差异性

培养目标是对师资培养的一种质的规定，一方面通过培养一定质量、规格和数量的师资而服务于社会，集中地反映了社会对高等师范教育的基本要求；另一方面直接规定了高等院校的办学指导思想与培养人才的计划、内容、组织与实施。一个专业只有明确培养目标，教、学双方才有方向，才有自己的定位。

无论是哪个层次的高等院校，其作为培养特殊教育师资的摇篮，都担负着重大责任与神圣使命。广西壮族自治区S院校作为省部共建高等院校，有悠久的办学历史和优良的教风、学风，在当地有较高的社会认可度，是满足地方社会、政治、文化等发展的重要力量，也是培养特殊教育师资的主导院校，引领着广西壮族自治区特殊教育教师培养的发展方向。这就要求S院校当下培养的特殊教育教师能满足广西壮族自治区特殊教育学校的发展需求，还能为广西壮族自治区培养未来从事特殊教育科研的人才，引领广西壮族自治区特殊教育事业的发展方向，增强广西壮族自治区特殊教育事业科研力量，但是S院校侧重培养全科型人才，对科学研究人才培养的目标未做强调。

（四）课程设置不够合理

1.Y院校重专业技能，轻理论知识培养

Y院校特殊教育系三个专业课程设置都采用模块结构，分为公共基础课程、专业基础课、专业技能课、公共选修课、专业选修课五个模块。特殊教育专业专业基础课学分共7.5分，占专业课总学分的16.11%，学时共130，占专业课总学时的16.62%；专业技能课总学分40分，占专业课总学分的83.89%，学时共652，占专业课总学时的83.38%。从以上比例可以看出，Y院校重专业技能，轻理论知识培养。

2.S 院校重学科专业课程，轻教育类课程

S 院校学科专业教育总学分 79 分，占总课程学分的 50%，而教师资格教育总学分 21 分，占总课程学分的 13%。经调研了解到，用人单位更倾向于 Y 院校毕业的学生，用人单位普遍反映 Y 院校学生在实习中“上手快”，至于理论知识的缺乏，用人单位认为实际教学中不需要太多的理论知识，而且每个新手都有老教师指导，“上手快”的学生在实践中领悟得也快，成长也很快。

3. 专业课师资匮乏

由于师资的缺乏，很多特殊教育专业的教师都是由其他专业调配过来的，培养目标、课程设置等的确立都处于摸索中。据 S 院校学生反映，S 院校特殊教育专业的教师大多是别的专业的教师兼任的，有的教师一人同时承担几门课程，精力有限，有些课表上安排的课程就没有开课。

4. 实践教学环节设置不合理

（1）Y 院校实践教学烦琐、周期长

Y 院校中儿童康复专业、特殊教育专业、老年服务与管理专业实践教学中都包括认识实习 4 周、岗前技能训练 1 周、跟岗实习 17 周、定岗实习 16 周，总共 38 周，占总实践课的 90.48%。教育实习经费不足，导致学生在实习中不用心。Y 院校学生更倾向于顶岗实习，因为在顶岗实习中会有报酬。

（2）S 院校实践教学环节薄弱

S 院校专业实践课包括教育见习 10 周、教育实习 8 周，总共 18 周，占总实践课的 52.94%。S 院校学生反映理论知识学习偏多，实践操作和见习的机会很少。S 院校自大二开始就接触很多特殊教育专业理论知识，课程门类多，学生反映刚开始学习很吃力，但是在后期的实习、见习中，就感受到理论学习十分有用，理论的学习对实践的指导是潜移默化的。

（3）课程设置滞后于实际需求

作为特殊教育教师培养的主要基地，民族地区高等院校担负着为民族地区培养特殊教育教师的重大责任。所以，民族地区高等院校特殊教育教师的培养应该紧密结合当地的实际需求，促进民族地区特殊教育事业的发展。

在调研中，笔者从用人单位了解到，近些年，随着国家对特殊教育的重视，民族地区特殊教育学校容纳了更多类别的特殊需要儿童，尤其是将智力障碍儿童纳入学校教育中。这就要求高等院校要提前做好培智方面特殊教育教师的培养，但是现实却不尽如人意。广西壮族自治区两所高等院校（Y 院校和 S 院校）都没有设置相关的专业进行特殊教育教师培养，Y 院校只有特殊教育专业和儿童康复专业开设的部分课程涉及智力障碍儿童的学习。L 市特殊教育学

校教学管理主要负责人（该老师在特殊教育学校从事教学已20多年）反映，从2014年开始，特殊教育学校开始招收智力障碍儿童，但是没有这方面的专业教师，现在学校只能让从事盲童教育和聋童教育的教师兼任智力障碍儿童教育的教师。

5. 本土化培养缺失

“一方水土养一方人”，本土性是地域、风俗、文化以及人们在长时间的生活和发展过程中形成的习惯、思维、价值观等方面的差异性。我国幅员辽阔，各个地区的发展有很大的差异性，广西壮族自治区与其他地区在文化上也存在着很大差异，民族地区的文化对特殊教育发展的影响是显而易见的，也是全方位的。它不仅会影响特殊教育教师培养的目标、规格、课程设置、实践教学等，也会影响其教学能力。广西壮族自治区特殊教育教师的培养应遵循因地制宜的原则，加强特殊教育教师本土化培养。但是，民族地区Y院校、S院校特殊教育培养目标、课程设置与其他地区高等院校特殊教育发展目标、课程设置没有太大区别。广西壮族自治区高等院校在向其他地区学习先进经验的过程中，忽视民族地区的文化特性，盲目照搬其他地区的经验，造成特殊教育专业培养出来的师范生不能很好地服务民族地区特殊教育的发展。

6. 双语特教教师培养空白

少数民族特殊儿童与非少数民族特殊儿童的教育需要有着较大的差别，如果不懂当地少数民族的语言，会影响到少数民族儿童残疾的诊断和评估，继而影响特殊需要儿童的成长，但是目前广西壮族自治区双语特殊教育教师培养还是空白。

二、广西壮族自治区特殊教育教师职前培养的路径

（一）加强培养院校师资队伍建设

1. 引进高层次特殊教育人才

相比培养人才，引进人才见效快、周期短，能节省大量时间。因此，广西壮族自治区高等院校要提高引进人才待遇，放宽人才引进年龄、户口等条件，简化人才引进程序。一是在引进人才的时候要注意克服“贪大求洋”心理。引进人才重在专业对口，不能过分依赖“洋”学者。二是要注意避免“水土不服”现象。“橘生淮南方为橘”，人才落地后往往有熟悉工作环境的适应期和磨合过程，这个阶段人才引进单位一定要做好服务与引导，使其尽快熟悉当地情况，但切忌急于求成，避免出现适得其反的效果。

2. 加强本土化特殊教育人才培养

民族地区在引进高层次人才的同时，要注意培养本土化特殊教育教师。本土性是地域、风俗、文化以及人们在长时间的生活和发展过程中形成的习惯、思维、价值观等的差异性。《教育部等五部门关于印发〈教师教育振兴行动计划（2018—2022 年）〉的通知》提出，引导支持高校加大学科课程与教学论博士生培养力度。“土生土长”的人才不仅熟悉本民族的情况，相比外来人才，往往对民族地区有更深的情感。近些年，高校教师呈现年轻化、知识化、专业化的特点，高等院校青年教师具备专业、时间、精力等方面的优势。高等院校要关注青年教师的成长，积极为青年教师提供有力的后勤保障，改善青年教师培养培训模式，引导青年教师成长为本土化高层次特殊教育人才。加大政策支持力度，在专业技术职务评审、调资晋级、评先选优等方面向特殊教育倾斜，注重培育特殊教育高级人才。

（二）落实与提高特殊教育教师待遇

1. 落实特殊教育教师待遇

广西壮族自治区特殊教育教师工资待遇包括薪级工资、岗位工资、特殊教育津贴、基础性绩效工资、津贴工资等，我们在调研中了解到广西壮族自治区很多特殊教育学校特殊教育教师工资待遇没有落实到位。2017 年新修订的《残疾人教育条例》在原有内容的基础上进行了大量的修订与补充，尤其是对发展残疾人教育和特殊教育中的政府职责、发展目标、综合评估、入学安置、教学规范、师资队伍建设以及建立残疾人教育专家委员会、特殊教育资源中心等问题做出了比较具体的规定。地方政府应响应《残疾人教育条例》的相关规定，动员一切社会力量，多渠道筹措资金，保障特殊教育事业发展经费，依法落实特殊教育教师的待遇，改善办学条件。全面落实特殊教育津贴政策，对特殊教育学校按当地事业单位绩效工资基准线的 20% 增核绩效工资总量。对于从事特殊教育工作满 5 年、15 年、25 年并符合奖励条件的教职工，分别按 2 000 元、4 000 元、6 000 元标准予以奖励。

2. 提高特殊教育教师待遇

《残疾人教育条例》阐述了特殊教育的教师教育对提高特殊教育质量的重要性，对特殊教育的编制标准、师资培养、从业资格与标准、思想道德素质、教育教学专业水平等问题做出了比较明确的规定。一是督促各级政府应当重视特殊教育教师的培养、培训工作，改善他们的工作和学习环境。二是对从事残疾人特殊教育的教师的任职资格、专业能力提出了明确的要求。三是责成各级政府要制定特殊教育的编制标准。四是强调提高特殊教育教师的待遇。因此，广西壮族自治区政府应加强特殊教育教师队伍的建设与管理，针对特殊教育学校特点，提高编制标准。在教职工编制结构性缺员矛盾突出的地区，可探索通过按岗位购买服务的办法招聘专、兼职特殊教育教师，实行合同管理，建立相应的工资保障制度。探索将一般性教学辅助和工勤岗位不再纳入编制管理等方式，加大内部挖潜力度，调剂一定数量的事业编制用于加强专职特殊教育教师配备。

（三）提高特殊教育专业吸引力，扩大招生规模

国家对残疾人教育事业越来越重视，但是，特殊教育师资匮乏，特殊教育专业招生比较“冷”，就业市场上却异常“热”。对于特殊教育专业而言，建议招生过程中降低其录取分数线，扩大报考人数；在人才培养过程中，可以通过减免学费、给予特殊教育专业生活补贴、设立特殊教育免费师范生等，提高特殊教育专业吸引力。

（四）加大宣传力度，转变特殊教育观念

教育的公共性是当代教育发展的新的价值诉求，特殊教育具有鲜明的公共性，尤其是它具有溢出性的正外部价值，特殊教育是衡量一个国家与社会的政治、教育、文化、经济、科技、卫生保健、福利等水平的重要标志之一，是国家及其文明程度的窗口。因此，要注重通过各种途径加大宣传力度，营造全民共同关心支持特殊教育事业发展的氛围，让社会了解和关心特殊教育，增加特殊教育资源，改善人们对特殊需要儿童以及特殊教育的观念与看法。

（五）合理设置课程比例

1.合理设置各类课程比例

高等院校在课程比例划分的时候除了要遵循高等教育人才培养规律之外，还要着重处理好需要与可能、数量与质量、当前与长远等关系，妥善处理社会需求的多样性、多变性与学校专业教学工作的相对稳定性之间的关系，形成合理的专业结构布局。各个院校人才培养目标、培养规格、课程设置等还应依据院校自身办学条件以及自身的发展确定。尤其是课程设置方面，要处理好专业技能课程与专业知识课程、学科专业课程与教育专业课程比例关系，培养高素质的特殊教育教师。

2.合理设置实践教学比例

实践教学对特殊教育专业学生的成长至关重要，学生在院校里学习的是大量的书本理论知识，通常书本知识是通过对科学事实的不断抽象而形成，这

种抽象结果使客观规律变得简约、贴近本质，但这种抽象的过程无法体现实践的复杂性与生动性，变成没有生命的“死”知识。要想使这些“死”知识“活”起来，有赖于学生积极主动地投身于教育教学实践，将结构化后以符号为主要载体的书本知识重新“激活”，使其与现实世界相沟通，与自身的经验、成长需要相沟通。

合理设置特殊教育教师教学实践周期，实践教学周期不能过长，使学生产生逆反心理，也不能过短，敷衍了事。在实习前期，做好实习前动员工作，高等院校中的见习、实习对很多学生来说都是第一次经历，学生对此充满了好奇，但是对于特殊教育专业的学生，最重要的是在实习、见习前使他们充分了解实习、见习中可能遇到的困难以及解决办法，避免因遇到挫折、困难而打击他们从事特殊教育事业的信心，要使其意识到工作中遇到困难是正常的，相信自己有能力解决面临的困难。

（六）开展特殊教育教师双语化培养

少数民族地区教育的一个显著特征就是教育内容的文化多元性，各类民族学校按照国家统一的教学大纲和教学内容进行教学，同时进行本民族或其他民族文化知识的教学。而少数民族特殊儿童除了具有文化多元性以外，还具有属性多元性，即残疾属性与文化属性。可以说少数民族地区特殊教育无论是其教育对象还是其教育内容都具有多元性，教育对象的多元性决定了教育内容的多元性。这就要求少数民族地区要关注双语特殊教育教师的培养。

（七）实现职前职后一体化培养

通过职前学习，一劳永逸地获得特殊教育教学所需要的知识和技能的发展理念已无法适应社会与时代发展的要求，终身教育成为社会的主流教育理念。因此，当下必须改变培养与培训分离的二元式结构，实现职前培养与职后培训一体化。特殊教育教师职前培养与职后培训一体化要有所侧重，兼顾阶段性与连续性，兼顾一般性与特殊性、针对性、层次性与实用性。一方面，除了需要相应的制度保障特殊教育教师的培养，使教师在入职前就具备特殊教育相关理论与能力；另一方面，也需要提供和完善特殊教育教师培训，不断提高教师实际的工作能力。

第五章 精神培养：特殊教育教师工匠精神培育

第一节 特殊教育教师工匠精神的要素分析

匠是熟练掌握某一领域的专业技能的人才。“教书匠”是指教书育人的工匠，即在教育领域熟练掌握教育技能的“匠人”。① 工匠精神凸显一种特有的文化意蕴和特定的社会价值观，成为各行各业共享的精神文化财富。② 培育特殊教育教师的工匠精神并不是按照工匠的标准来塑造教师，而是汲取工匠精神的内涵来培育新时代的特殊教育教师，使其成为有理想信念、有道德情操、有扎实学识、有仁爱之心的“四有”好老师。

一、匠艺——关爱学生，育人为本

匠艺是特殊教育教师在工作中出于人道主义精神对学生的关爱与呵护、对学生的长远发展的考量。特殊教育教师作为从事特殊教育工作的专门人员，在特殊学生的成长中发挥着至关重要的作用，教师之爱在本质上是一种超越血缘、超越私利而源于人类教育本性的崇高而永恒的教育情感，一个好老师可以影响学生的一辈子。

关爱学生是指关心学生的生理和心理，促进学生健康成长，是对学生真挚的爱与呵护。特殊教育教师对学生的关爱正是这种超越私利，崇高、永恒的教育情感。

---

① 李宏伟，张羽璿．工匠精神与中小学教师专业发展研究[J]．教育评论，2017（10）：116-120.

② 朱家存．嵌入工匠精神：新时代教师教育改革的理念与路径[J]．安徽师范大学学报（人文社会科学版），2018，46（6）：59-63.

育人为本是指把残疾学生的适应生活教育放在首要的位置。特殊教育具有补偿性，特殊教育基于特殊学生的缺陷，帮助其在自己的能力水平上达到发展的最优化。教给他们必要的生活技能，使他们以后可以独立生活是对特殊教育教师的最低要求。除此之外，特殊教育教师还应帮助特殊需求学生形成完善的人格，教师不只是进行口头教育，更要做到以身作则，言传身教，帮助学生学做对社会有益的人。

二、匠技——技艺精湛，知行合一

匠技是工匠在长期工作过程中逐步积累起来的知识经验、方法原理、操作技能和手艺本领，是匠人赖以生存的基本能力。教师是教育领域的匠人，匠技是特殊教育教师在长期的工作中积累起来的教学经验，教学方式的准确选择和正确运用，扎实的教学基本功，手语、盲文等的使用，以及在工作中高度的学习意识，综合表现为技艺精湛和知行合一。

技艺精湛代表了特殊教育教师的专业水准，是对《特殊教育教师专业标准（试行）》的具体实践，是保障和提升特殊教育质量的基础。精彩的课堂教学艺术是特殊教育教师工匠精神的直接展现，没有什么比课堂更能展示他们的风采。比如，J 老师说："我天生是属于课堂的，没有比特殊教育教师更适合我的职业，我爱这些特殊的孩子，这是我内心深处的想法。"J 老师在课堂教学时，十分重视教学内容的前后顺序、教学语言的组织连贯。以手语代替口语表达，流利、准确的手语是聋教育教学中教师的必备技能，虽然是工作之后才系统学习手语，但通过多年的积累与练习，J 老师的手语水平很高，经常被指定为师生大会的手语翻译。

知行合一代表了特殊教育教师的学习意识，学思结合，乐学勤思，在教学中不断反思，在学习和反思中锻炼教学技能，提高专业素养。比如，J 老师创办聋哑学校之初，完全按照普通学校的教学模式教学，以分数、升学率作为学校的办学目标，忽略了聋哑学生的特殊性和他们的特殊学习需求。因此，有的毕业生来信反映找不到工作，不能维持正常生活。这深刻地警醒了 J 老师，他开始重视学校的职业技术教育，开设了厨艺、家政等课程，但实践证明社会并不接受这些学生。后来，J 老师发现种植与养殖是针对农村地区残疾人就业与创业的可行之路，地里种、地里刨，用水一洗、简单包装，生态环保、健康自然。真正关注特殊学生的需求，综合利用可用资源，J 老师逐渐探索了"教育—培训—就业"复合多元的办学模式，这样才有了逐渐发展壮大的特殊教育学校。

三、匠心——精益求精，独具匠心

匠心是工匠表现出的灵巧心思和技能，是工匠创新精神的体现，是直接的审美价值取向。特殊教育教师的匠心主要指教师立足于自身发展与学生需求，在教学、科研过程中不断完善与创新，最终取得良好教学效果的精神。

精益求精代表了特殊教育教师不敷衍塞责、尽力而为、强力而上的工作态度。追求美的价值取向鞭策着特殊教育教师打造精品课堂，促进学生全面发展，指向学生未来美好生活，为其生活奠定坚实基础。虽然特殊学生有着各种各样的生理、心理缺陷，但是特殊教育教师并没有因为其缺陷，在教学中降低难度、浅尝辄止。特殊教育教师相信即使是有缺陷的学生，也有着无限的发展潜能，所以课上力求每个学生都可以听懂、学会，夯实基础。J 老师上课的时候会给孩子拓展知识，让他们领略课本之外知识的魅力，也会带着他们在户外上课，触摸真实世界。为了培养学生的自主能力，J 老师课后会布置自主探究作业，学生的完成情况通常会超出 J 老师的预期。

独具匠心代表了特殊教育教师的教育智慧，反映了特殊教育教师的创新。正如 J 老师所说："特殊教育教师不只是奉献，更要有智慧之爱，用教师的智慧改变、影响学生的一生，对他们的人生能够有影响。" J 老师永远忘不了自己调入特殊教育学校第一次看到这些学生的场景，学生目光呆滞，有的学生还流着口水。J 老师特别震惊，晚上久久不能入睡，学生得不到有效的教育，学校沦为"托儿所"，J 老师查阅资料后发现国内针对自闭症儿童教育和康复的研究起步晚，发展相对落后。随后，J 老师开始了专门针对自闭症儿童教育和康复的研究，在国内取得了不菲的成绩。在长期的教育实践中生成的对问题情境的敏感性和适应性具体表现在对问题的预见性以及对突发情况巧妙妥善的处置，还有在长期的处理困难的过程中形成的不急不躁的适应性。

四、匠德——敬业奉献，终其一生

敬业就是"专心致志以事其业"，即用一种恭敬谨慎、竭心尽力的态度对待工作。敬业是教师对自己所从事的职业高度忠诚、热爱和负责的综合性表现。从事特殊教育工作，因其教育对象的特殊性，要付出比普通教育更多的时间和精力，但是学生的进步缓慢，收效甚微。在这样的情况下，特殊教育教师依旧表现出对学生的关爱，相信学生一定会进步，这体现了其对教育事业的热爱、对学生的关心以及对工作负责任的态度。教育因奉献而出彩，特殊教育教师在自己的岗位上无私奉献，帮助每一位特殊学生健康成长，带领他们学会学习，学会生活。

尽管特殊教育工作困难重重，而且很多特殊教育工作者都经历了从不喜欢到接受再到爱上这份工作，或者从陌生到熟悉再到热爱的过程，尽管经历了诸多困难，而且未来还会有更多挑战，但是当问到关于未来的打算时，特殊教育工作者都一致回答：会继续在自己的岗位上，不会离职或者跳槽。特殊教育教师是一个可以给他们带来幸福的工作，从特殊学生刚入学，到他们带着知识、技能毕业，这期间的开心与烦恼都会化作毕业的不舍，学生毕业之时也是他们最开心的时刻，学生和老师几年的付出终于有了收获，学生升学或者就业，都是对老师努力工作的肯定。

笔者经过大量调查研究发现特殊教育教师的工匠精神具有四要素：匠艺、匠技、匠心、匠德。四要素展示了特殊教育教师工匠精神的不同侧面，并形成了一个螺旋上升的框架结构。

匠艺是特殊教育教师工匠精神的根本。特殊需要学生因先天或后天形成的缺陷已经饱受身体、心理的折磨，特殊教育教师应该给予他们关爱。特殊教育教师的工匠精神是从对学生的关怀中、对特殊教育事业的热爱中形成的。

匠技是特殊教育教师工匠精神的载体。丰富的教育理论、扎实的教育技术贯穿在传道授业解惑的全过程中，通过流利准确的教学语言、生动活泼的教学氛围、孜孜不倦以求新知的学习表现出来。

匠心是特殊教育教师工匠精神的内生动力。精益求精是特殊教育教师从一个“静态的平衡点”通过持之以恒的不懈努力达到“卓越”的过程，是特殊教育教师的理性目标，是实现独具匠心的必然过程。

匠德是特殊教育教师工匠精神的高级目标。特殊教育教师能够在特殊教育领域内兢兢业业奉献终身，维持教育师资的稳定性，其中包含两个层次，爱岗敬业与无私奉献。无私奉献是爱岗敬业的升华，教师自身利益与学校利益发生冲突时，可以自觉舍弃自身利益，维护学生和学校的利益，这既是源自对工作的热爱，又是发自对学生真诚的关爱。

特殊教育教师的工匠精神应该是人文性和专业性的高度融合，是通过教书育人展现的一种教育情怀，不只是对教学技术的熟练。以教书育人为天职的教师需要以人文性充实其工匠精神。特殊教育教师不仅是技术的熟练者，也是个体经验与智慧的逐渐外显，是专业性与人文性高度融合的专业人员。

第二节　特殊教育教师工匠精神培育的影响因素

个体发展是在主体与周围环境积极的相互作用中，通过主体的各种活动实现的。特殊教育教师工匠精神培育过程中，同时受到内部个人因素和外部环境因素的影响。工匠精神培育便是作为主体的特殊教育教师和复杂的教育环境相互交织、互动、平衡的过程。每位特殊教育教师工匠精神的表现各不相同，但又彼此相似。

一、内部个人因素

（一）教师人格特质

教师人格特质是指教师在其职业生涯过程中，对学生、同行、领导、教育与教学工作以及对自己乃至生存的整体环境适应时所显示的独特个性。在特殊教育工作者身上表现出来的较高的成就动机和抱负水平、坚强的意志、认真负责的态度等都是他们对自身的要求，并不会因为外界因素受到干扰。若个体不能对自己有较高的要求，则较难培育工匠精神。

1.较高的成就动机和抱负水平

成就动机和抱负水平是人格系统中动力性因素，是个体成长与发展的“发动机”。[①] 很多特殊教育工作者表现出了较高的成就动机和抱负水平。成就动机和抱负水平是他们最重要的人格特质，对他们工匠精神的形成起着明显支配作用。比如，G 老师从普通学校转岗到特殊教育学校，从最初的“要把学校办下去”到后来的“要为特殊学生做更多实事”，都是源于自己的高成就动机和抱负水平。成就动机高的人是在反复考虑后才接受任务的，对自己的行为负责，努力实现最优目标，这和工匠精神在本质上是相通的。

2.坚强的意志

在不利的环境中，在困难面前，特殊教育教师都表现出坚强的意志，这种不畏困难迎难而上的坚强意志为工匠精神培育披荆斩棘。比如，M 老师认为做任何事情遇到困难是必然的，如果遇到困难就知难而退，那么最终只能一事无成。面对学生基础参差不齐的现状，M 老师没有抱怨；学校教材供给不及时，M 老师就自编教材，克服各种困难。总之，一切以学生的学习为主。J 老师创

① 何爱霞.成人教育工作者专业社会化的叙事探究[M].北京：中国人民大学出版社，2014.

办特殊教育学校，经历了校舍破陋、师资匮乏、教材缺乏、物资供应不足等多重困难，还有学校自身的定位以及培养目标确定的问题，她在这一过程中表现出了坚持不懈、坚忍不拔的意志。

3. 认真负责的态度

学生时代认真努力，将这种惯有的负责任的态度“复制”到特殊教育的教学和管理中，这是特殊教育工作者获得扎实的特殊教育专业知识的根源，也是其工匠精神培育的先天优势。例如，J 老师在谈到人格特质对自身工匠精神培育的影响时说，他从小就养成了认真、刻苦的学习态度，他的作业本字迹工整，一直都被当作范本在班级中传阅。在访谈中，他提及对待工作，要干一行爱一行，这是工匠精神中爱岗敬业态度的最好体现，即认真对待自己的岗位，对自己的岗位负责到底的态度。

4. 高度的自觉意识

自觉意识在人的发展中起着重要作用，因为它意味着人不仅能把握自己和外部世界的关系，而且能把自身当作自觉认识和自觉实践的对象，把个体对自身发展的影响提高到自觉的水平。特殊教育教师工匠精神是建立在实践基础上的极具个性色彩的行为方式和经验，具有浓厚的“自我”烙印。

正是有了对个体发展的自觉意识，教师把工匠精神培育作为职业发展的有机组成部分，看作个人成长的内在需求。工匠精神培育过程中，真正持久、有效的动力来自特殊教育教师本身的觉醒。教师在工作之后不断学习、自修，提升自我，自觉完成学历进修。此外，特殊教育教师的自觉意识还表现在对问题情境的自我监控与修正。比如，J 老师在班级管理中，对于学生的不正确行为能够从批评责备到找到原因并加以正确引导，不仅减少了学生错误行为的发生，也使学生感到温暖与关爱。J 老师意识到自己之前教育方法的不当正是得益于自己工作中的自觉意识。

（二）教师职业认同

教师如果对教师职业的认同度高，就意味着对教师职业的性质、功能、意义有着深刻认识，在职业活动中有积极的情感体验、较高的成就期望、强烈的自我实现需求、坚定的职业意志。教师会积极完成工作任务，并且自觉掌握完成任务中所需的知识和技能等；按照人的行为趋乐避苦的原则，教师会在工作中自觉采取措施保持快乐的工作状态，即使有不开心的时候，也会积极地转化矛盾，创造快乐；当教师对自己的工作有高的成就期望，那么他们就会对自己的工作充满热情和信心，在态度上重视、在情感上珍惜，采取行动实现自己的价值；具有坚定的职业意志，教师就会有较少的调动和离职倾向，工作心态稳定，有更多的时间用在职业活动上。这既有利于实现工匠精神培育，也是工匠精神的内涵。

特殊教育者均表现出良好且稳定的对特殊教育教师职业的认同，这显然对其工匠精神的形成和培育起到了积极的促进作用。特殊教育教师都认为自己的工作是有意义的，就像一些教师所说，“这些学生出了校门以后能够自食其力，能够适应这个社会”“减轻家长的痛苦，让家长看到孩子的进步，看到生活的希望”。这种不带功利色彩的、全心全意服务特殊学生的想法体现了特殊教育教师难能可贵的奉献精神。在调查中，每个特殊教育教师都是开心的，并没有因为教育对象的特殊性和处理不完的突发状况而抱怨，相反，他们都认为自己的工作是快乐的，这种快乐甚至是普校教师体验不到的。他们说，“这些学生特别单纯，你惹到他，他就会发脾气；你对他好，他也会真诚回报你。”“这是一种特别单纯的师生关系，非常开心。”“每年最开心的时候就是他们毕业的时候，从这一天开始，他们就可以走出校门，自食其力，可以创造自己的价值，但是这一天也是最难过的，这种难过主要是对这些孩子的不舍。”特殊教育学校没有普通学校那么严格的教育教学质量的要求，但特殊教育工作者都表现出了极高的工作热情，不断地学习，提高自身水平。J老师说：“干一行，爱一行。总要为自己留下一些东西来证明自己努力过、存在过，不能因为任务艰巨就主动放弃。”在职业意志方面，很多教师认为会终身从事特殊教育工作。

（三）教师个体经验

特殊教育教师工匠精神要素中，“匠技”不只停留在特殊教育教师要掌握娴熟的教育技能、灵活选择与运用多种教育设备和教学方法的技术层面，特殊教育教师不能只做“技术熟练者”。特殊教育教师的工作是教书育人，要实现“育人”目标，就需要巧妙、智慧地完成教学任务，化解教学难题，在工作中创新教学方法以适应不同学生的需求，更新自己处理问题的方法，不能局限于做复制技术的“教书匠”。创新意识和创造性行动来源于特殊教育教师的个体经验。

个体经验对工匠精神培育的影响表现为经验的获得和累积。经验获得有两种方式：主动尝试和被动接受。教师在教育教学与管理过程中，主动尝试，在不断“试错”的过程中积累属于自己的经验，或者在与同事、同行的交流中习得别人的经验，在个体历史经验基础上对教育情境中诸关系的不断认识、理解和感悟中实现经验积累。例如，J老师创办聋哑学校从无到有、逐渐壮大的过程是其经验与学校建设相互作用的结果。普通学校的从教经历使J老师办学初期经验性地选择了普通学校的教学模式，特殊学生的来信使他意识到忽略特殊学生的特殊教育需求会使学校难以为继，新的经验由此形成。抱着试一试的想法，受益于之前农业生产经验的影响，J 老师着手开发试验基地，开展职业技术教育，针对特殊学生的立身需求，解决他们毕业后的工作问题。长期的实践证明，J 老师的尝试是正确的。J 老师开创了"教育—培训—就业"的一体化教育模式。教师可以通过与自己对话，深入地思考"怎样做才是对特殊孩子最好的""我要成为一个怎样的老师"，不断地修正自己的观念、态度，不断获得新的认识和突破。

二、外部环境因素

（一）家庭因素

影响人发展的外部环境因素分为可能性因素和现实性因素两大类。可能性因素是对个体发展从潜能转变为现实可能产生影响的因素，在可能性因素中，家庭是重要的环境条件。家庭成长环境是特殊教育教师工匠精神培育的重要的非直接环境，其影响主要体现在两个方面：一方面，父母的教养方式及家庭氛围对个体个性的形成具有潜移默化的影响，而个体的个性对其工匠精神培育具有根深蒂固的直接影响。另一方面，家庭中的重要他人对个体的职业规划和生涯有至关重要的参谋意义。

家庭是人们工作的重要的内在支持系统。在特殊教育教师工匠精神培育中总会面临各种各样的问题，人们在经历困难的时候，需要家人倾听诉说，人可以分享感受。家人的耐心和理解可以在减轻他们的焦虑、降低他们的压力和改变他们的自我怀疑的态度方面发挥很大作用。比如，J 老师从小有先天性心脏病，身体一直不好，相较于兄弟姐妹，她得到了父母更多的关爱和呵护。在 J 老师的小家庭中，爱人总能帮她分忧解难，无时无刻不在支持着 J 老师的学习和工作。

（二）学校因素

学校是特殊教育教师开展教育教学实践的重要场所，也是培育特殊教育教师工匠精神的"第一现场"。特殊教育具有普通学校教书育人工作的一般性，也有因教育对象不同而带来的特殊性与复杂性。学校的文化环境、组织氛围和制度管理都会对特殊教育教师工匠精神培育产生显性或者隐性的影响。不同的学校组织文化对特殊教育教师工匠精神培育的影响作用是不一样的。在个体文化居主导地位的学校中，教师具有较高的积极性，倾向于以任务能否促进自身能力的提升、实现自我发展来判断工作完成与否；在集体文化占主导的学校中，教师往往消极情绪明显，单纯为完成任务而工作。前者是有助于工匠精神培育的环境氛围，后者则不利于工匠精神培育。教师在特定的学校文化中，通过与同事、领导、学生及家长的合作逐渐学习，不断完善自己的职业理念，提升自己的职业价值，从而更好地培育工匠精神。如果特殊教育教师所处的学校缺乏与同事等沟通与合作的渠道和条件，教师将会处于孤立的状态，凭一己之力可以实现工匠精神培育的目标，但难免会因后劲不足而逐渐疲软，难以巩固效果。比如，Z 学校的文化氛围自由宽松，凝聚力强，学校鼓励教师之间合作学习。J 老师任教之后，除了学校领导对自己的支持和帮助，还有同事之间的互动交流，学校管理规范，校长领导人性化，福利待遇好，J 老师可以按照自己的想法，勇于尝试、大胆实践，只要想法合情合理，领导和校长从不干涉，J 老师工作十分自在。这样的学校环境对她的工匠精神培育产生了积极的影响。

除了学校环境影响特殊教育教师工匠精神培育外，重要他人对特殊教育教师工匠精神的影响也起重要作用。重要他人的影响，包括特殊教育工作者学生时代教师的影响与工作后同事的影响。“重要他人”是美国社会学家米尔斯在米德的自我发展理论的基础上提出的一个概念，是指对个体的社会化过程具有重要影响的具体人物。本书中的“重要他人”是指对特殊教育工作者的工匠精神培育起到重要指导作用或者支持作用的个人和群体，这种作用可能不是刻意的，可能是偶然的、短暂的行为或者言语，但对特殊教育工作者的工匠精神培育起到重要、不可忽视的作用。

布迪厄（Pierre Bourdieu）认为，学校是除家庭之外最重要的生产文化资本的场所，与家庭教育相比，学校教育是“从较晚的时期开始，以一种系统的、速成的学习方式”进行的。比如，J 老师在特殊师范学校学习到了系统的特殊教育专业知识，为后来走上工作岗位做好了知识和心理的前期准备。患有先天性心脏病的 J 老师受到了来自学校老师的呵护与关爱，这种爱并没有止于 J 老师，她把当年老师对自己的爱和教育转化为自己的教学行为，表现在对学生无尽的耐心与日常的关心中。

萨帕（Donald E. Super）认为，个体在不同阶段面临不同的任务，前一阶段的任务对后续阶段任务有深远的影响，所以个体必须尽善尽美地完成该阶段任务，为后续任务做充分准备。在不同的阶段会形成不同的角色心理，如果在入职初期能够较迅速地进入角色并完成本阶段的任务，那么将更好地促进特殊教育教师自身的发展并能够形成工匠精神。如果有重要他人，如有经验的教师能够在此阶段帮助特殊教育教师，将获得事半功倍的效果。

（三）社会因素

社会因素对特殊教育教师工匠精神培育的影响主要表现为社会和家长对特殊教育教师的期望和要求。特殊学生作为特殊群体受到了国家和社会的广泛关注。特殊学生家长希望自己的孩子可以在学校有所收获，能够像普通孩子一样成长，但特殊学生由于先天或者后天的障碍，无法保持与普通学生等同的成长速度与质量，所以家长的包容与理解也是影响特殊教育教师工匠精神培育的重要因素。

第三节 特殊教育教师工匠精神培育的路径

一、特殊教育教师应持续提升个人素养

（一）积极形成教师职业认同，激发工匠精神

教师职业认同是指教师对教师职业及教师角色的积极认知、体验和行为倾向的综合体现，是教师个体经验与其所处的社会、文化和制度环境之间相互作用的结果。相关研究发现，教师职业认同表现为具有高度的责任心和上进心，对工作认真负责，把学生的事情当作自己的事情，为了改善教学积极进取。[①] 特殊教育教师职业认同是工匠精神培育的原动力和基础。只有形成对特殊教育教师职业的认同，才能热爱这份工作，热爱这些特殊的教育对象，完成工匠精神中“匠艺”的自我建构。

首先，要丰富自己的精神生活，提高自己的精神境界。教师要形成职业认同，关键靠自身。特殊教育教师对职业的认同会促使自己向上发展，激发工匠精神。需求层次理论证明，精神力量对人的发展具有巨大的推动作用。尽管改善特殊教育教师工作条件、提高特教教师工作待遇、落实特教津贴可以作为外部激励促进工匠精神培育，但是精神、情感和信念的支撑和引领才能为工匠精神培育提供长久的心理支持。特殊教育教师应养成积极向上的生活习惯，以豁达乐观的心态面对生活中发生的一切。一个人只有在积极向上的状态中，才会主动学习，才会做到敢于突破和不断创新，不断向着更高的目标去努力，以实现工匠精神的培育目标，不断提高自己的工作满意度和生活幸福感，实现从

① 孙利，佐斌．中小学教师职业认同的结构与测量[J]．教育研究与实验，2010（5）：80-84.

“规定性角色”到“主体性角色”的超越。[①] 树立工匠精神培育的信念，从对特殊教育工作的认同和热爱开始，用人道主义精神帮助特殊学生康复、学习。

其次，寻找适合的榜样教师。榜样的力量是无穷的，在榜样教师的引领下，树立起对特殊教育教师职业的认同。榜样教师将成为特殊教育教师成长中的重要他人。在榜样身上蕴含着大量无法用言语表达的经验，这些经验有高度的个体性、实践性、内隐性和情境性，从榜样教师身上可以习得榜样教师的敏锐感受力、准确判断力、把握教育时机、转化和解决教育矛盾的智慧等。[②] 把榜样教师的成就作为自己工作中的目标，生成内在的工匠精神培育动力。教育情境千差万别，特殊教育教师要注意发现教育问题的相似性，在相同情境中借鉴榜样教师的方法与智慧，在运用榜样教师经验的过程中培育工匠精神。

（二）合理规划职业发展阶段，深化工匠精神

伯利纳（Berliner）认为，教师专业成长经历新手教师、熟练新手教师、胜任型教师、业务精干型教师和专家型教师五个阶段。所有教师都是从新手教师阶段起步，随着知识经验的累积、教学实践的丰富，逐渐完成从新手教师向专家型教师的发展。教师不同发展阶段对应相应的任务，工匠精神培育和教师专业成长是相对应的，我们不能要求一个刚刚起步的新手教师就具备极高的工匠精神。那么对培育工匠精神，我们也应按职业生涯的阶段制定不同的工匠精神培育目标，使工匠精神在各阶段的学习和积累中逐渐形成，最终使教师成长为具有工匠精神的特殊教育教师。

特殊教育教师要深知职业成长的必然性，主动成长，科学规划成长阶段，明确成长阶段目标，持续前进。特殊教育教师工匠精神培育可以以“匠技”为起点，在专业知识和技能的学习中体验“匠艺”和“匠心”，最终实现无私奉献、终其一生的“匠德”，实现从“职业”“事业”的转化，完成有意义的特殊教育人的一生。比如，J老师上岗之后，依据自己工作后的感受，明确地实行“两步走”：第一步，熟悉学校环境，主动接触特殊学生，尽快适应工作环境；第二步，虚心请教，认真练习，胜任工作岗位。此外，清晰自己的职业定位，不错失每一次发展机会。J老师十分珍惜每一次教学比赛的机会，在教学比赛中锻炼自己的课堂组织能力、语言表达能力，夯实了教学基本功。在目标

① 李斌辉，李诗慧．新生代优秀乡村教师主动入职动因与启示——基于全国“最美乡村教师”事迹的质性研究[J].教育发展研究，2018，38（20）：25-33.

② 于文华，喻平．榜样的效能：缄默知识视域下的教师专业发展[J].教师教育研究，2010，22（2）：49-53.

明确、目的单纯的科学规划的引领下，工匠精神在不断提升的“匠技”中得以彰显和升华，同时避免了职业发展的盲目性和偶然性。

特殊教育教师要形成正确的自我概念。正确的自我概念是教师发展的重要基础。自我概念指个体在社会经验中通过自我反省和他人反馈的途径获得的关于自己的一系列认识、知觉和感受，包括个人能力和特点、与周围环境及其他社会成员的关系等。制定符合自己能力水平的发展目标以及每个阶段的发展期限，并合理预估未来职业发展走向。如果目标定得过高无法达成，会产生挫败感，目标形同虚设；目标定得过低，则不能对特殊教育教师工匠精神培育起到应有的引导、定向作用。

在职业规划中，将工匠精神的培育细化为几个阶段不仅有利于培育目标的达成，更有助于工匠精神细节的深化和完善。重视个人评估，及时修正规划方案与前进路线，固定阶段对应工匠精神培育相应目标，在某一阶段就完成该阶段的任务，一步一步，脚踏实地，就一定可以实现工匠精神培育的目标。合理的职业规划可以激发特殊教育教师的最大潜能，达到最终目标，甚至会超出预期目标。

（三）切实践行终身学习理念，巩固工匠精神

人凭借某种固定的知识和技能就能度过一生的观念正在逐渐消失。特殊教育教师要树立终身学习意识，尤其是在特殊教育理论快速发展与更新的 21 世纪，融合教育、医教结合等特殊教育理念的革新迫使特殊教育教师要实现工匠精神培育，就要积极学习、实践，践行终身学习理念。德国思想家雅斯贝尔斯说：“人只能自己改变自己，并以自己的改变来唤醒他人。”[①] 特殊教育者均具有强烈的学习意识，并将这种观念落实到实际工作中，或自学，或参加学校培训，且取得了良好的学习效果。教育的最高境界不是刻意地教别人，而是教师不断教自己，并用自己的追求来唤醒和影响自己的学生和周围的同事。[②] 鉴于此，在工作场所学习，是培育特殊教育教师工匠精神的有效途径。

首先，特殊教育教师。制订合理的学习计划，通过阅读和参加教学研修等方式进行学习，并及时进行反思与评价。阅读特殊教育领域内的最新书籍和前沿的科学研究成果，不断更新自己原有的知识储备，保持思维的敏感性与灵活性。特殊教育知识包含理论性知识和实践性知识。理论性知识需要特殊教

① 雅斯贝尔斯．什么是教育[M].邹进，译．北京：生活·读书·新知三联书店，1991.

② 克努兹·伊列雷斯．我们如何学习：全视角学习理论[M].孙玫璐，译．北京：教育科学出版社，2014.

育教师能够自己理解，必要时可以召开专题讲座，交流学习心得，分享学习经验。对于实践性知识，教师要弄清实践的理论基础，并在反复练习中使其对相关技术的运用越来越熟练。例如，对于国际范围内认可的相对先进的 ABA 疗法、AAC 疗法、音乐疗法等专业性强的技能，普通文化课老师要懂得基本操作要点，专业的康复训练教师要精益求精，激励自己在工作中能有所突破。

其次，特殊教育教师要进行经验学习。特教教师要积极参加专业教育和培训，专业教育和培训是特殊教育教师适应岗位需求并不断取得进步的重要保障。教师在培训中不仅能巩固知识和技能，还能与其他教师交流。特殊教育教师的培训和学习并不是一个结果，而是一个过程。特教教师将自己工作中积累的经验在学习的过程中进行反思，吸纳培训的内容，积累新经验，并将新经验运用到具体教学实践中。工匠精神培育在每一次的学习、实践中实现，经验积累越多，工匠精神培育效果越好。

二、特殊教育学校引导与强化教师工匠精神培育

（一）树立以工匠精神培育为导向的教师教育理念

首先，针对特殊教育教师的入职教育及职后培训都要秉持工匠精神培育的教育理念。根据烙印理论，“烙印”具有一定的情境性，如果教师能够关注在不同情境中他人身上所体现出的工匠精神并加以学习，那么这种精神就可以自觉地传递到自己身上。在一定的情境中培育工匠精神，更有利于工匠精神的形成和发展。开展主题活动，可以强化对特殊教育教师的“匠德”教育。例如，特殊教育学校可以组织教师集体观看《大国工匠》纪录片，以各行业不同形式的敬业精神促进特殊教育教师工匠精神的培育；邀请特殊教育领域内的优秀教师和学科带头人到学校分享他们的敬业故事，使教师在同行从业者中寻找自身敬业精神的生长点，并逐渐发展为工匠精神的有机组成部分。

其次，开展形式多样的教研活动，提升特殊教育教师的专业技能。掌握扎实的专业技能是特殊教育教师实现工匠精神培育的重要途径，也是教师教育职业生涯的基本功。掌握了娴熟的技术技能并不一定就具备工匠精神，但每一个大国工匠都有着旁人不可企及的对技术技能娴熟与改良的执着。培育特殊教育教师的工匠精神不能忽略对其职业技能的训练。定期开展公开课活动，组织教师听课，认真分析公开课的优点与不足，开展小组教研，将对问题与不足的解决落实到行动中。鼓励教师积极参加教学技能大赛，在赛课中实现教学技能的精进与突破。除此之外，可以组织教师到其他学校参观和学习，开展校际合作，通过观摩外校优秀教师的课堂教学，取长补短，不断反思，提升自己的教学水平。

通过树立培育工匠精神的教育理念，形成协同互动的特殊教育教师工匠精神培育的氛围，人人培育、处处体现，形成特殊教育教师工匠精神培育的理性自觉和文化追求，实现特殊教育教师的情感认同，进而影响其思想认知和行为方式。

（二）营造工匠精神培育的校园文化环境

时代的变迁使工匠精神重新回归并被赋予新的内涵。工匠精神在技术技能型人才培养方面受到了广泛重视，也逐渐延伸至教育领域。特殊教育学校要组织活动，创设优越的校园文化环境，促进特殊教育教师工匠精神的培育。

1. 物质文化层面

物质文化层面，要改良学校的教学手段、科研条件和教学设施等。“工欲善其事，必先利其器”，培育特殊教育教师的工匠精神，首先要给教师顺手的“工具”。例如，J 老师说：“教书没有适合的教材，自己不得不在网上找适合的内容组织教学。”这可以看作对教师教材组织能力的考察，教材组织不好，就无法实现有效教学。作为经验丰富的老教师，J 老师对组织教材驾轻就熟，但对新手教师而言就难以自己组织教材，这显然是不利于工匠精神培育的。同样的问题在其他学校也有。所以，学校应该给予教师适宜的教学环境，只有教学基础设施完善，教师才能更好地培育工匠精神。文化课必需的教材、教辅资料要齐全；体育课，器械室里要有种类丰富、数量充足的运动器材；教学科研，必要的图书资料、电子数据库不可缺少。

2. 制度文化层面

制度文化层面，要在特殊教育学校内形成特殊教育教师工匠精神培育的制度，对教师产生规范性、约束性影响。首先，形成特殊教育教师的责任制度，明确教师的权利与义务，使其对教育教学敬业、对学生管理用心负责以及对科研创新勇于探索。其次，形成特殊教育教师的学习制度，规定特殊教育教师最短的课后研修时长，形成相应的教师学习组织，避免学习流于形式。

3. 精神文化层面

精神文化主要是指学校领导、教职工和学生共同信守的基本信念、价值目标、道德风尚及精神面貌。它是校园文化的核心和灵魂，是形成校园文化的制度层和物质层的前提和根源。首先，要设立工匠精神培育的学校师资培育目标，只有设立了这样的目标，学校的老师才会沿着正确的方向，充分发挥主观能动性，加强学习和实践，培育工匠精神，使自己最终成为有工匠精神的特殊教育教师。其次，形成注重工匠精神培育的学校精神，学校领导、教师及其他职工都要在工作中注重工匠精神的培育，形成从上到下的培育风尚。同时，学校的校风、学风建设也要体现教师工匠精神培育的特质，使教师形成普遍且相对稳定的心理状态，教师在日常的教学中注重自身言行，坚持学习，爱岗敬业，不断实践工匠精神，处处体现工匠精神。

（三）强化工匠精神培育的“师徒”传承

师徒模式是最早的技艺学习的形式之一，是职业新手在有经验的人员或者专业人员指导下，依靠具体实践的学习而获得职业技能或者专业技能的教育方式。有些技艺只能通过“师父带徒弟”这种一边用语言讲解一边以动作演示的形式流传。特殊教育教师在工作中形成的工匠精神就是这样一种“技艺”，包含了教师在习得技艺过程中的心理感受，及不断变化的教育观念，这些多是缄默的知识或隐性的经验，难以按照传授陈述性知识的方式只借助语言传授，而要在个体实践活动中以分解动作加反思实践的形式传授。特殊教育教师工匠精神的培育和传承可以借助“师徒制”开展。

教育教学不仅是科学，也是艺术，作为艺术它总有一些地方讲不出道理，教师只能依靠技艺经验。[①] 在初任教师的头几年，“师学徒制”是帮助教师尽快掌握教育和教学经验的途径。在新教师入职初期，给予他们一位工匠教师，形成一种师徒关系，指导新教师不断成长。在新教师从新手教师到经验教师甚至成长为专家教师的过程中，工匠精神也渐渐形成。

师徒模式是新教师在资深教师的指导下，通过对资深教师教学实践的观察、模仿，进行教学实践，反省，再实践，逐渐体悟教师职业的隐性经验或缄默知识，掌握专业知识和智慧的培育方式。特殊教育教师工匠精神的培育就是指工匠教师对非工匠教师的指导。非工匠教师观察工匠教师的教学实践，获得有关教学的感性认识。非工匠教师的理论知识储备、经验背景、个人兴趣和情感等都会影响教学行为的结果。非工匠教师应认真学习，丰富自身经验。

学校要积极引导教师之间形成以教学精进和特殊学生发展为目的，教师自愿、自觉前提下的教师合作文化，只有这样，经验丰富的工匠教师才会乐于把教学专长和多年形成的个体经验奉献出来，供其他特殊教育教师学习和观摩，这样“师父带徒弟”的过程中教师才能在知识、信息上充分交流，在思想、信念、态度等方面相互影响和促进。第一，特殊教育教师可以观察工匠教师隐性实践知识和智慧，观察与思维结合，在观察的过程中可以发现工匠教师与自身理论储备、知识背景、实践经验、个人兴趣等差异，这些既是影响工匠

① 王加强．教师教育：重拾“工匠精神”[N]．中国教育报，2016-04-28（006）．

精神培育的因素，也是工匠精神传承的要点。第二，在观察的基础上，特殊教育教师在自己的教学实践中逐步展开学习，模仿工匠教师的教学行为和转化学生冲突的智慧策略。在学习的初级阶段，可能更多的是对指导教师的模仿。第三，指导教师在对非工匠教师充分了解的基础上，针对其问题进行具体指导，非工匠教师按照工匠教师的指导进行再实践。非工匠教师就是在不断学习、实践、探索、反思中逐渐形成自己精益求精、爱岗敬业的工匠精神，逐渐完成自己蜕变的。需要注意的是，工匠教师要毫无私心地展现自己的教学专长，在师徒密切合作、相互观摩、共同切磋的过程中完成特殊教育教师工匠精神的培育、传承和发展。

（四）成立以工匠精神培育为目标的名师工作室

经过十几年的发展，名师工作室已经从单一的政府行为转变为以官方推进为主、学校自建和教师自组并存的发展格局，因此特殊教育学校可以根据自身需要成立以工匠精神培育为目标的名师工作室，为教师提供相应的条件，鼓励他们形成名师牵头、辐射多方的特殊教育教师工匠精神培育模式，工作室的成员共同学习，一起进步。

特殊教育教师工匠精神首先体现为他们是技术熟练者，基础技能的熟练掌握是其顺利执教的前提。特殊教育教师除掌握板书和普通话等一般技能之外，还应熟练掌握运用手语、盲文等技能，从事康复教育的特殊教育教师还要学会必要的专业康复疗法。在职前教育阶段所学专业技能远不能满足岗位教学与训练的需求，特殊教育教师需要在工作岗位上不断学习、练习。名师工作室成员可以分享自己的学习方法、经验与心得，同时可以组成学习小组，对自己不够熟练的技能继续学习，在有经验的教师的指导与帮助下，完成工匠精神技术层面的培育。

工匠精神的培育并不是简单地学习相关的理论并将理论运用于实践的线性过程，而是应该在实践体验基础上结合教师的经验进行反思的渐进过程。因此，名师工作室的工作重点应该放在教师智慧的培养上，注重每一位教师在实践过程中获得知识，以每位教师工作中的问题与收获作为新知识获得的起点，这不仅意味着教师学习逐渐摆脱了对专家的依赖，开始注重对优秀的实践者与学者的学习，也表明教师教育开始关注教育教学日常，开始探索更加适合本校教师的学习内容与形式。以每一位教师实践中的收获与问题作为学习内容，突出了教师的参与，更解决了教师学习中“求”与“供”错位的问题。同时，教师是有明确的自身认识需求（待解决的问题）、具有相应学习准备（经验）的成人学习者，因此注重个体经验不仅仅是内容上的创新，以教师各自实践中产生的知识与问题建构的个人经验更容易构建多方互学关系。

三、形成特殊教育教师工匠精神培育的氛围

（一）构建特殊教育教师工匠精神培育的制度框架

现代工匠精神的形成与发展不同于传统的工匠精神，不再是工匠个体和群体的行为，而是依托一系列的工匠制度形成制度环境和制度保障。制定相应的法律法规，完善特殊教育教师工匠精神培育的顶层设计，用顶层设计保障特殊教育教师工匠精神培育。以立法的形式确立工匠精神培育为教师发展的专门内容，将教师工匠精神具体化、社会化，转化为可以衡量和考核的量化指标，使教师将工匠精神内化于心、外化于行。目前，工匠精神培育主要集中在制造业、手工业和职业教育领域中，关于特殊教育教师需要培育工匠精神的提法比较含糊，并没有单独的政策和文件规定。教师工匠精神的培育零散地见于各种报纸和图书，教师工匠精神的培育也只是自发地在少数学校进行，没有大范围提倡。《国务院办公厅关于深化产教融合的若干意见》中提到，将工匠精神融入基础教育，并具体规定了责任单位。因此，教育主管部门要制定从上到下的关于特殊教育教师工匠精神培育的文件，给出培育目标、培育方法、培育形式等具体可操作的指导意见和建议，给予学校具体指导。另外，各教育主管单位可以开发以区县为单位的特殊教师教育工匠精神培育项目，选取一批有潜力的学校和教师做试点，探索有效的培养措施，并广泛收集广大特殊教育教师及学生家长的意见，对特殊教育教师工匠精神培育问题展开网络调查，吸收民智民意，加快相关政策的出台和完善。以点带面，全面推开，形成社会全员支持工匠精神培育的氛围，创造深厚的培养土壤，培育特殊教育教师工匠精神。

此外，工匠精神培育不仅要有严格的制度规定，还要有完备的管理体制保障工匠精神培育的正常进行，要改革现有的管理方式，倒逼特殊教育教师工匠精神培育。首先，建立特殊教育教师资格制度，在特殊教育教师的聘用上要选择接受过专业教育和热爱教育事业的优秀人员，杜绝非专业人员和从普校转岗过来“混退休”的低素质人员，杜绝任职教师“学非所用、用非所长”。定期开展特殊教育教师专业培训，坚持落实特殊教育教师国培计划，培养一支理论知识丰富、专业技术过硬、富有爱心的特殊教育教师队伍。其次，将工匠精神纳入特殊教育教师评价指标。按照教师不同成长阶段的划分，形成相互衔接又各自独立的工匠精神培育的评价阶段，将不同层次的评价标准对照相应成长阶段的教师。特殊教育教师可以根据不同层次的评价标准来合理规划职业生涯

发展，合理设定培育目标与培育速度。[①] 评价标准的制定要具有一定的弹性，符合最近发展理论，这样可以激发特殊教育教师的工作热情和成就感，使其体验到追求工匠精神的乐趣。

（二）评选最美特殊教育教师，进行工匠精神示范

首先，要尊重特殊教育教师，提高特殊教育教师社会地位。特殊教育越来越受到重视，但是一些家长不愿意自己的子女报考特殊教育专业；一些本专业的毕业生不喜欢特殊教育工作，最终辞职，造成特殊教育师资流失；一些在职的教师迫于舆论的压力先后转岗甚至辞职，这对特殊教育师资的稳定以及工匠精神培育都会产生消极影响。全社会都应该尊重特殊教育教师，尊重这个职业。

其次，在全国范围内开展评选“最美特殊教育教师”活动，寻找、挖掘、宣传有代表性、有感染力的特殊教育教师，展现他们在平凡的工作岗位上无私奉献、精益求精、爱生如子、坚守终身的感人事迹。通过树立典型、弘扬先进，让大众了解特殊教育教师的职业坚守，提高社会对特殊教育教师的认可度。通过评选活动，引发特殊教育教师的心灵触动，使他们反思自己的教学活动与工作实践，激发他们对工匠精神的内在需求。

最后，将“最美特殊教育教师”的事迹以文字、录像等形式进行宣传，以此作为特殊教育教师工匠精神培育的文化滋养和精神力量。邀请“最美特殊教育教师”不同学校分享自己培育工匠精神过程中的经验、故事和的心路历程。基于具体情境的经验分享可以让教师更加直观地理解工匠精神的具体要求与努力方向。

（三）构建特殊教育教师职业共同体，厚植工匠精神

职业共同体产生于人们共同参与的活动、交往、关系和从事的事业中，不受地域限制，是一种联系个人和社会的纽带，人们共享某种经验、感情和价值。特殊教育教师职业共同体是共同参与特殊教育活动，并在教育环境中交往，以教育为事业且彼此相互依赖的新型组织。在职业共同体中，特殊教育教师可以获得职业尊重和心理满足，且彼此认同，在良好的环境中，实现自己的工匠精神培育。

在职业群体中，我们尤其看到一种道德力量，它遏制了个人利己主义的

---

① 熊英．基础教育阶段教师评价：现状、问题及对策[J].教育理论与实践，2017，37（36）：40-42.

扩张，激发了劳动者对团结互助的极大热情。[①] 所以，构建特殊教育教师职业共同体，以集体的原则约束教师的行为，有利于工匠精神培育，有利于工匠精神在个体与个体之间传递。此外，职业共同体超越地域的限制，更能适应现代社会教师工匠精神的培育。社会经济快速发展，人口流动加快，一个学校内的老师不再局限于当地范围，外来教师的数量不容小觑，离开原居地、远离原来的共同体带来的不适应可以在教师职业共同体内得到相应的缓冲。在倡导个性教育的时代，教师的培训要考虑当地实际情况，职业共同体内建立起的文化、环境的认同可以突出工匠精神培育中的个性化特点。

① 埃米尔·涂尔干．社会分工论[M]．渠东，译．北京：生活·读书·新知三联书店，2013．

第六章　启智教师：培智学校教师培训与专业化发展

第一节　培智学校教师专业化发展的内容

一、培智学校及其教师的概念

培智学校是针对智力落后儿童开办的特殊学校，主要招收轻度和中度智力落后儿童，开设语文、数学、常识、音乐、体育、美工、劳技等课程。其培养目标是贯彻德、智、体、美、劳全面发展的教育方针，从智力落后儿童身心特点出发进行教育、教学和训练，补偿其智力和适应行为缺陷，将他们培养成有理想、有道德、有文化、有纪律的能适应社会生活、自食其力的劳动者。[①]其性质、目的、任务、教学内容等与“辅读学校”相同，仅名称上从积极的角度命名，易被家长、学生和社会接受，“启智学校”“开智学校”等都常用于国内智力落后儿童学校。

培智学校教师是指在各类培智、启智学校直接或间接从事特殊儿童教育教学和康复训练的教师。

二、培智学校教师专业化发展的内容

（一）促进学生个人的发展

促进学生个人的发展主要包括培养学生健康的生活方式，增强学生自我意识，培养学生的独立性，提高学生的就业技能，其根本宗旨是让智障学生学会自我生存的基本技能，早日回归主流社会，并得到社会的肯定与支持。教

① 朴永馨，顾定倩，邓猛．特殊教育辞典[M].3 版．北京：华夏出版社，2014.

师首先要做的就是提升教育理念，端正对智力落后学生的教育态度，秉承一切为了学生的宗旨，在生活态度、人际交往、毅力磨炼等方面为特殊儿童树立榜样。另外，特殊教育教师必须掌握一定的专业技能，如行为矫正等，帮助特殊儿童，从而保证儿童在接受教育的过程中身体健康状况保持良好。特殊儿童的个性差异很大，教师必须在掌握相关知识的前提下，实际接触儿童，逐渐了解他们的行为特点和生活方式，因地制宜、因人而异地实行差异教学，满足儿童的个体发展需求。教师还要依据学生的实际情况，制定适合他们发展的职业教育模式，最大限度地让他们融入社会。

（二）专业提升与职业规范

专业提升与职业规范包括教师的教育科研反思能力、专业精神、与学生家长和社会沟通的能力等。我国的特殊教育教师必须在知识和技能、服务理念、教育培训等方面达到专业水平，因为只有从事特殊教育的教师提高自身的专业水平，才能更好地为有特殊需要的儿童服务。这就要求培智学校教师在掌握基本教育知识和理论的基础上学习专门的特殊教育知识和技能，不断提升职业素养、职业知识以及职业技能等。培智学校教师不仅要掌握口语、书面语、体态语等多种沟通手段，还要精通与教育对象沟通、交往的技能技巧；不仅要能与特殊儿童进行沟通与对话，还要学会与特教专家、其他教师、特殊儿童家长进行沟通与合作，进而协调校内外各种关系，形成教育合力，以促进学生发展。在职业规范方面，培智学校教师需要精通不断发展的、能体现特殊教育作为一种专业化职业、特殊教育教师作为专业化教育者的必备规范，如特殊教育专业术语、残障用语的范式转移等。

（三）特殊教育基础内容

特殊教育基础内容包括特殊教育基本理论、特殊教育相关法规和政策，目前，我国培智学校教师学历起点较低，加之在职培训不足，造成其特殊教育理论知识不够系统化和专业化。这一状况不仅不利于特殊儿童接受科学的、有针对性的教育，也不利于培智学校教师的专业发展以及我国特殊教育事业的长远发展与进步。因此，特殊教育的基本理论知识作为培智学校教师更好地促进特殊儿童发展的必备底蕴和自身专业发展的必要条件，已成为当前我国培智学校教师专业发展中重要的一环。例如，针对在培智学校中就读的孤独症儿童的教学，教师需要及时掌握“感觉统合训练”“结构化教学”“地板时光”“人际关系发展介入（Relationship Development Intervention，RDI）”“游戏与文化介入（Play and Culture Intervention，PCI）”等国际前沿理论知识。

（四）教学设计与开发

教学设计与开发包括依照特殊儿童特点选择和设计教学内容、制作教学用具以及为学生制订个别化教育计划的技能。特殊儿童不同于正常儿童，对他们的教学也不应拘泥于传统的教学方式，这就要求教师在了解特殊儿童语言、行为等各种特征之后，合理选取教学内容和方法，根据每个儿童的特点，选择适合的教学用具，制订个别化教学计划，有针对性地对他们进行教学，更好地适应他们身心发展需求。智力落后和相关发育障碍儿童在多个领域存在发展障碍，各个领域之间的发展情况也极不平衡，它们之间渗透、交叉，互相影响，因此在教育干预时需要教师特殊处理对待，选择适合的行为管理与矫正方法。

（五）智力落后的诊断和评估

诊断和评估是特殊教育过程中不可或缺的环节，只有做出科学的诊断和评估，才能尽可能全面地掌握特殊儿童的发展状况，并以此制订有针对性的、合理的个别化教育计划，进而保证教育和干预的有效性。因此，目前我国培智学校教师专业发展包括了智力落后的诊断和评估。具体而言，智力落后的诊断和评估技能包括掌握智力落后或相关发育障碍诊断和评估的基本程序、熟练使用相关测验工具并能对测验结果做出科学解释、监测特殊儿童进步状况和新生问题等。教师在面对一个新的教育对象时，首先应全面了解其情况；其次评估其总体发展水平，并制订相应的教育干预方案（包括教育干预目标的确定、方法的选择）；最后进入具体实施阶段（包括教育方法的、运用和教育环境的设计等）。另外，老师在教育过程中要不断地接受各种相关信息的反馈，根据儿童的具体表现，对教育计划和方法进行适当的修正，并随着教育干预的进行做出阶段性的评估，如此循环进行。另外，教师也应该对智力落后的诊断标准和评估体系及其演变做到及时了解，系统掌握。

（六）辅助教育教学的相关知识

辅助教学的相关知识主要包括对特殊儿童进行语言训练及行为矫正的知识和技能、对特殊儿童进行教育康复及特奥项目训练的知识和技能、计算机辅助教学的知识和技能。特殊教育的发展对一线教师提出了更高的素质要求：教师不仅要具备心理学、社会学、科普医学等与特殊教育相关的理论知识，还应掌握现代化的教学手段、康复训练技能、有针对性的特奥项目训练技能等实践技能。

第二节　培智学校教师专业能力及培训情况分析

一、培智学校教师专业能力

（一）培智学校教师专业能力方面存在的问题

1.教育评价能力不足

培智学校教师教育评价能力不足，主要表现在评价工具的选择、评价的准确性以及评价结果的利用。

首先，在评价工具的选择方面，培智学校学生间个体差异较大，使用单一方式对学生进行评价，会使评价结果存在一定偏差，不能客观、全面地了解和认识学生，不利于后期教育工作的开展。

其次，在评价的准确性方面，培智学校教师对学生做出的评价比较零散，没有形成完整的评价体系，对学生做出的评价也只停留在表面；对学生评价关注比较多的是教学方面，对学生才艺、兴趣等特长关注较少；对学生做出的多是短期性、间断性评价，缺乏全面性，这都会影响评价的准确性。培智学校学生发展缓慢、发展变化小，这是与普通学校学生不同之处，对学生做出的短期评价不利于看到学生的变化。这对培智学校教师提出了更高的要求，要求注重对学生进行全面、持续性、发展性评价，关注学生点滴表现。

最后，在评价结果的利用方面，培智学校教师对评价结果没有做到有效利用。评价结果是一种反馈信息，可以帮助教师及时了解自己的教学情况和学生的学习情况，开展有针对性的教学。

好的评价能起到指导教学和促进学生发展的作用，所以培智学校教师要灵活选择评价工具，从学生特点出发；提高使用评价工具的准确性，结合适当的评价技巧，注重评价的持续性和全面性；发挥评价结果的实效作用，有利于对学生开展有针对性的教育。

2.康复与教育结合能力不足

培智学校教师普遍缺乏有关康复训练方面的专业知识和专业能力，对学生的康复训练没有形成系统，在康复训练过程中缺乏科学性、持续性，这在一定程度上影响培智学校教师康复与教育结合能力的发展。

康复更偏向于医学层面，需要康复、医疗机构协助才能进行科学的康复训练。教育部颁布的《培智学校义务教育课程设置实验方案》引导培智学校走上了康复与教育结合的道路，但在康复教育过程中，很多学校都是在摸索前进，康复资源相对有限，阻碍康复训练发展。康复训练是长期、艰巨的过程，培智学校教师在康复与教育结合的道路上还有很长的路要走。康复教育虽然起步晚，但培智学校学生特点决定了教育教学与康复训练是密不可分的整体，在教育过程中离不开康复手段，在康复中处处有教学内容，康复训练与各学科教学应全面整合。这也是对培智学校教师专业能力的独特要求。

3. 对学生问题行为干预方式单一

培智学校教师在对学生不同问题行为进行干预时使用的方法雷同，选择干预问题行为的方式单一。近年来随着培智学校功能转型，教育类型多样，原来培智学校以智力障碍学生为主，但近年来其教育对象不断扩大，自闭症、学习障碍、情绪行为障碍等学生均就读于培智学校，以智力障碍和自闭症学生为主。培智学校教师现有的专业储备已不能满足职业发展的需要，有些教师在问题行为干预上束手无策，尤其是自闭症、情绪障碍。

4. 反思成效不显著

培智学校教师通过收集相关信息结合自我反思形成的经验，进行教学研究，从而开展适合现阶段培智教育发展的教学改革，教学改革的开展是对教师反思成效的进一步检验。

虽然培智学校教师已把反思纳入教学工作范畴中。但教师进行主动反思的意识淡薄，有部分教师进行反思是为了完成任务，接受领导检查，反思能力仅停留在表面，没有真正做到主动反思、积极反思，没有意识到反思对教师专业发展的重要性。另外，培智学校教师反思形式单一，反思结果能够记录下来的很少。在调查中我们了解到，培智学校教师不喜欢撰写反思日记，教师认为撰写反思日记浪费时间，遇到不懂的地方直接向有经验的教师请教就行；有些教师撰写反思日记处于被动状态，经常在学期期末或领导检查工作时才进行“恶补”，教师反思常存在滞后性；在教师反思日记中发现内容雷同现象，教师把反思当成一项任务，为了在规定时间内完成，教师之间互相参考、借鉴或在网上复制他人反思结果，导致反思内容质量不高；教师在进行反思时只单纯地描述和交流经验，很少谈及对教学活动的启发与见解，造成教师反思浮于表面，不够深入。

（二）培智学校教师专业能力提升策略

1. 提高培智学校教师教学设计能力

教学设计能力是培智学校教师应具备的首要专业能力，教学设计需要教师准确掌握本专业相关知识，并有效地把这些知识传授给学生。教师专业能力的发展离不开教学设计能力的提高。当前培智学校教师在教学设计能力上存在诸多问题，如教学设计流程不够完善、认识浅表、教学目标设计不够科学、设计方法与策略不够成熟等。教学设计能力的提高是教师教学行为改善的重要策略，是促进学生全面发展的必备条件，提高培智学校教师教学设计能力可以从以下几个方面着手。

（1）发挥教师的主体性作用。教师通过自我反思、自主学习、案例学习的方式，加深对教学设计基础知识的认识。教师的自主学习和案例学习能够提升教师对教学设计相关理论知识的认识，进而促进教师教学设计能力的提高。教师自主学习是一种能力，培智学校教师应加强自主学习，不断扩充知识量，调整并完善知识结构，积累知识内涵。教师要不断更新自身专业知识，在终身学习型社会中做一名学习型的教师。教师在教学设计中要在先进的教育理念的指导下，根据学生不同的心理特点、原有的知识结构，以及自身的教学优势和风格，对所教授的教学内容进行分析、加工和设计，并根据需要选择适当的教学方法和教学材料，安排恰当的教学活动。

（2）培智学校促进教师教学设计能力的提升。培智学校可以推进“师徒制”“互帮小组”，通过向优秀教师学习，丰富自己的知识体系，提高自身的教学设计能力。培智学校举办教学设计比赛，通过比赛来激励新入职教师的上进心。学校可以适当聘请有经验的教师做实践教学方法和教学设计等相关讲座，从而让其他培智学校教师学习借鉴，提高自身教学设计能力。

（3）教育培训部门提供相关支持。教育培训部门为培智学校教师提供网络在线的教学设计案例支持，通过网络在线学习方式，为在职教师提供教学设计学习机会和参考模板。

2.更加关注培智学校青年教师专业能力的发展

提高培智学校青年教师专业能力需从以下几个方面入手。

（1）加强教师专业能力发展自主性

培智学校教师专业能力的发展离不开教师自身的努力。首先，青年教师应树立专业能力发展意识。教师在工作中要全面了解自己，认识到自身专业发展缺陷，通过学习等途径进行弥补，取长补短；多向优秀教师和有经验的教师“取经”，发现自己需要改进的地方，督促自己进步，激发自己的上进心；树立终身学习理念，“活到老，学到老”，教师要不断适应学生身心特点和教育环境的变化来完善自身专业知识结构，针对教学中的重难点问题寻求同事的指导，通过相互听课、评课、议课等活动，发现自身专业知识的不足，从而有针对性地进行补充，激发专业能力发展意识。其次，要有明确的发展目标。明确的专业能力发展目标能够促进教师专业能力进一步发展。最后，完善自我专业发展规划，实现自我管理。培智学校教师在制订个人专业发展规划时要根据自身实际和培智教育发展的需要制定出适应现实情况的短、中、长期目标，分小步子完成。

（2）重视培养教师专业精神

培智学校教师较普通学校教师来说，在工作中需要付出更多的耐心、爱心、精力等，因此，需要具备较高的专业精神。这要求教师热爱培智教育事业，教书育人，关爱每一位学生，用珍惜生命的观念去看待每位学生，用特殊教育理念作指导，向他们施与一种伟大的“教育爱”，一切行为都要以促进学生身心健康成长为目标。由于培智学校教师面对的教育对象具有特殊性，学校应更重视对教师专业精神的培养，使教师从内心喜欢这群学生，喜欢这份职业。较强的专业精神有利于教师在专业发展过程中走得更远，更有利于教师在本领域的长远发展。培智学校在培养教师专业精神时要注重榜样的力量，寻找培智教育行业模范，为教师专业精神发展提供引导作用。

（3）实行民主管理，构建教师专业能力评价标准

随着培智教育的发展，培智学校教师专业能力被重视的程度越来越高，但目前还没有专门的培智学校教师专业能力评价标准。培智学校教师面对的教育对象有其特殊性，这决定了培智学校教师专业能力也有其独特性，所以应构建适合培智学校教师专业能力的评价标准，深入了解现阶段培智学校教师专业能力总体发展现状，从各个角度对教师的各项专业能力进行总评价。

培智学校不仅应关注教师日常工作表现，更应注重教师长远发展，对教师采用发展性评价方式；对教师评价应呈现多元化，涵盖教师教学能力表现、专业成就、参与专业活动等；针对不同专业发展阶段的教师制定出不同的评价标准，体现教师评价过程中的差异性。对教师评价过程更注重公平，可以邀请多元主体参与评价，如教师本人、学校领导、专家等。教师本人参与评价能更明确自身专业能力方面存在的问题，有利于在后期有针对性地发展自身优势，弥补专业不足。另外，在评价中要以促进培智学校教师专业能力发展为目的，注重对教师的过程性评价和全面性评价。

构建评价标准有利于对教师专业能力做出准确衡量，为后期培智学校教师专业能力进一步发展提供参考依据。

（4）健全培智学校教师培训体系

培智学校教师参加的培训多是以校本培训为主，参加省级以上培训的机会较少。教师虽然参加校本培训的次数很多，但教师出勤率不高；校本培训质

量不高，教师普遍反映培训师匮乏，特别是对某领域有深入研究、或学有所成的培训师较少；培训反馈效果不佳，培训后一般都会给学员布置一定的作业，这种作业往往只有教育随笔、授课反思等。我们访谈了解到，培智学校教师在参加校外培训回校后对其他教师进行再培训，但这种培训一般都是照本宣科，流于形式。针对教师参加培训中出现的问题，应采取相应的措施。

在培训内容上，当前培训内容多是围绕教学方法、教学设计、教学活动等展开，但教师比较薄弱的方面培训内容涉及较少，如评价工具的使用、康复训练、对学生问题行为干预、反思等。针对培训内容，教师很难将其应用到实践中，在实践中遇到的很多问题得不到解决。在对教师进行培训时，培训内容应注重实用性、针对性和层次性。培训内容应能有效弥补培智学校教师专业知识的不足，并融合全新的教育理念和专业知识，提高教师专业能力。组织培智学校教师培训时，应遵循“因材施教”原则，在与一线培智学校教师交流沟通的基础上，了解教师基本专业素质，根据培智学校教师实际情况“因人而异”地拟订培训计划，选取更贴合教师需求的培训内容，不断调整培训内容，使最终的培训课程具有针对性，给教师更多的自主权，让他们积极参与到培训中。针对教师专业发展的不同阶段，制定不同层次的培训目标，培训内容要结合培训对象当地的教育实际进行。

培智学校教师认为参加的培训偏理论，培训方法过于单一，以传统的讲授方法为主，无视教师自身已有的经验，缺乏互动和交流。因此，培训形式应灵活多样，考虑培训内容、时间，参与培训人员学历层次、学科特点以及培训人员年龄等不同因素来确立。可以根据培训现实情境采用不同培训形式，如主题辩论、校本教研等形式，突破以往单一的、僵硬的培训形式。另外，培训过程中注重教育理论知识与教学实践相结合。教师培训应树立以教师为主体的理念，以促进教师专业能力长效发展为宗旨。无论是学校组织的校本培训，还是其他继续教育培训，都应该认识到培训是促进教师专业能力发展的重要途径。培智学校教师专业能力发展是持续的、长期的过程，构建合理的一体化培训体系对提高培智学校教师专业能力具有重要作用。因此，要构建全面的、多层次的、灵活的的培训方式。

（5）为教师搭建多元展示平台

通过构建培智学校教师专业能力评价标准，培智学校对教师做出的各种评价能够反映教师自身发展情况，教师个人通过这面“镜子”认清自己。在“镜中我理论”启发下，培智学校应尽可能多地为教师创造机会、为教师专业能力发展营造氛围和搭建平台，如培智学校可以在内部开展多种形式的研讨会、学术交流会、教学技能课展示等，让教师就教学中的重难点和困惑进行探讨的同时，充分展现自我，调动教师在专业能力发展上的主动性、积极性和创造性。

（6）应制定公平合理的考核、奖励机制和专门的职称评审政策

培智学校的考核和奖励机制是教师专业能力发展的一个外在动力因素，影响教师的积极性。培智学校应实行透明的奖励机制，制定适合本校实际的岗位津贴制度，将教师工作质量与年底考核挂钩，对在工作中取得实效的教师进行奖励，使广大教职工，尤其是中青年教师增强教研、科研的主动性和积极性。将教师专业能力发展纳入考核范围。调查数据显示，培智学校对教师进行考核时考虑最多的因素有出勤、业绩、教龄等，对教师专业能力考虑得较少。对处于不同教师专业发展阶段的教师有失公平，不利于提高新入职教师发展专业能力的积极性。

培智学校教师工作内容与普通学校教师之间有一定差距，但是职称评审与普通学校教师相同，没有针对性的单独设置，致使很多教师在职称方面无法得到相应公平的回报。目前，很多教师已获得了现有的最高职称，认为自身专业发展达到了最高水平。因此，相关部门可以设置一套单独的、科学的培智学校教师职称评审体系，进一步调动培智学校教师工作积极性，促进其专业能力的提高。

3. 注重培养培智学校教师教育评价、康复、干预和反思能力

培智学校教师较普通学校教师，在对学生进行评价、康复训练、问题行为干预和反思等能力上具有独特性，因此针对培智学校教师独有的专业能力需要着重培养。

（1）注重持续性评价，关注评价结果的使用

新课程背景下，要求培智学校教师对学生做出科学、客观、全面的评价。培智学校教师应结合学生特点选择评价工具，选择合适的评价工具有利于提高评价结果的真实性。培智学校学生发展缓慢，针对此特点，教师选择对学生进行发展性、持续性评价，关注学生发展过程中的点滴变化，呈现评价结果的有效性。评价结果的准确性有利于后期教育的开展，教师应针对评价结果开展有针对性的教学活动，以学生为中心，贯彻平等的教育理念，体现学生的主体地位。对学生评价是为了加深对学生的了解，在教学中有针对性地对学生开展教育，提高学生学习积极性，激发学生潜能。

加德纳的多元智力理论为培智学校教师评价学生提供了全新视角，培智学校里的每位学生都有发展潜能，等待教师去发现。在访谈中有位教师提到，

学生虽在学习方面存在障碍，但其也有自己的特长，有些学生在音乐方面的能力特别强，教师应发掘其潜能。这要求教师采用多元化评价方式充分发掘学生潜能，以便学生发挥自己的特长更快适应社会。

（2）提高教师对康复训练的认识并提供相关支持

培智学校教师在康复与教育结合方面，认识度不够。康复训练对培智学校学生来说意义重大，不容小觑，应提高教师对康复训练的认识，增加康复训练方面的专业知识。目前，培智学校缺少医学或是康复等专业背景的教师，很多教师对康复不是很了解，学校、社会应加大对教师康复训练方面的培训。康复训练与医学关系紧密，在康复教育的过程中离不开医学专家的支持。一方面，应邀请医学专家走进培智学校课堂，给予教师专业指导，培训一些关于医学方面的知识；另一方面，康复专家向教师提供有关康复训练的技巧和方法，协助教师开展康复融合教育，指导教师走科学、合理的“医教结合”“康教结合”道路。

培智学校教师在康复与教育过程，应秉承补偿缺陷的原则，对学生进行康复训练理应贯穿各项活动和训练中，循序渐进，不断强化。康复训练是一个漫长的过程，需要培智学校教师持之以恒，不间断、长期进行。

（3）教师采取正确的问题行为干预措施，加强干预效果

培智学校教师在对学生进行问题行为干预时，干预措施单一、缺乏适当性，导致干预没有实效。教师在对学生进行问题行为干预前，需要对学生有一定的了解，了解学生问题行为表现，对学生经常出现的问题行为应有干预方案，做好详尽的准备。培智学校学生个体差异较大，针对不同学生的问题行为教师采取的干预措施也应有所不同，不应该只是口头制止或是不予理会，如对自闭症学生的刻板行为进行干预时要考虑学生出现的这种刻板行为是否对学生自己或他人具有伤害性和干扰性。某教师曾提到他们班级里有一位自闭症学生，有刻板行为，对他人没有伤害，但在课堂上会出现尖叫的行为，对课堂有一定的干扰。刻板行为是为了获得感官刺激，对这种刻板行为进行干预时，需要考虑提高学生对课堂活动的参与度，寻找一种替代性行为同样可以达到获得感官刺激的目的。另外，经过相关研究发现，学生在无聊的时候刻板行为会显著增加，这是因为无法从课堂中获得足够的刺激，只能通过自身的刻板行为来获得满足。因此，这要求培智学校教师在对学生刻板行为进行干预时，还需要对教学方式进行调整，提高学生在课堂活动中的参与度，增加从课堂中获得的刺激量，以满足其需求。

培智学校学生常见的问题行为有伤害、破坏、刻板行为等，教师在对学

生问题行为进行干预时，需要针对不同学生问题行为以及问题行为的表现采取不同的干预策略。有些学生自身问题行为很多，需要教师先进行确定，明确目标；对学生问题行为干预是长期的工作，离不开家长对教师工作的支持与配合。采取正确的方式对学生问题行为进行干预有利于提高学生学习的积极性和适应性，提升学生的课堂参与度。

（4）提高培智学校教师自身的反思能力

教师反思能力关系到教师的专业发展，培智学校教师在教育教学中要善于观察和总结自己所看到、所听、所经历的东西，认真总结得与失。

首先，培智学校教师要在思想上重视反思。教师应主动反思自身在教学过程中存在的问题，就存在的问题积极寻找解决方法。其次，教师可以用日记等形式记录下教学活动中积累的经验，以便于日后进行反思。再次，对于教学实践或者理论学习上难以解决的问题和疑问，必要时可以寻求同事的帮助，通过与同事的交流和探讨，总结自己的心得体会，结合自身实际，有针对性地改进教学。最后，要对反思进行验证。这就要求培智学校教师在教学实践活动中把从反思中得到的结论运用到实践中，在实践中检验反思结论是否正确，然后教师再进行讨论、分析并验证以上过程中可能获得的新经验和发现的问题，以此使教师反思得到有效循环，在循环反复的过程中不断提高其反思能力。

二、培智学校教师在职培训情况

（一）培智学校教师在职培训的表现分析

1. 参与在职集中培训的培智学校教师的专业背景差异

依据参加培训的培智学校教师基本情况，将其分为非特殊教育专业背景和特殊教育专业背景两种类型。培智学校教师在职集中培训的专业背景比较如表 6–1 所示。通过此表可以看出非特殊教育专业背景教师在培训认识上的平均分为 4.15，高于特殊教育专业背景教师的平均分；非特殊教育专业背景教师在培训效果上的平均分为 4.15，也高于特殊教育专业背景教师的平均分；非特殊教育专业背景的教师在培训需求上的平均分为 4.07，还高于特殊教育专业背景教师的平均分。以“非特殊教育专业”和“特殊教育专业”两种不同专业背景类型为自变量，以在职集中培训调查的分数为因变量，采用独立样本 t 检验的方法，考察参加培训的教师是否存在专业背景上的差异，检验结果显示：非特殊教育专业背景的培智学校教师与特殊教育专业背景的培智学校教师对培训的认识上存在显著差异（$t=4.603$，$p<0.05$），即非特殊教育专业背景的教师在培训认识上显著优于特殊教育专业背景的教师；非特殊教育专业背景

的培智学校教师与特殊教育专业背景的培智学校教师在培训效果上存在显著差异（t=3.403，p<0.05），即非特殊教育专业背景的培智学校教师在培训效果上好于特殊教育专业背景的培智学校教师；非特殊教育专业背景的培智学校教师与特殊教育专业背景的培智学校教师在培训需求上存在显著差异（t=2.649，p<0.05），即非特殊教育专业背景的培智学校教师对于培训需求比特殊教育专业背景的教师更高。

产生上述结果的原因可能是非专业背景的教师在培智教育领域属于“门外汉”，他们需要逐步摸索前进。因此，他们更加重视在职集中培训。对于参加在职集中培训，非专业教师持有更高的积极性，认为在职集中培训很有必要，通过这样的培训，能够开阔视野、丰富知识，并且对今后的工作有很大的帮助；能够将所学到的知识与自己现有的知识结构相融合，扩展自己的思路，发散思维。我们通过访谈了解到，现有的在职集中培训内容理论知识多于实践，对于没有特殊教育理论基础的非特殊教育教师来说，更有意义。特殊教育专业背景教师认为自己已经掌握特殊教育理论基础，并且能够在日常的工作中逐步积累，因此更倾向于学习有成果的案例。

表6-1 培智学校教师在职集中培训的专业背景比较

项 目	专 业	人 次	平均分	标准差	t	p
培训认识	非特殊教育专业	140	4.15	4.66	4.603	**0.000
	特殊教育专业	90	3.74	6.15		
培训效果	非特殊教育专业	140	4.15	4.60	3.403	*0.001
	特殊教育专业	90	3.85	4.66		
培训需求	非特殊教育专业	140	4.07	4.66	2.649	*0.009
	特殊教育专业	90	3.84	6.15		
注：*p<0.05，**p<0.01						

2. 不同地域的培智学校教师在职集中培训的差异

依据参加培训教师所在培智学校地域的不同，将参加培训的培智学校教师分为“省、市”和“县、区、镇”两组。不同地域的教师对培训的认识、效果及需求如表6-2所示。从表6-2中可以看出，“县、区、镇”组的教师培训认识的平均分为4.03，高于“省、市”的平均分3.94；“县、区、镇”组培训效果平均分为4.13，高于“省、市”组平均分3.92；“县、区、镇”组培训需求的平均分为4.02，高于“省、市”组的平均分3.93，即参加过在职集中培训的教师中，学校属于县、区、镇的教师的得分高于学校属于省、市的教师的得分。

以“省、市”和“县、区、镇”两种不同地域类型为自变量，以在职集中培训调查的分数为因变量，采用独立样本 t 检验的方法，考察培智学校教师在职集中培训是否存在地域差异，检验结果显示：“省、市”组教师与“县、区、镇”组教师培训认识上差异不显著（t=–1.011，p > 0.05），即学校属于省、市级的培智教师与学校属于县、区、镇级的教师在培训认识上水平相当。“省、市”组教师与“县、区、镇”组教师在培训的效果上存在显著差异（t=–2.359，p<0.05），即学校属于县、区、镇级的培智教师在培训效果上好于学校属于省、市级的培智教师；“省、市”组教师与“县、区、镇”组教师在培训的需求上差异不显著（t=–1.011，p > 0.05），即学校属于省、市级的培智教师与学校属于县、区、镇级的教师在培训需求上水平相当。

产生上述结果的原因可能是各地区的培智学校都很重视教师的在职集中培训，注重教师专业化成长。从参加培训的比例看，两组人数基本持平，而培训效果上却并不同，究其原因，还要考虑到培训内容。在访谈中，有教师提到现有培训内容理论性过强，在一些短期的培训过程中，只能学到一些皮毛，并且学到的这些知识在实际教学中的帮助不大；以理论为主的内容很难解决一线教师在教学中遇到的困难；大多数停留在操作性差的理论层面，一线教师需要可操作的课堂教学技巧，要注重理论联系实际。这些理论性更强的知识对于县、区、镇级的教师更有效果。从师资分布来说，省、市级的学校师资要好于县、区、镇级的学校。从理论层面来说，县、区、镇级的教师较省、市级教师相对缺乏，因此，在职集中培训在一定程度上填补了他们理论层面上的欠缺。

表6–2　培智学校教师在职集中培训的地域比较

项　目	地　域	人　次	平均分	标准差	t	p
培训认识	省、市	106	3.94	5.78	–1.011	0.313
	县、区、镇	124	4.03	5.28		

续 表

项 目	地 域	人 次	平均分	标准差	*t*	*p*
培训效果	省、市	106	3.92	4.61	−2.359	*0.019
	县、区、镇	124	4.13	4.75		
培训需求	省、市	106	3.93	4.28	−1.001	0.318
	县、区、镇	124	4.02	4.55		

3. 不同教龄的培智学校教师在职集中培训的差异

将本次调查的 230 名参加培训教师的教龄分为三组：10 年以下、10 ~ 20 年和 20 年以上。对三组不同教龄教师在职集中培训的得分作单因素方差分析，结果如表 6-3 所示。方差分析结果表明，在培训认识上，参加培训教师存在教龄差异（F=6.108，p<0.05）；在培训效果上，参加培训教师存在教龄差异（F=3.988，p<0.05）；在培训需求上，参加培训教师存在教龄差异（F=4.581，p<0.05）。

表6-3　培智学校教师在职集中培训的教龄比较

项 目	教 龄	人 次	平均分	标准差	*F*	*p*
培训认识	10 年以下	65	3.79	6.33	5.740	*0.04
	10 ~ 20 年	108	4.16	4.66		
	20 年以上	57	3.91	5.59		
培训效果	10 年以下	65	3.80	4.32	5.883	*0.03
	10 ~ 20 年	108	4.11	4.72		
	20 年以上	57	4.16	4.82		
培训需求	10 年以下	65	3.81	4.42	4.659	0.10
	10 ~ 20 年	108	3.98	4.47		
	20 年以上	57	4.16	4.07		

事后分析的多重比较结果显示：在培训认识上，10 年以下组和 10 ～ 20 年组的平均分差异显著，$p<0.05$；10 年以下组和 10 ～ 20 年组的平均分差异显著，$p<0.05$；10 年以下组和 20 年以上组的平均分差异不显著，$p > 0.05$。培训认识包括两个维度，分别是教师参加在职集中培训的意愿和对在职集中培训的评价。其中，参加培训的意愿包括有没有必要参加在职集中培训、是否愿意参加在职集中培训、是否珍惜每一次培训机会；对在职集中培训的评价包括特教师资安排是否合理、在职集中培训是否实用、在职集中培训是否系统、在职集中培训能否把握前沿、在职集中培训是否有针对性。调查结果显示，不同教龄的教师对在职集中培训的认识呈现先上升后下降的趋势，其中最高点出现在 10 ～ 20 年教龄组，分值为 4.16。这组教师在教学中具备丰富的教学经验，能够在教学中不断发现问题，不断充实自己，因此其重视在职集中培训，通过参加在职集中培训以解决在教学中出现的问题，来帮助特殊儿童。从图 6–1 中可以发现，最低值出现在 10 年以下教龄组，从培智学校本身看，相较于其他教龄组的教师，10 年以下教龄组的教师参加的培训次数相对偏少，他们的教学经验也较少，不能在教学中发现更多的问题，对培训的认识不足。在调查过程中我们还了解到，因为每次培训有名额限制，所以学校派出去的教师都是骨干（有丰富教学经验，达到一定年龄教龄的教师），以更好培养师资，减少了年轻教师外出学习的机会。

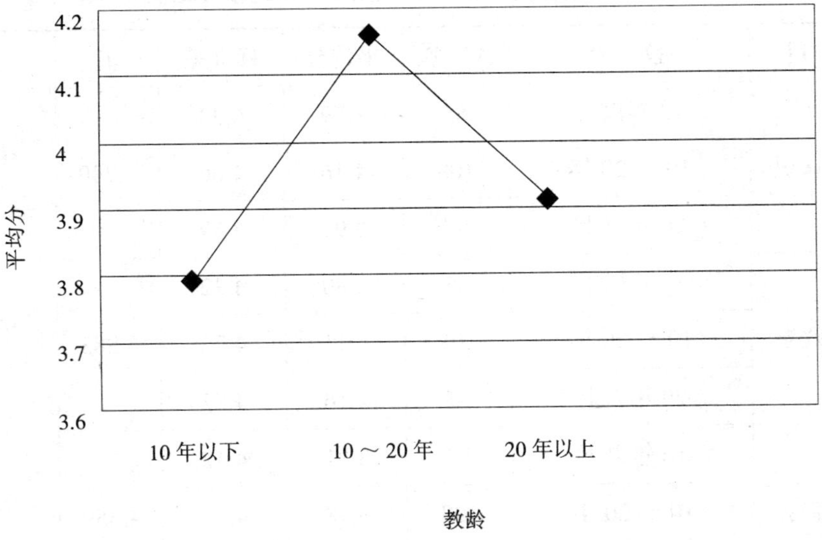

图 6–1　不同教龄教师的培训认识

在培训效果上：10 年以下组和 10 ～ 20 年组的平均分差异显著，$p<0.05$；

10 年以下组和 20 年以上组的平均分差异显著，$p<0.05$；10 年以下组和 20 年以上组的平均分差异显著，$p<0.05$；10～20 年组和 20 年以上组的平均分差异不显著，$p>0.05$。从图 6-2 中可以看出，培训效果是随着年龄的增长呈上升趋势的，其中最高点出现在 20 年以上教龄组，分数为 4.16，最低值出现在 10 年以下教龄组，分数为 3.80，即教龄越大，在职集中培训的效果越好。培训效果包括教学理念方面的收获是否很大、是否增强了培智教育专业理论知识、在专业技术方面收获如何、在培智教育训练方面收获如何、是否结交到很多优秀教师、是否开阔了自己的眼界等。最高分值出现在 20 年以上教龄组。在调查过程中我们了解到，因为年龄和教龄上的优势，这一教龄组的教师参加的在职集中培训次数是相对偏多的，每次培训都不可避免地会有重复的内容，参加的次数多相当于在巩固之前的知识，因此在培训效果上的得分高于其他两个教龄组的教师。

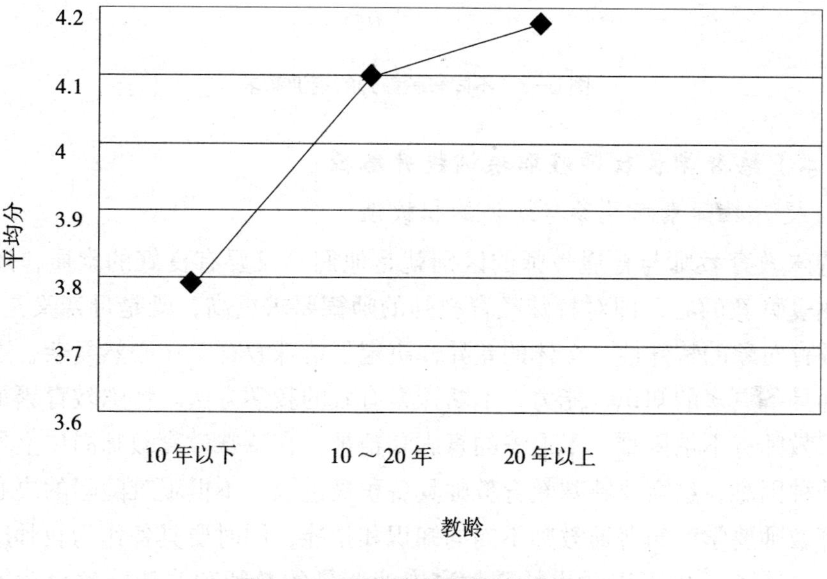

图 6-2　不同教龄教师的培训效果

在培训需求上，参训教师不存在教龄差异（$F=4.581$，$p<0.05$），事后分析的多重比较结果显示：10 年以下组和 10～20 年组的平均分差异不显著，$p>0.05$；10～20 年组和 20 年以上组的平均分差异不显著，$p>0.05$；10 年以下组和 20 年以上组的平均分差异显著，$p<0.05$。由图 6-3 可知，培智学校教师对在职集中培训的需求随着教龄的增加呈现上升趋势，教龄越长的教师，对培训的内在要求越高，需要更有深度的培训，而不是仅仅停留在表层的知识。多次的培训和多年的自我学习促使教师对培训更加严格，需求更高，教师对教授

者、培训类型及培训时间有了更高层次的要求。

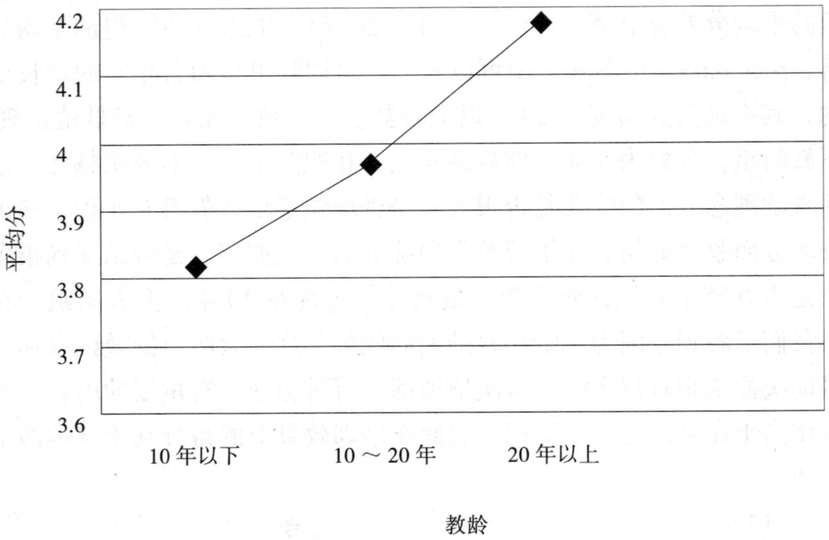

图 6-3　不同教龄教师的培训需求

（二）培智学校教师在职培训提升路径

1. 提升教师素养及参与培训的积极性

特殊教育教师与普通教师的区别就是他们不仅要有良好的素质，还要有一片热爱特教的心，即对特殊教育教师的师德要求更高，既是母亲又是教师。特殊教育对象的特殊性、个体的差异性决定了特殊教育工作必然复杂，这就要求教师具备更多的知识、能力，不断探索有效的教学方法。特殊教育繁重的工作要求教师有不怕困难、不退缩的意志和精神。在特殊教育教师岗位上可能会面临种种困难，这需要特殊教育教师具备积极进取、不惧艰难险阻的决心。特殊教育教师要学习与普通教师不同的知识和技能，同时要具备作为教师应有的素质。从表 6-1 中可以看出特殊教育专业背景的教师和非特殊教育背景的教师在培训认识上存在显著差异，即两者对培训的认识程度不同。每位特殊教育教师都应主动而积极地要求参加在职集中培训，不断提升自身的专业化水平。

作为培智学校教师，应自觉地不断提升自身的理论和业务知识，不断地学习，参加岗位培训，以便及时更新自己的知识结构，适应时代的变化；不断提升自身素养，从各方面努力使自己成为一名合格的培智教育教师。

2. 积极调研，优化在职集中培训课程设置

（1）基于实际工作需求选择培训内容

培智学校教师的在职集中培训应该着眼于实际工作需求，基于需求去选

择适合教师的培训内容。着重分析教师的实际工作需求，从中挖掘真正符合需求的内容，也可以确定培训专题内容后，有目的地选取适合该专题的教师或对该专题有浓厚兴趣的教师参与其中。与此同时，在进行培训时，应更加注重理论联系实际。对特殊教育教师进行培训的目标是在实际教学中能够充分有效地运用所学知识。从表 6-4 中可以看出，培智教育理论及政策和培智教育的教学方法这两方面的内容是在目前在职集中培训中经常出现的内容，平均分分别为 3.64 和 3.18，其次是个别化教学策略也有时出现，其余内容出现频率偏低。针对这样的状况，在职集中培训可以着眼于理论与实践相结合的道路，在培训课程中设计集体讨论课程，让各位参训教师有机会互相交流，取长补短。在访谈中我们还了解到，参加培训教师对行为矫正技术需求很大，对于教材的编写也很感兴趣。一些有医疗康复器械的培智学校，教师需要具备关于康复医疗及康复器械使用方面的知识。

表6-4　培训内容得分情况表

课程类型	总是（%）	经常（%）	有时（%）	偶尔（%）	从未（%）	平均分
培智教育理论及政策	28.3	30.9	24.3	10.0	6.5	3.64
智障儿童评估技术	10.9	21.7	33.0	20.9	13.5	2.96
个别化教学策略	11.3	25.7	36.1	17.0	10.0	3.11
培智教育的教学方法	15.2	25.7	32.6	14.8	11.7	3.18
智障儿童课程设计	9.1	22.6	32.2	19.6	16.5	2.88
行为矫正技术	11.7	21.7	30.9	20.0	15.7	2.94
智障儿童的康复治疗	9.6	16.1	33.5	21.7	19.1	2.75
多媒体信息技术	10.0	17.8	33.5	24.3	14.3	2.85

（2）培训课程要体现学科综合性

特殊教育学与康复医学、心理学、教育学等相邻学科的密切关系，在设计培智学校教师在职集中培训的同时应多考虑特殊教育学科所处的位置，它是多学科交叉形成的一个交集。因此，特殊教育教师不可避免地要学习包括康复医学、教育心理学、教育教学理论等多方面的知识，特别是康复医学的知识是培智教育教师急切需要的。在高等教育阶段，康复医学是一门独立的学科，而与特殊教育专业没有过多交集，康复医学毕业的学生更多地到医院去工作，很少涉足教育事业。特殊教育专业毕业的学生一大部分要到培智学校，他们缺乏康复医学的知识。在培智学校中的智障儿童，包括少数的孤独症儿童，是需要康复治疗的。既然在高等教育阶段，特殊教育专业的学生无法学习到康复医疗的知识，而在工作中又不可避免地需要这些知识，教师在职集中培训就为教师提供了一个学习的平台，培训的组织者应在培训中设置相应的康复医学的课程，聘请康复医学方面的专家，或临床医生来讲授相关知识。

3. 努力探索分类培训模式

由于培智教育的特殊性，培智学校教师的在职集中培训对象的专业、学历、教龄、年龄等都是不同的，针对培智学校教师各方面的差异，在职集中培训也应该有所侧重，做到“因材施教”“具体问题具体分析”，这样培训才能满足不同培训对象的需求。在职集中培训不能走本本主义的道路，应该从实际出发，充分依据现状设定培训模式。

在职集中培训必须是多层次、多样化的。从市级培训到省级培训，再到国家级培训，从下到上，每一层次都安排适应该层次的培训内容。可以有专门针对同教龄教师的培训，也可以有专门针对同专业背景的培训。培智学校教师的在职集中培训不能和普通学校教师参加的在职培训一样，由于培智学校教育对象的特殊性，教师的在职培训也应具有特殊性。在培训设定之初，应该提前做问卷调查，了解一线教师到底需要什么，针对需求去设计在职培训的课程，反复与相关部门、拟参加培训教师、拟参加培训教师的管理层沟通，不断调整培训内容，使最终的培训内容具有针对性，能够充分发挥在职培训的作用。我们通过访谈了解到，大部分教师更愿意参加教学观摩、案例教学、个案分析等形式灵活的培训，特别是案例教学，能够解决他们在教学中遇到的实际问题。

4. 建立培训评价机制

培智学校教师的在职集中培训不能为了培训而培训，要使培训收到实效，必须加强监督和考核。培训组织部门应注意每次培训中教师的出勤情况、听课情况、课后反馈等一系列相关信息。可组织一次规模较大的论坛式培训，在此基础上组织相关子论坛，系统深入地学习与母论坛每一模块相关的知识，不拘泥于理论讲授，而是结合多种方式。整个论坛式培训结束后，对参加培训教师的理论知识进行考核，实践活动进行工作记录式反馈，最终评定参加培训教师何时能够结业。通过建立各级统一的教师培训网络，细化各部门职权：培训基地负责制订培训计划，而管理机构则负责对培训计划的审核、培训过程的监督以及对培训结果的考核，做到各负其责，认真做好教师培训工作，以保障培训的实效性。

另外，应当注重培训的评价机制，及时了解参加培训教师对培训内容的吸收情况，发现问题所在，如内容不贴近日常教学，或是教授者讲的东西重于理论，或是培训的日程安排使学员不能保持最佳状态参加培训等，及时解决问题。

5. 加强培训的管理

我们在调查中发现，参加培训教师普遍反映现有的在职集中培训时间短、不连贯，甚至出现受训机会不均等情况，有些参加培训教师反映一部分接受培训的教师只是把参加在职集中培训当作领导给的任务来完成，而真正需要在职集中培训的中青年教师却没有参加培训的机会。为了应对可能出现的培训时间短、不连贯，受训机会不均等现状，各个辖区应提早制订出下一年的培训计划，包括培训规模、内容、时间等各项相关事宜。这样各培智学校可根据上级教育部门的安排以及本校自身情况安排参加培训教师，在保证教学进度不被打乱的前提下，让教师充分接受在职集中培训。同时，适当增加在职集中培训的时间，扩大受训范围，让更多的培智学校教师都有机会接受培训。调查结果显示，59.6% 的教师非常希望将培训安排在工作时间，24.8% 的教师比较希望能将培训安排在工作时间。但因为培智学校教师教育对象的特殊性，为保证正常的教学秩序，培训时间的选择既要考虑教师需求，又要考虑学生需求，可以将培训安排在寒、暑假的假期之初或假期结束之前，不应影响教师的正常假期，也不影响学校的正常教学秩序。这样安排既保证了教师的工作质量，又满足了教师需要休假的心理，为他们提供一个安心学习的时间，使培训效果事半功倍。

在选取培训教师问题上，可以从参加培训教师的不同层次入手，为参加培训教师提供与其相适应的培训师资。不是所有的培训都需要在特殊教育领域有所作为的知名教授或专家，也不是所有的培训都需要一线有实践经验的教师。参加培训教师通过沟通交流获取知识、信息、友情，这样获得的效果远远好于专家的讲解。如果有可能，培训组织部门可以聘请离退休的优秀教师，提供一堂生动且充满知识、趣味的课。调查中有超过 80% 的教师希望能由实践型教师来担任培训教师，因为他们比“知名教授”更有实践经验，他们讲授的内容更容易被一线的培智教师接受。

第三节　培智学校教师专业化发展的现状与路径

一、培智学校教师专业化发展的现状

（一）培智学校教师在促进学生个人的发展方面的现状

培智学校教师在促进学生个人的发展方面达到中等程度。这是因为目前在培智学校就读的特殊儿童类型不同，不同年龄段的学生的发展有不同的特殊要求与需求。比如，对正值青春期的男女学生和刚入学的学生所要教授的知识和技能明显不同，所以要求教师全面熟悉学生情况，依据获得信息制定学生发展纲要，促进学生个人发展。

（二）培智学校教师在专业提升与职业规范方面的现状

培智学校教师的专业化发展进程较慢，专业知识及职业规范还欠缺。在国务院办公厅转发原国家教委等部门《关于发展特殊教育的若干意见》中指出：为补充特殊教育急需的师资，各地应该统筹规划，选调一部分应届中师毕业生和普通中小学、儿童福利机构的在职教师进行专业培训，分配到特殊学校（班）和残疾儿童福利机构任教。同时，还可选调一部分高中毕业生或者民办教师进行专业培训，分配到特殊教育机构任教。由于当时条件限制，目前任职于培智学校的教师多数不是毕业于特殊教育专业，部分人员只是接受过短期的专业培训，专业知识与技能的掌握情况不是很好。因此，培智学校教师在专业提升与职业规范方面发展水平较低，需求程度较高。

（三）培智学校教师在特殊教育基础内容方面的现状

培智学校教师在特殊教育基础内容方面的发展现状是处于中等偏上水平，需求程度较高。无论是没有专业背景的教师的多年知识积累还是新任教师在师范院校的习得，都使他们对特殊教育基本理论知识有了初步掌握，而特殊教育相关法律法规的宣传普及也使培智学校教师对这些内容有一定了解。但是，随着特殊教育事业的发展，特殊教育前沿理论知识的更新速度比较快，各类有关特殊教育的政策法规也在逐步完善。培智学校教师需要不断提高素质才能适应教学的要求。

（四）培智学校教师在教学设计与开发方面的现状

培智学校教师在教学设计与开发方面的发展现状处于较高水平，需求程度相对较低。这说明教学设计与开发作为教师必须掌握的基本功，教师在教学过程中应用得较好。特殊儿童的个体差异较大，作为培智学校的教师，必须掌握儿童的特性，制订适宜儿童发展的教学计划与管理方式，还需要选取适合的教学用具。

（五）培智学校教师在智力落后的诊断和评估方面的现状

在智力落后的诊断和评估方面，现状得分最低，需求程度处于中等水平，需求程度与研究者预想结果有些出入。分析原因，可能与中国的实际情况有关。美国特殊学校会对新入学学生做筛选、预诊、转介、无歧视评估，然后依据评估结果与学生家长讨论合理的安置方式与训练计划。在国内，儿童的特殊类型划分、程度轻重主要是由医院来鉴定。入学后，教师虽然也会根据学生实际情况应用一些辅助量表为他们做能力测试，制订个别化训练计划，但是整体操作过程远不如国外学校那样细致规范。培智学校教师大多非专业出身，对学生的诊断和评估知识掌握不够全面充分，学校与家长对教师这方面的要求也较少，重视程度不够，因此教师对自身专业发展需求也不是很高。

（六）培智学校教师在辅助教学的相关知识方面的现状

培智学校教师在辅助教学的相关知识方面呈现出低现状、高需求，与预想结果相符。利用新型科学技术与仪器为学生做语言治疗、行为矫正等康复训练是目前培智学校教师面临的一个挑战。另外，特奥会的开办使教师须对学生做特奥项目的训练和指导，而之前教师在这方面的知识比较匮乏。这些都对培智学校教师提出了更高的要求。对于智力障碍及相关发育障碍儿童的教育要尽量降低知识的抽象水平，运用大量教学媒体增强教学的适用性、趣味性。因此，计算机辅助教学知识的掌握有助于教学的设计和开发。现实工作中知识与技能的缺乏，辅助教学知识的重要性，再加上教师注重自身专业的提高，导致在辅助教学的相关知识方面培智学校教师表现为专业发展现状水平较低，而需求程度较高。

二、培智学校教师专业化发展的路径

（一）提升教师学历，构建新型大学培养模式

从根本上讲，国家宏观政策和相应体制的完善对培智学校教师专业化发展具有保障作用，因此提升教师学历，构建新型大学培养模式势在必行。保证培智学校教师的师资质量，首先要提升教师的学历，使高校人才服务于基础教学，带动特殊教育的快速发展。目前，我国特殊教育研究者只专注研究，一线教师一味教学，两者没有充分的交流配合，最终导致理论和实践相脱节。附设在大学机构的部分特殊教育研究中心，由于各种原因，没有统领整个地区的特

殊教育发展，没有担负起教师的进修和提高任务。大学院校和培智学校应该有良好的沟通与互助方式。

鉴于目前我国实际情况，我们提出两点建议可供参考：第一，构建师范院校和培智学校共同培养人才的模式，即学院三年培养＋培智学校一年培训（实习）的模式。可由政府调控建立合作模式，也可由学校自行根据自身发展需求建立长期互助模式，更好地促进当地特殊教育的发展。大学院校和地区培智学校进行学生与教师的互换，即当高等院校的学生在培智学校实习期间，培智学校可以分批选送教师到高等院校进修。这样一方面可以使在校学生获得对有特殊教育需要的儿童进行教学训练的实际工作能力，另一方面也可以使培智学校教师学习相关特殊教育方面的基本理论知识，得到专业知识提升的机会，适应特殊教育学校对学科性人才的需求。第二，国家可以制定特殊教育专业资格认定制度。对特殊教育院校学生提高要求，学生毕业之前要对其进行能力测试，考试合格者才可从事特殊教育工作。规定上岗特殊教育教师必须具有三证，即学历证书＋教师资格证书＋特殊教育专业资格证书。基层教师为了提高自身专业水准，可以自行参加考试，或者由学校统一组织参加考试。

（二）科学合理设置特殊教育院校课程体系

随着我国特殊教育事业的不断发展，特殊教育中的专业分化越来越细致，目前在培智学校就读的学生主要有智力落后儿童、唐氏综合征儿童、孤独症儿童、脑瘫儿童等。由于教育对象的多样化、复杂化，培智学校教师不仅要了解特殊教育的总体内容，还应掌握更为细化的专业领域知识。因此，高等院校在课程设置及培养模式方面应着眼于特殊教育专业的一般性和特殊性，结合特殊教育对象的特点并把握专业发展的前沿，对专业课程做出科学设置和合理调整。依据现实情况，笔者提出以下的特殊教育院校专业方向课程体系构建模式。

1.特殊教育基础知识类课程

作为特殊教育专业的学生都应掌握的基础知识，特殊教育院校应开设诸如“特殊教育学”“特殊教育史”“特殊教育概论”“特殊儿童心理评估”“特殊儿童心理测量与心理咨询”“当代儿童发展心理学”“特殊教育需要儿童认知心理学”“智力落后儿童心理学”“儿童行为矫正学”等教育与心理、行为矫正方面的课程。只有扎实掌握基础知识，教师才能灵活运用，为特殊儿童家长进行咨询并给予指导；与社会相关单位进行广泛的合作交流，为特殊儿童的发展提供更好的平台。

2. 有关障碍者特点类课程

特殊儿童的类别差异和个体差异均很大，障碍类别的具体表现形式、严重程度、功能表现等，在不同个体身上的表现也有很大不同。特教专业大学生不仅需要熟悉这类障碍儿童在症状学上的表现，还要对隐藏在这些症状学表现背后的病理、心理等原因有所了解，因此掌握一些脑医学、行为学、康复学的相关知识原理也是必要的。特殊教育院校的课程设置应充分考虑学生需要，及时调整，合理安排。

3. 诊断、评估类课程

对任何儿童进行教育干预之前都要进行适当的评估，科学的评估是制订个别化教育计划、检验教育干预有效性的重要手段。培智学校的儿童种类不同，个体差异较大，发育障碍范围广泛，所以只有对这些儿童进行全面细致的评估，才能更好地反映出他们的目前状况，科学有效地制订教育计划并最终评价教育干预所取得的效果。因此，特殊教育院校需开设相关课程使特殊教育专业的学生不仅掌握一些评估、诊断量表的原理及施测方法，还要学会一些教育评估方法，如问卷编制、观察法、访谈法等，以便更广泛地收集评估资料。

4. 教育方法、教学设计类课程

当前特殊教育专业大学生的理论知识比较充足，但实践技能不够，这就造成他们毕业后进入工作岗位不能很好地适应一线教学，在教学过程中，教学方法的选取和教学设计的准备相对单一，且缺乏衔接与融合，一些新教师往往需要很长的工作适应期，这不仅不利于教育成效的体现，也可能导致教师产生挫败感和迷茫的心境。因此，大学在课程设置方面需要做出有针对性的调整，增加有关特殊教育实践教学设计类课程，并适当聘请有经验的培智学校教师做实践教学方法和教学设计等相关讲座，从而让学生通过探索、模拟、改进等过程提前感知特殊教育的实践教学，并做好有关一线教学的技能准备和心理准备。

5. 辅助教学的相关知识类课程

由于智力障碍及相关发育障碍儿童的疾病困扰几乎是伴随终身的，所以教师不仅需要教授他们科学文化知识，更重要的是要让他们具备生活自理能力和生存必需的技能。特殊教育院校培养学生时就应掌握有关特殊儿童生理特征和特殊儿童职业教育的知识。另外，儿童的注意力在一节课的时间往往是有限的，特殊儿童更是如此，要想吸引他们的视线，在课程设置方面就要灵活多样。因此，特殊教育院校应培养学生利用计算机辅助教学的技术，在课堂教学中体现视听结合、图文并茂、动静相宜等技术特点，帮助特殊儿童有效学习。

（三）构建规范实效的职后培训模式

特殊教育教师的成长是个终身的过程，是专业不断发展的过程，它不仅要求教师通过职前教育奠定专业发展的基础，更要求教师在任职后继续接受专业化的培训、学习和再教育，以促进自身专业不断发展。[①] 职后培训主要是针对在职教师的学历提高、教学适应、教学理念和手段更新以及适应课程与教学改革等进行的短期、有针对性的训练。目前我国特殊教育院校教师的职后培训还没有形成一个完整的体系和制度，许多问题有待研究。笔者拟从以下几方面给予分析建议，以供参考。

1. 完善培训机制

特殊教育教师的培训发展关系到我国特殊教育事业的发展进程，是我国特殊教育事业前进的推动力。教育部门应出台相关规定，制定相应政策以确保培训工作保质保量完成。第一，建立从国家到地方的系统化培训机制，规定相关机构定期开设培训班，明确培训规格、方向，提高培训实效，有利于培训过程的控制管理，做到有据可依。例如，心理与特殊教育研究中心统一部署规定培训任务，集合全国各地下设机构，组织教师学习研发；开设其他有利于教师走出本校教育天地、扩展知识面的学习教研活动等。第二，建立完善的一线教师培训评估制度。例如，设置培训合格证书，定期举行地方或国家级考试，对于合格的教师颁发继续聘用证书，不合格者预留一定时间督促其学习进步，再经考核，仍不合格者应取消其从教资格。以此勉励教师不断提升自身专业素质，做到与时俱进，更好地服务于特殊儿童。

2. 调整培训课程

用先进的教育理念和新课程理念影响和改变一线教师的传统观念，让特教理论回归教学实践并指导实践，提高教学效率。培训课程可随着国际、国内学术实践前沿的变化发展具体安排，包括特殊教育前沿理论知识、心理学和生理学相关知识、康复教育基础理论、康复技能技术、项目评估、外国特殊教育发展研究、国际国内先进实践经验、教学实践中遇到或面临的有关问题与应对策略等。

3. 整合培训方式

（1）心理与特殊教育研究中心组织的前沿培训

心理与特殊教育研究中心作为特殊教育研究的重要机构，可发挥引领特殊教育发展方向的作用，定期邀请国内外从事特殊教育研究的专家介绍先进的

① 申仁洪．从师范教育到教师教育：特殊教育师资培养的范式转变[J].中国特殊教育，2004（4）：66-70.

特殊教育理念、专业知识与技能，就某些热点问题进行专题讲座。这种培训方式虽然时间较短，但涵盖的内容理论性强，包容性广，可以使特殊教育学校的相关领导或学科教研负责人从中汲取有关特殊教育的前沿知识，进而对其学校的教学教师进行再培训做足准备。

（2）师范院校培训

高中等特殊教育师范院校的特殊教育研究中心、特殊教育系组织举办各种形式的领导、教师培训班，可分为针对骨干教师的提高班和新进教师的上岗指导等，主要进行特殊教育最新理论与技术、特殊儿童的心理与教育、教学方法、康复指导等知识的培训，使其能对今后的教学方式、教育对象、教学内容有更深的了解和把握，使校长或教师在教育思想和教学行为上跟进时代发展，主动引领学生发展，而不是被儿童不断延伸的各种症状牵着走。① 普通师范院校举办各种科目教师进修、函授课程和夜大学习班，残疾人联合会开设教研活动、联谊会，让教师从另一个侧面学习进步，了解特殊人群的生活，有助于指导特殊儿童的职业教育生涯。

（3）交互式培训

为了改变目前同一地区各学校封闭教学的现状，各地可通过省、市级特殊教育中心等组织，联合各学校，定期在当地的一些特殊教育的理论与实践、操作、运用等方面做得较为优秀，具有典范性的学校进行示范课题的组织学习和观摩。这样不仅可让其他特殊学校的教师及时、有效地了解和掌握当前国内外特殊教育领域中的一些新理念、新尝试、新动态，还可让受训教师在轻松的交流和分享中学习他人长处，学会专业知识，提高专业技能，从而产生新的教学思想，实现自我提高。课后还可组织教师进行讲评和总结，让示范校能从中获取好的建议，把示范校的榜样作用发挥得更好。交互式培训可使培训与受训者之间建立起一种相互学习、共同进步的关系。

（4）校本培训

校本培训是以特殊学校为基本单位，基于并为了学校的发展而展开的教师培训形式。该模式可让受训教师在教学实践中，通过老教师或者专业骨干教师带领，学会特殊教育方面的专业技能和掌握相应的专业知识，既不受规定课程教材的影响，又能避免理论脱离实际的弊端，让受训教师在实践活动中提高自己的能力。特殊学校的教师大都具有丰富的教学实践经验，但由于种种原因，往往缺乏相应的教育研究能力，难以将教学所得有效地转化为教学科研理

① 曹红卫．我国特殊教育教师职后培训模式新探[J]．中国特殊教育，2004（11）：72-74.

论。因此，通过教师内部教研学习让教师学习如何通过选题、设计、收集资料、整理并整合资料等过程，获得科研理论，掌握科研的程序、方法，形成并提高相应的科研能力和水平，进而提高教学能力是十分必要的。在校本培训中，可指导教师根据自己在教学中存在的问题、收获的成果、教育热点问题等确定课题进行研究，通过不断开展课题研究，提高特殊学校教师的科研能力。

以上四种培训方式不仅可以采用实地面授培训的方式，也可采取远程教育的方式，这样不仅可以扩大接受培训的人员数量，也可以使培训资源重复利用，从而更好地实现培智学校教师在职培训的目的。

第七章　聋校教师：特殊教育聋校教师专业化发展

第一节　聋校特殊教育的基本思想

一、聋校特殊教育的目的观

聋教育是特殊教育的一个组成部分，和特殊教育目的观基本一致。“尊重个体、尊重差异”，是特殊教育理念的核心思想，也引领着特殊教育的发展方向，反映了特殊教育改革发展的轨迹和走向，更重要的是它从生命存在与发展的意义上体现了特殊教育的内在逻辑和本质特征，表明了以满足学生特殊教育需要价值取向的学科立场和时代特征，力求平等，尊重差异，这也是特殊教育的基本要求。具体体现在以下几个方面。

（一）平等性

尊重人与人之间的差异，承认个人的价值才能，关注情感与行为方式上的个性发展，并给予每个人充分发展自身、激发内在潜能的平等机会。作为教育者要排除教育中的一切不平等因素，要符合“人即目的”“机会均等”“差别性对待”的原则。

（二）差异性

特殊需要教育在方法论上突出强调个体差异的个别化教育取向。以承认和尊重个体差异为前提，满足每个特殊教育儿童的不同需要，对他们实施个别化教育。特别注重针对学生的个别差异进行教育，是人的个性发展需要的表现。“特殊需要的本原在于其不同的差异性，它在本质上也客观地要求适应个体差异的教育。”[①] 简而言之，特殊教育的目的观：尊重个体、尊重差异、珍视

① 盛永进．特殊需要教育的内涵及其时代特征[J]．现代特殊教育，2008（3）：14-17.

生命、注重人的主体精神发展的内在需要，力求平等，教育要从思想上和形式上接受所有有特殊需要的儿童，使其回归主流社会，适应时代发展。

二、聋校特殊教育的课程观

特殊教育的课程观要求：课程设置要全面贯彻党的教育方针，促进有特殊需要的学生全面发展，尊重个性发展，开发各种潜能，满足各种特殊需要条件，从而补偿视力、听力、智力等残疾带来的种种困难，适应现代生活需要，使学生热爱祖国、热爱集体、热爱社会主义，传承和发扬中华民族的优良传统和民族传统，遵纪守法，维护社会公德、依法维权；形成正确的世界观、人生观、价值观；以特殊需要的理念看待残疾，具有乐观进取、自尊、自信、自强、自立的精神，坚强意志以及平等参与的公民意识；具有努力为人民服务的思想和强烈的社会责任感；具有自强不息的创新精神、科学实践能力、人文素养以及尊重自然保护环境的意识；具有终身学习的适应社会能力，身心健康，养成健康的审美情趣和生活方式，学会交流与合作，以达到独立生活、适应社会发展，成为有理想、有道德、有文化、守纪律的社会有用人才。

聋校义务教育阶段的课程设置要坚持以人为本，体现义务教育的基本性质，遵循聋生身心发展的特点和规律，适应社会经济和科学技术发展的要求，为聋生的持续、全面发展奠定基础。坚持以学生发展为本，这是聋教育永恒的课程价值观。

（一）均衡性与特殊性相结合

根据聋生全面发展的要求，均衡设置九年一贯的课程，各门课程比例适当，以保证聋生的和谐、全面发展。课程设置要注重培养聋生积极主动的学习态度，使聋生在学习过程中，既获得基础知识和基本技能，又学会学习、生活、合作、生存和形成正确价值观。课程设置要按照聋生身心发展规律，积极开发潜能，补偿缺陷，增设具有聋教育特点的课程，注重发展聋生的语言和交往能力。

（二）综合课程和分科课程相结合

课程设置要坚持综合课程和分科课程相结合，各门课程都应重视学科知识、社会生活和聋生自身经验的整合，加强学科渗透。

小学阶段（1～6年级）以综合课程为主，初中阶段（7～9年级）设置分科与综合相结合的课程。注重培养聋生的生活技能、品德修养、社会责任感以及职业技术、劳动实践能力，注意训练他们的语言能力、社会交往能力，提高他们的信息处理能力。

（三）统一性与选择性相结合

课程设置既要坚持面向全体学生，提出统一的发展要求，又要根据各地区聋校的实际需要和聋生的个体差异，提供选择的空间。学校应创造条件，积极开设选修课程，开发校本课程，以适应社会和学生发展的需要。

三、聋校特殊教育的师生观

（一）“我—你”师生关系

在特殊教育理念下的聋教育师生关系是一种处于平等地位的“我—你”关系。教师和学生都是具有美好生命的个体，教师应以一种纯粹的“我—你”关系和学生共处，即教师和学生两者作为主体交往发生相互作用，相对于对方，谁也不是主体，谁也不是客体，谁也不是对象，谁也不能操纵谁。特别作为教师的一方，更不能耍权威，把自己的意愿强加于学生，对于有特殊需要的学生，最重要的是尊重他们，平等地对待他们，否则不利于教育活动的开展，也不是真正意义的教育。

真正意义的特殊教育需要平等的师生关系，一种在活动中相互作用的关系。作为有特殊需要的孩子，他们的心灵更脆弱，更自卑。我们仅仅给予同情、施与关爱，是远远不够的。他们最大的需要是人格尊严、地位的平等。所以，作为特殊教育事业的教师和学生之间，只有保持这种纯粹的“我—你”关系，才能更好地开展教育工作。

（二）心理医生式的对话交往的师生关系

聋哑儿童多多少少都有一种自卑的心理，因为他需要克服比常人更多的障碍，才能达到自己正常的愿望，久而久之，这些孩子在心灵上就会出现自我封闭、自我隐藏，和正常人隔离的现象。作为教师应该拉近与他们的距离，作为朋友和心理医生的双重身份，找出他们各自的障碍，以朋友的身份和他们互动交流，采取各种恰当的手段消除他们这种障碍。眼睛和微笑暗示他们，“你是能行的，你是和正常人没有任何区别的有前途的孩子”。再用实际行动让他们感觉到老师的话语是真诚可信的。雅斯贝尔斯曾经说过：“教育本身就意味着一棵树摇动另一棵树，一朵云推动另一朵云，一个灵魂唤醒另一个灵魂。”① 一种未能触及灵魂变革的教育，它就不能成为教育，因此作为特殊教育教师更应以唤醒灵魂的方式去接触这些孩子，以尊重为前提，巧施关怀和爱，利用平

① 卡尔·雅斯贝尔斯．什么是教育[M].邹进，译．北京：生活·读书·新知三联书店，1991.

等的“我—你”对话方式感化他们。

在对话交往关系中，教师和学生自由思考，从而在对话中师生互动，传递经验，回答问题，解决问题，让真理、经验、知识、思想、价值、意义、情感、态度都在对话中显现。对话揭示“真理”，使真理自然显现，学生也容易接受。在对话交往的过程中，师生形成了心灵相通的、平等的师生关系，有利于学生的精神受到对话的启蒙和引导。

（三）“互助式”的师生关系

在师生交往中，教师要克服传统的传授式、控制式的教学，更不能凭自己的意愿去管制，强硬地让学生达到自己的教学目标。对待聋哑孩子，应该帮助其克服心理障碍，学会和他们交流，从而达到和他们建立一种共同学习、相互影响的互助式关系。教师要有较强的病理、心理诊断和手语交流能力等，只有这样才能排除交往过程中的客观障碍，从而实现真正有用的平等互助关系。如余恩所言：“在这种框架中，学生才能对教师的权威‘延缓不信任’，相反，通过行动和交往作用向教师‘随之产生的能力’开放。相应地，教师将‘乐于面对学生’，与学生一起探索师生所达成的共识。”[①] 这种互助式的师生关系要求师生共同发展，都以求知者、参与者的身份进行交往。教师是最好的倾听者和探讨者，而不仅仅是好的讲解人。教师应倾听他们，重视他们的内心世界，让学生消除隔阂，勇敢自由地吐露心声。另外，教师要利用自己的病理判断技能从学生的言语和行为中判断其心理倾向，从而进行适度的调整和恰当的帮助，彻底消除学生的敬仰权威的心理，克服“以老师为中心”的观点和“以学生为中心”的观点。要达到教师和学生共同进步、共同发展。

第二节　聋校教师专业化发展的意义

一、聋校教师专业化发展概念

聋校教师是指从事听力障碍儿童教学与管理工作的专职教师。聋校教师专业化是指聋校教师根据聋人特殊教育的要求，不断学习聋教育专业知识，训练聋教育专业技能，提高自己的专业素养，由一名“新手”“工匠型”“实用型”教师转变成“研究型”“专家型”“公仆型”教师的过程。聋校教师专业化比一

① 盛永进．特殊需要教育的内涵及其时代特征[J]．现代特殊教育，2008（3）：14-17.

般教师专业化具有更高的要求，其既要有普通教师所具备的知识、技能、专业素养，又要有聋教育教师应具备的专业知识、专业技能和专业素养，最重要的是要有满足聋人特殊教育的理念。

专业知识主要指各学科知识、聋人心理学和聋人教育学知识、普通文化知识等。专业技能包括手语技能、病理诊断技能、康复技能、教育诊断技能、职业教育技能、科研技能等。专业素养包括建立职业道德理念、专业服务理念和尊重生命、尊重差异的理念等。

聋校教师专业化发展是一个动态的发展过程，随社会变革和发展的需要而不断赋予同社会变革、发展相适应的内容。因此，聋校教师专业化发展是学校走内涵发展之路的必然要求，是特殊教育改革永恒不变的主题。当今时代要求聋校教师的专业化发展要以满足聋人特殊教育，帮助聋人更好地融入主流社会为标准，增强教师专业化发展的主体意识，树立职业信念，努力提高自己的专业化水平，从而满足和适应社会发展的需要、学生发展的需要、自我完善的需要及特殊教育改革的要求。

二、特殊教育理念对聋校教师专业化发展的意义

用特殊教育理念促进聋校教师专业化发展是我国聋教育发展的突出要求，是提高教师教学工作质量的重要保障，是实现“缺陷补偿”和“潜能开发”并重目标的保证，也是聋教育改革的师资基础，为聋校教师的专业化发展提供了良好的社会环境和学校管理等方面的支持，也为教师自身确立了专业化发展的方向。

（一）提供了聋校教师专业化发展的社会环境

习近平总书记在全国教育大会上强调：建设社会主义现代化强国，对教师队伍建设提出新的更高要求，也对全党全社会尊师重教提出新的更高要求。因此，加强和改革教育，大力提高教师专业化水平是一项根本性的举措。20世纪90年代初期，教育开启改革航程。设备更新与添置，校园环境的改善在“量”上获得重大突破。“人本理念”与“生命意识”作为教育“质”的内容被推到改革的前沿，新的教育观、学生观、人才观催生教师专业技能与教学思想应与时俱进的社会要求。

特殊教育是“基于个体差异独特性，旨在满足个体特殊教育需要，促进个体身心发展的教育”[①]。其内涵是珍视生命、尊重个体、尊重差异。其时代特

① 周志英.从学校管理视角看特教教师专业发展的障碍与对策[J].现代特殊教育，2008（12）：13-16.

征具有平等性、发展性、特殊性。特殊教育理念视“残疾”为人的特点而不是“缺陷”，是社会多元化发展的现象。这一认识改变了社会对残疾人的偏见，残疾人和正常人一样都是具有美好生命的个体，根据他们的特殊需要对他们应施与平等的教育、平等的就业机会。这就为聋校教师的专业化发展创造了良好的社会环境。

（二）明确了教师自身专业化发展的方向

随着教育改革的步伐不断向前迈进，新的教学理念与新的课程标准以及现代教育技术的深度渗透，教师职业的传统要求已无法满足教育的全面变革，新时期的教师不仅要肩负传承传统文化的原始职责，还要担当起培养具有创新能力和创新精神的一代新人的时代重任。树立终身学习观念、与时俱进和自我超越是新时期教师职业价值的根本取向。教师必须以自觉的行动影响教育学生，实现专业技能、专业思想及职业道德的全面提升。同时，从社会建构角度思考，教师职业的社会地位的提高也只有通过教师个体与群体的发展才能实现。利用特殊教育理念指导教师自身专业发展，有利于针对学生个性差异进行教育，在促进学生发展的同时，教师自身也得到发展和提高。

第三节　聋校教师专业化发展的现状

一、聋校教师专业化发展存在的问题

我国第一所聋人学校建立至今，聋校教育各个方面都有了相应的发展，但相对于普通教育，仍然处于落后的境地，与特殊教育理念的要求相距甚远，在教师专业化发展中还存在一些问题。

（一）教师的学历不符合特殊教育的学历要求

特殊教育对聋教育专业的教师在专业知识和专业技能方面提出了很高要求，不但要求他们至少必须具备本科学历，而且必须持有教师资格证方能上岗。但调查表明，特殊教育教师的学历层次不高，满足不了特殊教育的学历要求。在所调查的江苏省 3 207 名聋校教师中，中师学历教师有 1 292 人，所占比例为 40.29%；专科学历教师有 1 408 人，所占比例为 43.90%；本科学历教师有 505 人，所占比例为 15.75%；研究生学历教师 2 名，所占比例为 0.06%。

近几年来，聋校教师通过继续教育的方式取得了不同层次的学历，但是特殊教育专业学历层次较低，仍然不能满足聋教育发展的要求。特殊教育教师

的整体学历不高，专科层次人数过半，研究生和本科层次人数偏少，中师中专以下的学历层次人数虽然不多，但仍削弱了教师的整体学历水平。目前专科层次虽已达到合格学历要求，但这与特殊教育对教师的学历要求不相吻合。国际上很多国家都要求特殊教育教师不仅要掌握普通教育教学的方法、技能，还要掌握特殊的专业知识及教学方法、技能，因此他们要求特殊教育教师必须先修完普通教育的课程，拿到学士学位后或大学的后 1～2 年的时间内学习特殊教育的课程，掌握特殊教育的方法、技能，方可取得特殊教育教师资格。另外，特殊教育教师学历的专业性不强。具体体现如下：原始学历普通师范类多，特殊师范类少，不能满足聋教育需求，即便经过几年的继续教育取得了大专、本科学历，但是所学的内容都是普通相关的知识，对特殊教育专业的知识内容并不涉及，与其所从事的教育工作也无太大的相关性，没有针对特殊教育专业发展的提升，造成教师的“质量短缺”，仍不能较好地满足特殊教育的要求。

（二）专业信念模糊

教师的专业理念、专业观念、专业价值观、专业道德观等都是由一定的专业信念所支配的。专业信念一旦确立，就会给教师的心理与行为带来深远的影响，决定着个体成长与发展的方向、速度和效果。作为聋校教师，针对聋教育的特殊性，应该以满足聋生特殊教育需要的教育理念作为自己专业信念的基础，形成自己的专业信念，而现实是多数教师受到各种因素的影响，或者说是抱着养家糊口的思想去从事教育教学工作，缺乏正确的理念作为指导思想，没有反思，没有责任，没有职业幸福感，没有明确的专业信念，甚至根本就不了解什么叫专业信念。这主要表现在以下两个方面。

1. 职业理解错位，成就感不足

社会发展，时代变迁，人们难免受到金钱、权力、地位的诱惑，致使一部分人不能安分于自己的本职工作，身处清贫境地的教师也不例外。他们迫于经济和地位的压力，怀疑自己职业的高尚，怀疑坚守的价值，特别是相对比较落后的聋哑教育，教师面对的是一群公认为没有出路的残疾孩子，付出的努力和收获的成绩不成比例，看不到希望，于是就产生一种职业倦怠心理，认为这群孩子教和不教都是一个样，残疾孩子没有出息，也没出路，更谈不上为社会做什么贡献，所以对他们只是机械地教授而已，保证不出什么安全问题就行。他们的教学就是这样一天天、一月月、一年年地简单地重复着，没有反思，没有创造。这是一种信念偏颇的教育教学，是看不到希望和未来目标的投入。

2. 专业化意识淡薄，职业责任感不强

教师的专业化意识淡薄主要表现为专业化的主体意识不强。主体意识是

指教师意识到自己在教育环境中的客观存在，意识到自己对教育工作的义务与责任。作为聋哑儿童生活的引路人，聋校教师要自觉肩负起特殊教育使命与责任，增强提升专业素质的意识。作为特殊教育教师，面对职业的特殊性和教学的专业性，应该树立起专业化发展的主体意识和专业化观念，只有这样才能肩负起聋哑儿童生活引路人的责任。

现实中的聋校教师专业化观念淡薄，还表现出工作的被动性。他们只意识到自己是聋教育的一名教师，是教育环境中的一员，只要把教学任务完成，不迟到、不犯错误就行。工作缺乏激情与自觉性，只是一种被动的服从，没有反思，没有专业自主的观念，不去研究，不愿在实践中总结经验，更不去探索聋生适应社会发展的出路，是一种典型为工资而教的“工匠型”教师，始终认为自己的知识水平完全能胜任自己的工作，以至于自身专业发展只是停留在“吃老本”的水平上，甚至有些教师认为聋哑儿童谁都能教，并不存在什么专业与非专业之说，发展专业化更是多余。

美国教育家克罗韦尔指出：教育面临的最大挑战不是技术，不是资源，也不是责任感，而是去发现新的思维方式。调查发现，作为聋校的教师多数认为教师的专业化发展是理论研究者的事，与他们现实教学关系不大，在这种思维方式的支配下，作为聋哑学生的引路人——聋校教师缺乏主体意识和强烈的责任感，专业化的意识淡薄，更谈不上专业化的自主发展了。

（三）专业态度偏颇，专业情感不强

教师的专业态度是建立在对自己从事的教育事业价值和意义深刻理解的基础上所形成的坚定信念和理想追求。专业态度直接影响着教师的执教心理、专业情感、专业道德和仪表形象。树立什么样的信念和理想，关键在于聋校教师的专业态度，也就是其对聋教育事业价值和意义如何理解。

教育是一项需要有高度责任感和使命感的社会活动，教师专业服务于人的发展的特殊性使教育蕴含着深刻的道德意义。教师是学生心灵的启蒙者和塑造者，教师的价值观直接引导和影响着学生的价值判断。教师的人格魅力是对学生最有说服力的教育，所以聋校教师不仅要有“爱心”，还要有高尚的人格品质，高雅的言行举止，真正成为学生的表率，教师的伦理道德要符合社会与时代发展的要求。由于种种原因，聋校教师和外界交流少，造成他们缺乏博大的视野与胸怀、高雅的性格与情趣。专业态度仅停留在“积德、行善”的“爱心”层面上，忽视了聋生作为“全人”发展的特殊需求，这种层次的专业态度无法满足聋生特殊教育“质”的要求。

（四）专业知识不能满足聋生特殊教育的要求

特殊教育对教师专业知识的要求是：聋校教师应该具备满足聋生特殊需要的“复合型”知识，即本体性知识、综合性知识、条件性知识等，这些知识并不是简单地叠加，而是在教师个体中的整合、内化及灵活地应用。

教师的专业知识是教师专业化发展的基础，从纵向的角度分析，教师的专业知识是一个开放、动态、发展的系统。它由教师已有的知识、发展中的知识和有待学习的知识构成。已有的知识是教师通过继续教育和自学所形成的现有的知识；发展中的知识是教师在教学实践中形成的经验积累；有待形成的知识是社会发展、科学进步需要教师不断更新和充实的新知识。从横向角度分析，“教师所必备的专业知识包括本体性知识、综合性知识和条件性知识”[①]。本体性知识是教师所具有的特定的学科知识，如语文、数学等；综合性知识是指跨学科和文化知识；条件性知识是指教育学、心理学知识。

对于聋校教师来说，其专业知识从纵向的角度分析存在如下问题：首先，大部分教师不是聋教育专业，而是经过短期培训就参加了工作，许多聋教育的知识掌握不够全面、扎实，在实际工作中不能应用自如。专业和非专业的聋校教师所接受的继续教育都是普通学校的学历提升教育，目的性强，是为了晋升高职称而学习。学的都是应付过关考试的知识，考完就忘，与自身的专业无关，很难将其内化变向应用到教学中。其次，发展中的知识是聋校教师在教学实践中形成的经验性积累，这部分知识也可称为实践知识。如果教师的专业态度不端正，那么他们获得的实践知识就很难满足聋生特殊教育的需求。最后，有待学习的知识是社会发展、科学进步需要聋校教师以尊重生命、尊重差异的教育观念不断去更新和充实关于提高聋教育水平以适应社会发展的新知识。现实中一些聋校教师，认为能教完教材知识就是完成了教学任务，不去学习、不去反思、不去创新，其结果是学生毕业后无法踏入社会，无法适应现实生活，无法适应现代社会的一些基本工作，给社会造成一定的负担。

从纵向角度去看聋校教师的专业知识，他们最缺的就是发展中的知识和有待学习的知识。从横向角度去分析当今聋校教师专业知识方面存在的问题，表现在以下几个方面。

---

① 吴天武．继续教育专业化：在职教师可持续发展的必然选择[J]. 成人教育，2005（3）：33-34.

1. 本体性知识掌握不够系统

作为聋校教师的本体性知识，除了所教学科的专业知识外，还有手语知识。但由于许多非专业聋校教师在手语知识的学习上只是抱有一种“现学现卖”的态度，不能长期系统地去学习掌握，不能理解内化与灵活应用，造成他们传授知识困难、教法陈旧，学生无法理解掌握，教师教得累，学生学得吃力。另外，有些教师对所教学科的知识掌握也不够系统，不能真正理解知识形成的来龙去脉，只是照本宣科，再加上手语的限制，更是难上加难。

2. 综合性知识范围狭窄

从心理学角度考虑，聋生也有多方面的求知欲，有多方面发展的需要，也想了解丰富多彩的客观世界。所以，作为聋校的教师在熟练掌握所教专业知识的同时，必须具备广博的综合知识。所谓的综合知识，是指跨学科的文化知识，具体包括社会科学、自然科学、哲学和美学知识等。当然教师不是圣人，不可能掌握所有的文化知识，教师对综合性知识的掌握与所教专业知识的掌握程度要有所区别。作为聋校教师，不需要系统地深究这些知识，但应适当涉猎一些有关方面的知识，有利于提高自身的专业素养，进而以自身的人格魅力去影响、教育学生。“同时，用哲学的观点去思考问题，面对职业倦怠现象就可很快自行缓解，不懂美学的教师就无法完成对聋生审美教育的目标。”①

综合性知识表面上和聋教育的实际联系不大，因而有相当一部分教师根本不具备这方面的知识，而对聋生表现出来的异常很难理解，无法应对，时常感到有压力，工作中找不到乐趣，找不到寄托，更无从谈及职业的幸福感。

3. 条件性知识不扎实

条件性知识就是教育学和心理学知识。在聋校教育中其是指聋人教育学、聋童心理学知识。聋童心理学知识又包括聋童心理健康知识和聋童病理学知识。这部分知识大多来源于入职前的学历教育阶段。由于高校课程设置问题，聋校教师对这部分知识掌握得不够扎实，没有系统内化，所以入职后用这部分知识来指导教学工作时不能得心应手。

对于非特殊教育师范毕业的教师来说，他们所学的是普通教育学和普通心理学知识，入职后针对特殊教育方面的培训很少，只是一些短期的理论讲座，所以了解的只是些表层的知识，以至于不能更好地应用到日常教学中。由于聋校教师的条件性知识的欠缺和不扎实，他们只能“传递式”地完成教学任务而不能完成育人目标。同时，师生关系很难融洽，教师无法真正走进聋生心

① 丁勇．专业化：特殊教师教育目标和模式[J]．现代特殊教育，2006（3）：7-10.

中，无法真正了解、理解他们，“尊重差异、个别化教育”的教学方式更无法真正实施，无法满足他们的特殊需要，不能实现真正意义上的平等。

（五）专业技能满足不了聋生个别化教育的需求

特殊教育理念要求聋校教师应具备的专业技能包括手语能力、聋生病理诊断能力、语言康复能力、科研能力等。目前多数聋校教师最缺的就是病理诊断能力，其他几方面的能力也存在着不同程度的缺失，在一定程度上影响了教学质量，对聋生的潜能发挥和人格塑造产生了一定的影响，具体表现在以下几个方面。

1.手语量掌握少，存在机械翻译的现象

手语是聋人交流的主要方式，所以聋校教师的手语能力是聋校教育得以开展的基础。作为聋童的引路人，能否和聋生建立起良好的师生关系，即“我—你”平等关系，掌握交流的工具——手语是最重要、最关键的。教师除了能娴熟地打出日常手语外，针对聋校教学的需要，还要求教师所打的手语要做到翻译准确、力求清晰、富于表情、自然流畅、重点突出、节奏明显。手势本身没有任何表情色彩，这就需要教师在理解内化的基础上适当配以丰富多变的神态、适度夸张的动作、快慢有序的手语节奏。

由于聋校教师的来源多数是普通师范学校毕业的教师，平时也没有进行过系统的培训，只是讲课前、备课时像查字典一样地从《中国手语》中学习，很短时间就在课堂中使用，所以很多帮助理解的语言打不出来，能打出来的只是一句中的要领部分。教师不能将所教内容的内在含义传授给学生，造成学生所学到的知识只是一些书中的文字符号而已，无法达到育人的目标。

2.聋生病理诊断能力欠缺

聋生病理诊断能力是对聋生的听力损伤原因及损伤程度进行判断和识别的能力。教师应能够在此基础上针对聋生的听力特点进行个别化教育和语言康复训练。不具备病理诊断能力就无法对聋生实施语言康复训练。实施语言康复训练要做好以下几方面工作。

（1）听力检查

听力残疾的学生听力损伤在什么部位？程度如何？性质怎样？这些只有经过听力检测才能得出答案。测听之前，先要做耳部检查，看看外耳道有无异物堵塞，鼓膜是否完整，中耳有无炎症，等等。测听方法分为主观测听法和客观测听法两类。主观测听法是检查时需要被检查者对声音刺激做出反应的测听方法；客观测听法是检查时不需要被检查者主观配合的测听方法。

（2）听力残疾的分类

听力残疾在医学上有不同的分类。按听力损失程度，听力残疾可分为聋和重听两类。国际上有国际标准化组织（ISO）、世界卫生组织（WHO）和国际伤残人奥运会制定的听力残疾标准。1987 年，我国在参照国际标准的基础上制定了本国的听力残疾标准，如表 7–1 所示。

表 7–1　听力残疾标准对照表

<table>
<tr><th rowspan="2">听力损失程度（dB 听力级）</th><th colspan="2">中国标准</th><th colspan="2">WHO，ISO 标准</th><th rowspan="2">伤残人奥运会标准</th></tr>
<tr><th>类别</th><th>分级</th><th>分级</th><th>程度</th></tr>
<tr><td>>110</td><td rowspan="3">聋</td><td rowspan="2">一级聋</td><td>G</td><td>全聋</td><td rowspan="4">可参加世界聋人运动会</td></tr>
<tr><td>91 ～ 110</td><td>F</td><td>极重度</td></tr>
<tr><td>71 ～ 90</td><td>二级聋</td><td>E</td><td>重度</td></tr>
<tr><td>56 ～ 70</td><td rowspan="2">重听</td><td>一级重听</td><td>D</td><td>中重度</td></tr>
<tr><td>41 ～ 55</td><td>二级重听</td><td>C</td><td>中度</td><td rowspan="3">—</td></tr>
<tr><td>26 ～ 40</td><td rowspan="2">—</td><td rowspan="2">—</td><td>B</td><td>轻度</td></tr>
<tr><td>0 ～ 25</td><td>A</td><td>正常</td></tr>
</table>

理解上述标准要注意三点：一是听力损失程度是指三个语言频率（500 Hz、1 000 Hz、2 000 Hz）听力损失的平均值；二是聋和重听均指双耳，若双耳听力损失程度不同，以损失轻的一耳为准；三是如果一耳是聋或重听，另一耳听力损失平均值等于或小于 40 dB，在我国就不属于听力残疾。

按病变性质，听力残疾可分为器质性耳聋和功能性耳聋两类。前者指听觉器官组织结构异常导致的耳聋；后者指听觉功能下降导致的耳聋。

按病变部位，听力残疾可分为传音性（传导性）耳聋、感音性（神经性）耳聋和混合性耳聋三类。外耳、中耳异常导致的耳聋是传音性；从内耳到听觉中枢发生异常导耳聋是感音性。两者兼而有之，就是混合性。

按病变时间，听力残疾可分为先天性耳聋和后天性耳聋两类。母亲怀孕至分娩时由各种因素导致的胎儿耳聋是先天性的；胎儿出生后发生的耳聋是后天性的。从学习语言的角度，还可分为学语前（4 岁前）耳聋和学语后（4 岁后）耳聋两类。

对特殊教育工作和儿童心理发展影响较大的因素是儿童听力残疾发生的

时间、听力损失的程度和语言的水平。耳聋发生得越早、程度越重，对儿童习得和保持语言的消极影响越大，特殊教育工作的难度也越大。反之，不利影响相对较小，特殊教育工作的难度也越小。目前，我国大多数聋校教师特别是县级的聋校教师最缺的就是聋生病理诊断能力，无法落实课程设置原则，阻碍了聋人特殊需要教育的进行。

3.语言康复缺乏时效性

语言康复工作要注意诊断的准确化、测听的标准化、训练的科学化以及语言教育的个别化、生活化、幼儿化和多元化。可现实中，一些康复教师多数是其他学科的兼职，只接受过短期的聋儿康复知识与技能培训，对诊断检测技术只掌握一些肤浅的技能，不能科学地应用诊断标准，忽略诊断的准确化，测听的标准化原则，多数都是目测得出结论。对聋童的康复训练总是统一的、机械的强化训练，无法达到语言教育的个别化、生活化、多样化等原则，导致聋生康复效果并不乐观。

4.科研能力不强

教育在飞速发展，知识也不断更新，教育科学研究在提高学校教育质量、实现教师专业发展方面起着重要作用，是教师专业成长的源泉，能促进教师在学习中成长，在研究中成长，在发展中成长。然而，大多数聋校教师认为教育科学研究是理论研究者所从事的工作，一线教师没有能力，也没有时间去从事教育科学研究。在这种思想下，教师忙于自己的本职工作，不去反思，不去总结和积累，导致一年一年地重复教学，没有进步、没有改革，也没有创新。教育科学研究来自实践，是对平时教学实践工作的反思和总结，是缄默知识积累到一定程度的创生结果，并不是专业人员抽出专门时间去攻克尖端的科研问题。不去反思，就不能改变，就不能改进自己的不足，也就不会进步，没有进步的教学是一种无效的教学，但这样无效的教学在一些聋校教师身上一遍一遍地重复。

二、聋校教师专业化发展存在问题的原因

聋生的特殊需要要求聋校教师具备通识型、复合型的能力，但聋校多数教师没有达到这种要求，在某种必备的知识技能上还存在着这样或那样的问题。

社会和教育主管部门、学校、教师自身没有真正理解特殊教育理念，了解特殊教育的规律，内化特殊教育的精神，这是造成聋校教师的专业化发展出现问题的根本原因。

（一）整体学历不符合特殊教育要求

1. 师资标准有失规范

特殊教育作为专业性较强的职业，其教师应具有比同等级普通教育教师更高的标准，即要具备特殊教育专业资格证书。就聋教育来说，聋校教师除了具备普通中小学教师资格证书外，还要符合聋校专业教师的资格要求，即具备聋童心理学知识、聋童教育学知识、所教学科的本体性知识、中国手语技能、聋生病理学诊断技能、听力检测技能等。世界许多国家和地区对特殊教育教师任职资格普遍采取这种双证书资格制度。我国从第一所聋校建立到现在，却没有真正实施聋教育教师的资格认定制度。虽然 1994 年《残疾人教育条例》中规定“国家实行残疾人教育教师资格证书”，把特殊教育教师资格法律化，但至今大部分地区都还没有建立和实行特殊教育专业资格标准证书制度。特殊教育教师的准入制度不健全，准入标准过低，师资标准有失严格与规范。这在一定程度上影响了特殊教育教师的专业化发展。

2. 学校没有人事选聘权，教师准入制度不严

现在几乎所有的聋校校长都没有一定的人事选聘权，学校师资配备全由教育主管部门和人事部门统一调配。这两部门对特殊教育理念的认识不足造成了聋校教师来源复杂。在部分县级聋校，聋教育专业毕业生占三分之一，普通学校教师占三分之二，造成聋校师资队伍专业化程度不高，教师专业竞争力不足，也制约了聋教育事业的健康发展。

3. 特殊教育教师职评制度不合理

特殊教育教师职称评聘制度始终参考普通中小学的标准操作。“教师职称的晋升还是以学历、年限、学术水平、教学工作业绩等作为基本条件”[①]，致使部分特殊教育教师的工作重心转移到为自己的职称晋升创造条件上，不愿意涉足同职称无关、同自己岗位相关的工作，也使部分专业水平起点比较低的特殊教育教师由于无法达到普通中小学高级职称的要求而悲观失望，失去进一步发展的动力。

4. 教师学历提高的功利性

聋校教师提高学历的目的仅是达到文件规定的要求，是一种被动性的提升，并不是为了提高特殊需要教育的专业素养、专业水平，以满足聋童的特殊教育而进修，同时仅着眼于晋级调资的现实目的上，这样的学历进修与特殊教育的本质要求大相径庭。

① 丁勇．专业化：特殊教师教育目标和模式[J]. 现代特殊教育，2006（3）：10.

（二）影响聋校教师坚定专业化信念的因素

1. 社会对聋教育事业不够重视

笔者对江苏省各所特殊学校的骨干教师做了一次关于教师专业化发展的问卷调查，在“你对特殊教育事业的感受”一项中，绝大多数被调查者都认为地方政府不够重视特殊教育事业。

2. 教师的社会地位、经济收入不高

由于社会对特殊教育事业不够重视，聋校教师更显得人微言轻，常遇到这样或那样的困难和不公。尤其是经济收入不能满足现实生活所需，购房的压力、孩子上学的压力致使教师背上了沉重的经济负担。因此也造成聋校教师缺乏认真钻研业务的内动力，只是去应付工作。在工作中面对“残疾”学生，他们找不到任何的成就感，久而久之就产生了职业倦怠的心理。在这样不利的环境下，全面提高他们的专业知识、专业技能是非常困难的。

3. 教师工作的价值取向趋于职业化

持职业价值取向的教师把聋教育工作作为一种谋生的手段，其工作的首要目的是实现经济回报和满足生活需要，现实性强，并没有将聋教育工作作为生活中不可缺少的部分，也不认为聋教育工作具有充分的道德意义和社会价值，能够使社会变得美好，所以当他们面对接受能力差的学生以及社会的负面评价时就动摇了自己的专业信念，没有勇气将自己的职业内化为一种对生命的信仰、承诺与信守。持这种工作价值取向的教师很难自主提升自己的专业化水平，也不能把满足聋童特殊需要教育的目标作为自己专业化发展的方向，因此不能树立明确而坚定的专业化信念。

（三）专业素养不能满足特殊教育要求

教师管理制度不完善，管理效益低，主要表现在学校缺乏科学性、规范性、可操作性较强的师资管理配套制度，缺乏竞争和激励机制，导致大部分教师缺乏工作活力和热情，积极性受到挫伤。学校用于教师培训的经费不足，无法为教师提供更多的学习机会，教师专业发展的外在支持条件不足，如实验设备、现代化的教学设备、图书资料、课题研究资金缺乏等。最突出的问题就是职后培训制度不完善和教师的评价体系不合理。

1. 职后培训制度不完善

教师的职后培训是提高聋校教师专业化发展的重要途径，因为教师的大部分专业知识和专业技能均来自职后的学习、实践、积累和培训。培训有利于教师提升自己的专业水平，有利于将自己的实践上升到可操作的理论高度，从而指导自己的专业发展。因此，建立完善的培训制度，增强培训的实效性是提高教师整体专业化水平的重要保证。但当前职后培训制度并不完善，这是聋校教师专业化整体水平不高的重要原因之一。

（1）培训时间没有保障

教师的专业化发展是一个动态的过程。随着社会的发展、时代的进步，教师专业化的内涵也体现出与时俱进的时代特征。这就需要教师不断学习，更新知识，改变观念，不断提高自身的专业水平。教师专业化发展的条件之一就是要有学习、培训的时间。现在部分聋校的主导思想不明确，认为教师出去培训会耽误正常的工作，或者教师走出去常年进修提高专业水平，将不回学校工作，远走高飞到其他地方，因此仅组织教师参加短时间的培训，或者在校内组织几次业务学习，根本没有为教师提供接受专业知识系统培训的机会。同时，备课、上课、批改作业等许多因素致使教师没有充足的自学时间。这样一来，教师的学习习惯难以养成，无形当中就阻碍了教师的专业发展。长此以往，教师的学习观念、专业认知、专业态度都会受到影响。

（2）培训内容脱离特殊教育的实践

随着教育改革的深入，特殊教育得到相应的发展，多数特殊教育学校领导的专业思想也得到提升，能够认识到教师培训的重要性，对教师培训这方面做了一定的工作，如组织教师参加手语培训、教科研培训、听课评课、康复技能培训等。但就培训的内容来说，还存在着不符合聋校教师特殊需要的问题，和普通学校教师一样内容和要求的培训居多，针对聋生特殊需要的培训很少，致使聋校教师面对这些脱离实际的培训无所适从，激不起兴趣，甚至产生了厌倦的情绪。

（3）教师培训的方式、方法单一，流于形式

任何一种知识的获得都没有统一方式和方法，它需要因人而异，这大概就是因材施教的重要原因之一，教师获得知识也不例外。单一的流于形式的培训只能压抑教师学习的欲望，但目前基于省时、省事、省钱的原因，多数培训都是采取单一的授课形式，专家在上面长篇大论，口干舌燥地讲，教师在下面听得云里雾里。

2.教师评价体系不合理

教师评价是促进教师间公平竞争，使教师做好本职工作的有效手段，也是促进教师专业化发展的重要因素。教师评价的质量高低直接影响着教师的工作态度和教育价值观的形成。教师评价是否合理也是教师产生职业倦怠的一项重要原因。审视今天的聋校教师评价制度，不难发现其存在着诸多方面的不足。

（1）教师的评价趋于绝对量化

教师工作包含隐性与显性两方面。显性因素包括教师的出勤、学生的成绩、教师发表的论文、教师的备课、学生的作业批改等，这些方面我们用量化的方式予以评价是比较容易操作的，相对也比较客观。隐性因素包括教师的专业情感、专业态度、道德观、价值观、师生观等，这些是无法量化的，需要我们以质的标准对其做出判断和衡量。一些聋校对教师的评价偏重量化，出台的评价标准（考核细则）细化到了一节课的分数，但都是一些显性的可以表现出来的东西，忽视了一些重要的隐性因素，如教学态度、职业道德等，以至于年终只有极少数教师能得到奖金，挫伤了教师求胜的欲望，降低了他们的成就感和对教育的主观幸福感。这种由评价引起的心态变化阻碍了教师的专业化发展。

（2）教师的评价趋于静态的终结性

首先，教师评价是一种终结性评价，重视教师工作的最终结果，忽略教师工作的具体过程。其次，教师评价是一种静态评价。现行教师评价的重要职能是管理教师，由于管理的时间性和不连续性，作为管理手段和环节之一的教师评价仅注意到教师平时的表现和行为结果。在实施评价方案时，由于受自身心理因素（现行教师评价直接与加薪、晋级等挂钩）的影响，一些被评价教师可能会产生紧张心理，行为表现可能失常或不稳定，不能代表其平时的真实教学水平。现在，多数聋校采取一种重结果轻过程的评价模式，注重学生的考试成绩，不考虑教师平时的工作态度、工作努力程度、专业情感、职业道德等。静态性评价，很难达到全面、客观的评价效果，阻碍了教师的全面发展。

（3）教师的自我评价不客观、不真实

一些聋校在每学期结束时，总要发给教师一份自我评价表，给教师一个自我评价机会。教师面对这样的自我评价表（表7–2），往往都是一种流于形式的应付。笔者认为这是一种无法让教师认真自我反思、自我总结的评价方式，教师的情感、教师缄默式的教学智慧、教学实践经验的积累根本无法体现。这样的评价是不全面、不客观、不真实，不利于教师专业发展的片面的评价。

表7–2　XX聋校教师考评表

评价方向	评价内容
德	
能	

续 表

评价方向	评价内容
勤	
绩	

3. 聋校教师的个人因素

（1）教师没有按特殊教育理念的要求提高自身的专业素养

根据聋童的听障特点和他们之间的差异，聋校教师需要具备较丰富的专业知识和专业技能，并持有专业态度，以尊重生命、尊重差异的专业情感去看待每一位听障儿童。然而，现实中有些聋校教师只是以职业的价值取向来要求自己，以“积德行善”的专业态度和漠视聋教育事业的专业情感去工作，去应付培训和被动地学习，对于特殊教育的理念并不理解，更不按此理念要求自己，提高自己的专业素养，其专业知识和专业技能无法满足聋生个别化教育的需要。

（2）教师缺乏合作意识

聋校班级数少，纵向跨度大，学科课程门类多，个别课程只有一个教师授课，以至于教师无法共同研讨教学问题。由于教师在教学与研究方面长期缺少沟通、交流与合作，教师的知识面越来越狭窄，信息来源越来越少，教学常囿于自己的固定方式，这在一定程度上阻碍了教师的专业发展。

（3）教师职业倦怠现象严重

聋教育教师以聋生为服务对象，与一般教师相比，承受着更大的工作压力。根据聋生的特殊需要，教师除了要具备所教学科的知识和技能外，还需要掌握手语技能、病理诊断技能等。这给教师身心增添了一定的负担，再加上教师待遇偏低，致使部分教师出现了安于现状、不求进取的职业倦怠心理，甚至有一些教师很难安心本职工作。这些内外因素造成教师对职业的失望、成就感不足，影响了聋校教师的专业化发展。

（4）教师依赖性较强

现阶段，一些聋校教师往往处于一种被动的执行者状态，依赖性强，依赖学校的要求，学校组织的培训、比赛，等等。教师成了“教育流水线”上的一名教书匠，不去反思，不去实践，只会追求一些显性价值，教书的目的仅是为了养家糊口。长此以往，这些教师也就趋于一种有知识无智慧、有目标无信仰、有规范无道德、有欲望无理想的状态。其结果是自身的道德修养、知识、技能不足以体现专业化。

第四节　促进聋校教师专业化发展的路径

一、按照特殊教育学历要求提高教师的学历

根据特殊教育理念的要求，聋校教师应具备聋教育专业知识与技能。目前，部分聋校教师的专业水平远远不能满足聋生特殊教育的要求。因此，为了提高聋校教师的整体专业化水平，避免低质量教学及无视聋生个体间差异的教育思想所造成的聋生对学校的失望、对社会的失望，需要严把聋校教师的准入关。

（一）严格特殊教育教师资格评定

《中华人民共和国教师法》规定国家实行教师资格证书制度，但在特殊教育教师资格方面没有明确的规定。因此，不少教师没有特殊教育方面的知识经验，也在特殊学校任教，这就大大降低了特殊教育的质量。目前，一些地方的聋校教师根本没有接受过专业训练，多数都是从普通学校调入的教师。而经过特殊教育师范院校培养的毕业生又有许多不能补充到聋校教师队伍中去，造成了师资的缺乏和资源的浪费。对于聋校教育这个专业性极强的领域，需要以法规和制度的形式来明确教师的资格与规范教师的素质，所以必须要严格聋校教师资格评定，严格执行教师资格证书制度。

根据我国聋教育的实际情况，笔者认为聋教育教师应持有教师资格双证书，即先获得普通教师资格证书，再获得聋教育专业的资格证书，才能从事聋教育工作。具体标准如下。

1. 师德方面

聋校教师对聋生应该施于其“大爱”，既有母爱般的爱心、耐心和细心，又有促进他们身心发展的教育之爱。

2. 教育理想和信念方面

聋校教师一定要树立坚定的特殊教育理念。

3. 专业技能方面

聋校教师除具有普通学校教师应有的专业技能外，还应具备聋教育的专业技能，即手语知识、语言康复技能、病理诊断技能（视听诊断技能）、职业教育技能等。

4. 专业知识方面

聋校教师除具备普通文化知识和所教学科的知识外，还应具备聋人心理学、聋人教育学知识。

另外，在我国尚没有特定的特殊教育教师资格认证，特殊教育教师持有同其他类型教师同样的教师资格证，而这种教师资格被默认为是终身制的。这种制度很容易使教师安于现状，停滞不前，不利于特殊教育教师质量的提高。笔者认为，可取消教师资格证终身制，缩短特殊教育教师任职年限。一定时期（如三年、五年）后，对拥有教师资格证的特殊教育教师进行重新评估或考核来确定其是否仍具有特殊教育教师的资格，以此来促进特殊教育教师更新知识和技能，提高特殊教育的质量。

（二）提高聋教育教师聘用标准

聘任制是教育规范化向前发展的必然要求，也是影响教育质量、优化教师资源配置的关键因素之一。应改革聋校教师的聘用制度，提高聘用标准：聋教育幼儿园教师应具备幼儿师范学校毕业及其以上学历；聋教育小学教师应当具备中等特殊师范学校毕业及其以上学历；聋教育初中教师、聋技工学校教师、聋高级中学教师等应具备聋教育专业高等师范院校本科或者其他大学本科及其以上学历。按照这样的学历标准，采取公开、平等、竞争、择优的原则，形成人尽其才的选用机制，以促进队伍的合理流动和知识结构的更新，为优秀人才脱颖而出创造良好的竞争环境。

（三）规范管理，提高聋校教师学历进修的质量

目前，在教师的学历进修中，出现了只为文凭，不为知识和能力的现象。这样获得的学历，不能适应教育教学的要求，也不具备聋教育专业的针对性，无法满足不断发展的特殊教育的要求。因此，要加强特殊教育专业的学历进修，规范学历管理，提高聋校教师学历进修的质量，也要加强非特殊教育师范毕业教师的特殊教育专业的学历进修，以适应特殊教育的要求。

二、树立满足聋生特殊教育的专业信念

教育理念能使具体的教育行为具有一种超越自身、跨越现实的动能，产生持续发展的内动力。在教育活动中，教师持什么样的教育理念不仅直接关系着教师的教育行为，还间接地影响着教育的性质与状态。教育的专业理想与信念是教师热心从教的基本条件，也是提高专业素质、实现教师专业成长的动力基础。教师有了正确的教育理念，就能在各种环境和条件下都把自己的工作与社会发展联系在一起，以强烈的事业心和高度的责任感投身到教育事业，从而

加快教师专业化发展的进程。因此，正确的特殊教育观是实现教师专业成长的动力基础。

特殊需要教育理念是1994年6月7—10日世界各地88个政府与52个国际组织聚集西班牙萨拉曼卡举行的世界特殊需要教育大会，在重申1947年《世界人权宣言》的基础上，采用《特殊需要教育行动纲领》形式提出的。采用《特殊需要教育行动纲领》的目的是介绍有关政府、国际组织、国家基金会、非政府组织及其他机构贯彻落实《萨拉曼卡宣言》中提出的特殊需要教育的原则、政策来指导行动。《世界人权宣言》正式宣告了每个儿童都有受教育的权利，任何一个有残疾的人都有权利尽其可能地表达对自己教育问题的愿望。该纲领的指导原则是学校教育应适合所有的儿童，而无论这些儿童处于何种身体、智力、社会、情感、语言及其他状况。这些儿童应包括残疾儿童和天才儿童、流浪儿与童工、边远地区和游牧民族的儿童、少数民族儿童及其他处境不利的儿童。这些儿童的不同状况向学校系统提出了不同程度的挑战。在此《特殊需要教育行动纲领》中，“特殊需要教育”一词是针对那些因残疾或学习困难而产生特殊需要的儿童、少年所言的，许多儿童都会在他们生涯的某个时期经历学习困难并由此产生特殊需要教育。特殊需要教育体现了一般教育学中已被确认的、全体儿童都可能从中获益的教育原则。“它假设人类差异是正常的，因此应使学习过程适合每个儿童的需要，而不是将儿童套入预先规定的有关学习速度和学习特点的假说。以儿童为中心的教育能使全体学生受益，其结果也必然会使社会整体受益。”① 树立大的特殊教育观念，即着眼于人人都有受教育的权利，人人都有享受到教育起点、教育过程、教育结果的平等权利。

无论是社会，还是教师，不仅要在教育形式上接纳这些有特殊需要的孩子，更应该在思想上真正容纳他们，把他们视作为和普通孩子一样的生命个体。特殊需要教育理念的本质和关键就是要求特殊教育教师在思想上和教育形式及行动上完全接纳有特殊需要的孩子，从而扩大自己的专业范围提高自己的专业化水平，以适应特殊需要儿童接受教育的需求。

三、按照聋生特殊教育的标准提升教师专业素养

（一）努力营造一个开放、宽松、支持性的成长氛围

研究表明，人处于一个愉快轻松的氛围中有利于潜能和创造力的充分发

① 中国残疾人联合会教育就业部，中华人民共和国教育部基础教育司．特殊教育文件选编（1996—2001年）[M]．北京：华夏出版社，2002.

挥，所以学校在情感上要关心教师，在事业上要支持教师，努力为教师营造一个良好的成长氛围。这样有利于激发教师积极上进的热情。另外，还要创造一个人人都学习，人人都为提高自身综合素质和专业化水平而努力拼搏的精神氛围，使教师处于一个团结上进的精神家园中，时刻都有参照标准，时刻都有上进的同伴，时刻都有提高自身专业化水平的愿望和要求，时刻都有不学习就不能适应聋生特殊需要教育的危机意识，时刻都怀着一颗珍视生命的心，去积极努力，不断完善自己。另外，学校的观念文化也是影响教师专业成长的重要因素之一。学校的观念文化包括学校中特定的思想意识、价值观念等。这种观念文化常常是无形的，比较集中地体现为学校的教育价值观念，包括什么样的班级是一个好的班级，怎样的教师是一个好的教师，什么样的教学才是好的教学等。在观念文化中，对教师影响最大的是校风和学风。校风从价值观念和倾向上影响着教师的发展，学风则从专业水平和敬业精神上影响着教师的成长。

（二）实行民主管理，激发教师自我发展的需要

教育研究表明，教师的自我发展需要是教师专业成长的动力。聋校教育的专业性很强，需要强化民主管理，赋予教师更多的自主权和自由度，为教师提供展示自我的平台。因为聋生具有个体差异，所以教师要针对其差异，有针对性地选择施教策略。领导者、评价者都应根据特殊教育的需要，改革教育教学评价体系，激发教师自我发展的需要，给予教师自主选择教学策略的权利，即赋予教师一定的专业自主权，只有这样，才能很好地解决教师专业化发展中由于厌倦、自卑等因素造成的“高原现象”。

（三）改善培训模式

随着科技时代的到来，知识更新速度加快，教师必须不断了解最新信息动态、更新教育观念、完善知识结构，这样才能肩负起培养“全面发展的优秀人才”的职责。教师职前所获得的知识已远远不能适应科技飞速发展下社会对教育的要求。“据统计，大学生在校学习只能获得所需知识的 10% 左右，其余 90% 要在工作中通过不断学习来取得。”[①] 因此，增加教师进修机会是提高教师水平的有效策略，既可以为教师进行身心调节提供时机，又可以优化教师的知识结构，更重要的是可以帮助教师更新观念，丰富经验，为教师的专业化发展奠定基础。

作为具有较强专业性的聋教育，同样需要更新教师的教育观念，丰富其

① 张臣，仲维娟．美国教师专业化的特点及启示[J]. 白城师范学院学报，2005（4）：86-88.

专业知识，提高其专业技能，以适应现代社会对聋教育事业的新要求。在这里，我们要改变那种强制性、行政性、统一性的形式化的培训模式，提倡参与式的培训，即改变以往培训者讲、受训者听的模式。实践证明，一个真正的培训者不仅能把理论、观点讲给教师听，让教师听懂，还善于在教师原有经验的基础上，提高教师的能力。要善于指导教师的实践，并使之与正确的理论观点融为一体；要善于提出针对性的关键问题，启发教师思考，使教师主动获得新的理论观点和实践策略。“调查发现，大部分聋校教师喜欢培训者下到课堂，与受训者一起研究课堂、研究教育，教师更欢迎实践指导式的培训。”[①] 因此，对于聋校教师的培训，应做出如下改进。

1.建立培训保障制度

提高聋校教师质量的前提是建立培训保障制度。在这方面，国外许多先进经验可以借鉴。“英国政府规定，新任教师可有 1/5 的时间进修。正式教师可以每隔七年轮流脱产进修一次。法国在《继续教育法》中规定，每个中小学教师，每年都有权享受学习进修假两周，总计一生中有学习进修假两年。日本在《为保持和提高学校教育水平，关于确保义务教育诸学校教育职务人才的特别措施法》中规定，有五年以上教龄的中小学教师可以被推荐到新教育研究生院大学深造。”[②] 英国重视教师进修的政策之一是“继续性专职进修日”。英国教师一年的工作日一般是 195 天，其中有 5 天是教师进修日，规定不上课。各学校开展形式各样的进修活动。美国联邦政府以及各州法律中对特殊教育教师的在职培训要求的规定非常细致，如 2004 年的《残疾人教育法修正案》详细规定了特殊教育教师在职培训的经费来源、管理部门、培训机构、培训内容等。一些州规定教师在获得初级证书后的五年内要获得硕士学位，还有的州规定新手教师在通过业绩评估取得专业资格后，每五年必须对专业资格再进行更新。我国的相关法律法规条文内容较为宏观，缺少操作层面的规定。另外，我国特殊教育教师的培训制度并没有提供经济保障，也没有细化培训的具体内容的规定。我国应该借鉴世界特殊教育教师培训的先进经验，建立完善、可供实际操作的培训制度，对参加各种特殊教育、继续教育培训的教师给予资料、交通、食宿等方面的补助，通过这些措施，明确特殊教育教师接受在职教育的义务和权利，调动他们参加培训的积极性。

① 昝飞，刘春玲．中日特殊教育比较与思考 [J]. 中国特殊教育，2001（1）：9.

② 昝飞，刘春玲．中日特殊教育比较与思考 [J]. 中国特殊教育，2001（1）：7.

2. 培训形式多样化

培训形式是激发教师参加培训积极性和提高教师培训质量的重要手段之一。培训形式单一将会降低教师的培训热情，不利于培训作用的发挥，因此培训形式应趋于多样化。教师培训可采取职前培训和职后培训相结合的方式。职后的培训形式更应灵活多样，根据培训内容，培训时间，培训人员数量、学历层次，学科特点以及年龄来确立不同的培训方式，如讲授式、互动式、问题研究式、自上而下式、自下而上式、“师父带徒弟”式等。调查发现，大部分教师喜欢自下而上式的培训形式。即高校研究人员针对某方面的问题到学校和老师一起研究课堂，研究教学的方式。这种方式是一种具有针对性、实践性、时效性的培训模式，研究者获得了理论的支持，教师获得了具有实践性的理论，这种理论才是真正的理论，对教师的教学才能发挥真正的指导作用。

3. 注重培训质量

无论是什么形式、什么内容的培训，它的最终目的都是促进教师的专业发展，提高教师的教学水平，以更好地适应教育工作。目前，由于特殊教育起步晚，培训形式单一，培训内容不够贴合实际，多数培训属于“由上而下”的强制性、行政性、统一性的培训，很难满足聋校教育教师个人发展的需要，也很难调动教师的积极性，因此特殊教育行政主管部门和聋校在开设培训课程时应做好充分的准备工作，了解聋校教师和培训学校的具体情况，根据聋校教师的实际需要，不断地更新授课内容，真正做到与动态发展的教师专业实际相适应。继续教育讲授专业知识要以有助于提高聋校教师的实际教育教学能力为出发点，并且尽可能地渗透在对聋校教材的研究中，即使暂时不能直接应用，也应该通过学识拓宽、科学思想的吸收和文化底蕴的增厚使教师在掌握和使用教材时更加得心应手，而不能把培训对象变成贮存知识的“容器”。

培训者不能只坐在台上对着讲稿读，也不能每次培训均用同样内容，而应给教师提供实践、观摩、讨论的机会，与教师一起进行实践。这样一天的实践胜于讲授数天的理论。只有完全融入教师的群体中，与教师一起实践，才能让教师看到理论和观念的实践形态，也只有依据实践的理论提高，才能增加教师的缄默知识。例如，我们可以请相关专业的大学教授去引导和协助教师对自己的实践进行探究与反思。这类活动通常结合在职教师进修课程进行。有的教授着重引导教师反思和整理自己的实际经验，积累缄默知识；有的教授着重引导教师建构和发展专业理论；有的教授则着重协助教师理清自己深层的教育信念；还有的教授协助教师分析自己遇到的实际问题。这样就能使基层的聋校教师得到具备丰富理论知识的大学教授的指导，更好地解决具体问题。

4. 培训内容要与聋生特殊需要教育的实践相联系

根据聋生视听缺陷的特殊需要、聋校教师需要具备的条件，聋教育教师的培训内容应和聋教育实践相联系，注意培训课程的多元化。

（1）加强教师的心理健康培训

当今社会，心理健康问题绝不只是教师这一群体所面临的问题，它具有社会性的特征。教师所面临的问题很多，社会的、学校的、家庭的、个人的。成就感不足等问题给教师造成了心理负担，影响到了他们的工作，阻碍了他们的专业化发展。因此，聋校教师需要掌握解决这些问题的方法。比如，如何了解自己的心理健康水平，如何看待和认识日常生活和教学问题，出现心理问题时应该如何面对，一般可以通过什么途径解决，等等。对聋校教师进行心理健康培训，对聋校教师正确面对心理问题、减轻压力有极大的帮助，也有利于他们正确处理和聋生实际接触时随时随地出现的问题，树立良好的师生观。

（2）促进聋生心理健康的培训

聋生由于自身的生理缺陷，常排斥或畏惧与正常人交流，往往表现出自卑、内心封闭等心理问题。因此，聋校教师应该掌握有关聋生心理健康方面的知识，以便排解、消除聋生心理压抑、自闭等情绪，及时走进他们的内心世界，解决他们的心理问题，促进他们心理健康使他们更好地生活与学习。从这一点来看对聋校教师定期进行心理咨询方面的知识培训，是建立师生良好关系的保证。

（3）师德方面培养

师德培养是培训的重要内容，热爱聋教育事业，教书育人，为人师表应是聋校教师的立业之本。聋校教师应关爱聋生，以珍惜生命的观念去看待每位残疾儿童，用特殊需要教育理念作指导，向他们施与一种伟大的教育爱。应“以公仆型教师的身份真正为这群聋哑孩子服务，树立公仆型教师的专业服务理念，一切的行为都要以促进聋生身心健康成长为目标。”[①] 因此，培训要注重师德培养，以激发聋校教师的工作动机为目标，让教师从工作中获得理智信念，对聋生产生责任感和义务感，进而产生对自身事业的成就感。

（4）聋教育专业的教育教学技能培训

聋校教育教学技能是聋校教师专业化最基础的内容，也是聋校教师从事聋教育事业的工具性技能，是完成聋生教育、塑造完美人格的关键，更是聋教

① 郭圆圆．教师成为公仆型领导者：美国教师教育新理念[J]．内蒙古师范大学学报（教育科学版），2007（5）：65-67.

育事业发展的基本保证。教育主管部门和学校应把聋教育专业的教育教学技能列入培训内容，并采用多样化的方式方法进行高质量、实用性的培训，做到与聋校特殊需要教育的实践紧密联系，并指导其工作实践，让教师意识到教育教学是一项美的工作、一项艺术的工作。

（5）教育科研能力的培训

教育科研是聋校教师专业成长的源泉，是“工匠型”教师向“研究型”教师转变的最基本条件，也是特殊教育学校的兴校之路。教师参与教育科研活动，能够解决教育教学中的实际问题，改善教育教学工作，提高教学质量。同时，教育研究是教育改革自身的要求，是教育工作者必备的技能，了解和熟悉教育研究方法是保证研究的科学性和高效性的必要条件。因此，教育科研培训是具有深远意义和实用价值的培训，具体包括以下几方面：①选题与论证培训，为教师提供一些选题方法和原则；②课题论证；③课题论证报告的格式与撰写等；④教育研究过程的设计与开展；⑤教育研究的方法，如调查法、访谈法、查阅文献法、行动研究法。通过这些系统知识的培训使聋校教师从理论上真正明确教育科研步骤。

（四）完善评价体系

目前，聋校教师评价趋于输出性评价（注重结果），存在绝对量化的现象，导致教师评价陷入了片面的状态，这在一定程度上挫伤了聋校教师的教学积极性。因此，完善聋校教师的评价体系是促进聋校教师专业化发展的有力措施。

1. 正确处理奖惩性评价与发展性评价的关系

教师评价按其价值取向可分为奖惩性评价和发展性评价，这两种评价的目的不同。

奖惩性评价以加强教师的绩效管理为目的，依据对教师工作结果的评价，对教师做出加薪、晋级等决定。长期以来，对聋校教师实施的奖惩性评价制度在一定程度上对教育教学起到了促进作用，但随着社会的发展、人们价值观念的变化，奖惩性评价越来越显露出问题。它片面的教育价值观，仅强化了社会、学校发展的需要而忽视了教师发展的需要。另外，学校实施奖惩性评价，得到奖励的教师只是少数，多数教师很难达到奖励的标准。这样会造成教师间的隔离现象，也极易挫伤教师工作的积极性。

发展性教师评价制度是一种形成性评价制度。它没有将教师评价制度作为奖励和惩罚的机制，其目的是在没有奖惩的条件下促进教师专业化发展，从而实现学校的发展。我们不能一味地实施发展性评价，它也有其弊端。某问卷调查中提出：“如果没有奖励或惩罚，你会参加继续教育和教育科研活动吗？”70.6% 的教师回答“不会”。由此可见，发展性评价或多或少地削弱了某些教师的危机意识、竞争意识和责任意识。

美国的 Washoe 县学区的表现性评价可以为我们提供借鉴。它把奖惩性评价与发展性评价进行了有机结合。教师评价不再仅作为对教师进行检查、鉴定或奖惩的管理手段，而被广泛用于提高教学质量，促进教师成长，加强社会交流，优化职业培训以及开展教师研究等方面，更关注教师专业发展。同时，其把保证教学质量与推动教师专业化发展作为评价的最终目的。在这个目的的指导下，其采用了多种评价方法，形成了多元的评价主体，利用区分性的评价程序，不仅重视评价的结果，更重视评价的过程，实现了教师和学校共同发展的目标。

在新课改精神的指导下，我国许多聋校也对教师评价进行了改革，由于聋教育的特殊性，我们不能盲目地改革，要根据聋生特殊需要教育的要求和聋校工作的特殊性、复杂性等特点，树立正确的评价目的，对聋校教师进行有针对性、分层次、分标准的评价，才能取得实效。我们可以扩展教师评价的目的，扩大评价结果的影响范围，把两种评价制度结合起来，使它们发挥各自的优势，取长补短。奖惩是手段，发展是目的，以奖惩促发展。聋校教师评价在提高聋校教育质量和促进教师发展中发挥更为重要的作用。

2. 对评价对象进行区分

目前，我国特殊教育与普通教育多是采用统一的标准，对所有的教师进行评价，没有考虑到教师职业阶段性特征。不同的职业阶段，教师有不同的需求，因此在评价教师时我们要关注这一点，评价才能取得好的效果，教师的发展才能有保障。美国的教师评价特别注意教师职业的阶段性。例如，Washoe 县学区对教师评价时把教师分为新手教师、取得任职资格的教师和需要帮助的教师来进行评价；密苏里州把教师分为试用期的教师和终身执教的教师来进行评价。他们对不同阶段的教师所采用的评价程序，所提供的帮助都是不同的，这是针对性的评价方法，可对教师的专业发展及其教育质量的保证起到事半功倍的效果。

有些学者对教师的职业发展阶段进行了有意义的分类。其一，是以人的生命自然衰老过程与周期来看待教师的职业发展过程与周期。其阶段划分以生命变化周期为标准，主要的代表学者有伯顿（P.Burden）、费斯勒（R.Fessler）、休伯曼（M.Huberman）等。伯顿认为，教师发展阶段可分为求生存阶段、调整阶段、成熟阶段；费斯勒认为，教师发展阶段可分为职前教育阶段、入职阶段、能力形成阶段、热心和成长阶段；休伯曼把教师发展分为入职期（求生和发现期）、稳定期、实验和歧变期，重新估价期，平静和关系疏远期，保守和抱怨期，退休期。其二，是以教师发展水平的差异以及职业年龄特征，把教师群体分为新手教师（0～5年教龄），适应型教师（5～10年教龄），成熟型教师（10～20年教龄）和专家型教师（20年教龄以上）。聋校教师评价中，应把聋校教师分为新手聋教育专业教师、成熟型聋教育专业教师和普通师范专业的聋校教师。

新手聋教育专业教师一般指特殊教育师范毕业参加工作1～3年的教师，在这个阶段是构建知识和能力的关键时期。因此，评价程序要根据每位教师的特点，让其迅速掌握基本的教学技能为目的，可实行终结性评价与形成性评价结合的方式，评价标准的制定也应以最基本的知识和能力为重点。同时，因新手教师的经验不足，最好每个新手教师都配有“导师”，以师徒的方式对其采取即时性评价并对其进行专业上的帮助，使其尽快成长起来。

成熟型聋教育专业教师，一般是指有四年或更长时间教龄的特殊教育师范毕业的教师。这个阶段的评价应有如下几个特点：一是评价内容上应有所侧重，以保证教师的专业能力逐步提高；二是评价周期可以适当地延长，可以每隔两年或三年进行一次正式的评价，评价周期的长短取决于他们在上一评价周期中的等级；三是评价中应给教师更多的自主权，以开展自我导向的专业发展活动，如与普通师范专业的教师研讨聋人手语和标准手语的差异实施行动研究项目，修习个性化的课程，如视听方法和康复手段的新探等；四是管理者帮助老师制订个性化的个人专业发展计划。

普通师范专业的聋校教师是指为了填补聋校的不足，从普通学校调入聋校工作的教师。这类教师相对于特殊教育师范毕业生来说，存在着手语不熟练、聋生心理诊断、生理缺陷诊断的能力欠缺等问题。对这个阶段的教师进行评价要保持经常性和持续性。评价氛围应是和谐平等的；最重要的是对其制订专业性改进意见和计划，使其在短期内尽快改善自己的教学行为；除了对他们进行帮助，也应为他们提供指导老师（成熟型），并定期地为他们提供书面和口头的反馈信息。

3. 通过培训评价者和教师来提高评价的质量

教师评价是一项专业性很强的系统工作，需要众多技能结合运用才能获得理想的效果。我国的评价人员大多缺乏教师评价的技能。因此，我们也要对评价者（校长或副校长及教师）进行培训。由教育主管部门对评价者进行相关评价专业知识和技能的培训。

聋校教师评价相对于普通学校要求的技能会更高，因为它有较强的专业性要求。例如，手语规范的评价、康复水平的评价、个别化教育实施标准和效果的评价、教师职业效能感的评价、教师职业道德评价、教师专业服务态度的评价等，均需要评价者具有很高的专业水平。评价的正确与否不仅关系到教师的职业热情，还会将教师特别是非特殊教育专业毕业的教师引入错误的认识中，阻碍教师的专业发展，或者迷失专业发展的方向。因此，对聋校系统的评价者培训极其重要，它将是教师评价工作顺利开展的前提。对教师培训也是评价中的重要部分，聋校校长应将评价标准、评价手册、体系备忘录以及教学框架分发到教师手中，以使教师对评价过程有所了解，使他们在被评价时也有机会进行参与，以避免教师与评价者间的误解。

综上所述，我们可以看出，对聋校教师实施评价，只有在评价前对评价者和教师进行针对性培训，才能做出准确、连贯且有根据的评判，使评价发挥其应有的作用。

4.正确利用评价结果促进教师的教学质量

如何看待评价结果，是评价中的重要一环。当然不同的评价目的就会出现对评价结果的不同对待。新课改以来，我国聋教育教师评价目的虽然强调教师专业发展的重要性，但在部分学校，教师评价并没有真正地促进教师的专业发展。教师评价结果只是用来应付上级的检查，或者为学期结束分配奖金和绩效的标准提供参考，没有对教师提出任何改进性的建议和意见，这样的评价对教师的专业发展毫无帮助。如果在教师评价结果后都能向教师提出改善教学的建议，或者让教师知道自己的评价的各项意见，那么，教师的评价就能起到改进教学质量的作用。针对教师评价中诊断出的不同问题，不仅要引导教师自己去思考问题，寻找符合实际情况的解决办法，还应该请同事和专家共同解决。

在美国，教师评价结束后，他们十分注重评价结果所起的作用。沃肖县学区教师表现评价，把教师的专业发展融入教师评价中，不但在评价过程中包含了促进教师专业发展的要素，如要求教师写教学日志，为新教师提供导师等，而且更注重评价的结果，对于不符合要求的教师，根据情况实施不同的改进办法，如制订教师专业改进计划、专业提高计划、专业发展计划等。作为聋校教师评价也应该正确地利用评价的结果，学校评价者不仅要对评价结果进行分析、比较，还要和教师交流与沟通，一起探讨取得这样评价结果的原因。针对特殊教育师范毕业的教师和非特殊教育师范毕业教师的不同情况制订相应的专业发展计划，如对特殊教育师范毕业生要制订专业提高计划和通识型教师发展计划，对非特殊教育师范毕业生要制订专业改进计划。

5.动态与静态评价相结合

静态评价就是对评价对象已达到的水平或已经具备的条件进行判断；动

态评价是对评价对象的发展状态和趋势进行评价。静态评价的优点是便于横向比较，可以看清评价对象是否达到某种标准，缺点是不利于纵向比较，不容易看清评价对象过去的水平和今后发展的潜力。动态评价可以看出评价对象的变化历程及规律，缺点是不便于进行横向比较。因此，我们应把两种评价方法结合起来，从而比较客观地对聋校教师做出正确、全面的评价。

（五）发挥聋校教师主体作用

1.依据特殊教育的目的发展专业化

特殊教育的根本目的在于恢宏人性，而教师的责任就在于有意识地把特殊个体的教育潜能和生活质量提高到尽可能高的水平，使其人性得到完美展现。因此，面对聋童时，教师就不应质疑是否有必要对他们进行教育，或者以此为借口放弃自己的专业素养的提升和满足他们的特殊需要。教师应该将教学活动看成是可以丰富聋童生命和生活的一种挑战，根据聋童特殊需要教育的要求去发展自身的专业化，从而提高自己的教学水平，针对聋童的个体差异有效地实施个别化教育。

2.克服职业倦怠感

“尊重生命、尊重个体的差异”是对聋人生命的关怀，是聋教育的基石，是教师克服职业倦怠的重要途径，因为对生命的关怀是人类的一种情怀，它足以打动每个人的心灵，当我们意识到这种震撼心灵的教育也是一种为了人的生命质量提高而进行的社会活动时，教育的神圣感不由而生。

3.加强教师间的合作

由于聋人的特殊性需要，势必要求聋校教师具备通识型的知识结构去满足其专业化发展的要求。提高自身的专业化水平同样需要与其他教师进行合作以扩大自己的知识范围，增加自己的知识含量以适应聋校教学的要求。合作包括各科教师之间的合作，各学校之教师之间的合作，还有不同专业的特殊教育教师之间的合作，与普通学校教师之间的合作等。加强与各方面的合作，拓展自己的知识面，吸收别人先进的教学经验，学习别人的专业技能，接受别人高尚道德情操的影响，将其他教师的长处内化成自己的本领并应用在自己的教学实践中，是教师专业化发展的良好途径。

4.促进聋校教师专业化的自主发展

专业化的自主发展是克服教师依赖性的有效措施，也是聋校教师专业化发展的内动力。它包括自主地取得聋校教师资格，自主地接受培训，自主地接受来自各方面的评价和自我客观正确的评价，自主地提高自身的专业知识，训练自身的专业技能，完善自身的专业素养等。这些都是在自主的状态下才能得到真正的有意义的提高和发展。只有自己主动学习聋人教育学、聋人心理学等多个领域的基本理论和聋教育的专业技能，才能具备策划个别化教学的方案、实施教学方案、调整教学策略的能力，以及具备聋教育领域内可持续发展的能力，推动自身专业化向聋人特殊需要教育的方向发展。另外，聋校教师应养成主动反思的习惯，并将反思的结果再次应用于实践中去检验，总结形成新的理论，这样反复的过程有利于教师理论水平的提升。

四、提供聋校教师专业化发展的社会支持

聋校教师专业化发展的社会支持包括政策支持和物质支持。政策支持是聋校教师专业化发展的支柱，物质支持是实现聋校专业化发展的经济保障。没有相应的政策支持，教师的专业化发展就失去了方向，是一种盲目的发展。同样，物质待遇的高低直接影响教师队伍的稳定，也影响了教师后备力量的培养。如果教师无法获得与其社会地位和所提供的服务相适应的令人满意的物质条件，那么教师就没有精力和能力去安心工作，整日为生活担忧，为生存所需发愁，更谈不上自身的专业化发展了。因此，要提高教师的工资待遇，从而解除教师的后顾之忧；要提高教师的社会地位使教师成为人人都羡慕的职业，。一方面提高教师工资待遇，使这一职业在社会上有一定的吸引力；另一方面提高教师的素养，即学术水平和教育专业的能力，使教师成为训练有素的不可替代的专业人员。达到这样的标准还需要社会经济的支持，需要社会和上级主管部门的重视。只有具备一定的经济保障，才能使各项促进教师专业化发展的策略不至于形同虚设。

聋校教师专业化发展需要厚积，需要理念的指导、政策的支持、经济的保证和素质的提高，才能朝我们期待的方向发展。

参考文献

[1] 马建强．吴燕生与历史上的“北平市立聋哑学校”[J]. 现代特殊教育，2019（12）：81.

[2] 朱家存．嵌入工匠精神：新时代教师教育改革的理念与路径 [J]. 安徽师范大学学报（人文社会科学版），2018，46（6）：59-63.

[3] 李斌辉，李诗慧．新生代优秀乡村教师主动入职动因与启示——基于全国“最美乡村教师”事迹的质性研究 [J]. 教育发展研究，2018，38（20）：25-33.

[4] 熊英．基础教育阶段教师评价：现状、问题及对策 [J]. 教育理论与实践，2017，37（36）：40-42.

[5] 李宏伟，张羽璿．工匠精神与中小学教师专业发展研究 [J]. 教育评论，2017（10）：116-120.

[6] 王文涛．刍议“工匠精神”培育与高职教育改革 [J]. 高等工程教育研究，2017（1）：188-192.

[7] 李拉．我国高等特殊师范教育机构发展的困境及其制度突破 [J]. 现代教育论丛，2016（3）：39-46.

[8] 王加强．教师教育：重拾“工匠精神”[N]. 中国教育报，2016-04-28（006）.

[9] 单慧璐，刘力．反思性实践视域下的名师工作室：研修理念、原则与过程 [J]. 教育发展研究，2015，35（12）：46-51，64.

[10] 张应强．中国教育研究的范式和范式转换——兼论教育研究的文化学范式（系列论文）[J]. 理论月刊，2014（10）：2.

[11] 贾兆娜，兰继军．英国特殊教育需要协调员制度对我国的启示 [J]. 现代特殊教育，2013（2）：33-34.

[12] 王雁，李欢，莫春梅，等．当前我国高等院校特殊教育专业人才培养现状分析及其启示 [J]. 教师教育研究，2013，25（1）：28-34.

[13] 郭卫东．基督教会与近代上海的特殊教育[J]. 社会科学，2011（5）：147-154.

[14] 孙利，佐斌．中小学教师职业认同的结构与测量[J]. 教育研究与实验，2010(5): 80-84.

[15] 于文华，喻平．榜样的效能：缄默知识视域下的教师专业发展[J]. 教师教育研究，2010，22（2）：49-53.

[16] 李淑敏．英国综合大学教育学院中职前教师教育课程设置研究[D]. 重庆：西南大学，2009.

[17] 周志英．从学校管理视角看特教教师专业发展的障碍与对策[J]. 现代特殊教育，2008（12）：13-16.

[18] 赵宵逍．高校特殊教育专业师资培养比较研究[D]. 成都：四川师范大学，2008.

[19] 盛永进．特殊需要教育的内涵及其时代特征[J]. 现代特殊教育，2008（3）：14-17.

[20] 盛永进．特殊需要视野中对特殊教育研究的思考[J]. 中国特殊教育，2007(12): 19-22，32.

[21] 郭卫东．论中国近代特殊教育的发端[J]. 教育学报，2007（3）：91-96.

[22] 郭圆圆．教师成为公仆型领导者：美国教师教育新理念[J]. 内蒙古师范大学学报（教育科学版），2007（5）：65-67.

[23] 房宁．中国特色社会主义民主政治发展道路[J]. 民主与科学，2007（1）：2-6.

[24] 孟万金，刘在花，刘玉娟．让更多残疾儿童接受教育——三论残疾儿童教育公平[J]. 中国特殊教育，2007（1）：4-9.

[25] 王辉，方长春．我国特殊教育师资职前培养模式研究的现状[J]. 中国特殊教育，2006（4）：62-65.

[26] 丁勇．专业化：特殊教师教育目标和模式[J]. 现代特殊教育，2006（3）：7-10.

[27] 孟万金．坚持科学发展观，开创特殊教育研究新局面——二〇〇六年新春贺词[J]. 中国特殊教育，2006（1）：1.

[28] 张臣，仲维娟．美国教师专业化的特点及启示[J]. 白城师范学院学报，2005(4): 86-88.

[29] 吴天武．继续教育专业化：在职教师可持续发展的必然选择[J]. 成人教育，2005（3）：33-34.

[30] 王雁，顾定倩，陈亚秋．对高等师范特殊教育师资培养问题的探讨[J]. 教师教育研究，2004（4）：55-60.
[31] 陈云英．特殊需要教育是教育的保障工程[J]. 中国残疾人，2004（3）：35-36.
[32] 顾明远．论苏联教育理论对中国教育的影响[J]. 北京师范大学学报（社会科学版），2004（1）：5-13.
[33] 王昌善．世界主要发达国家本科学历小学教师培养课程设置述评[J]. 外国中小学教育，2003（10）：21-24，20.
[34] 曾凡林，刘春玲，于素红．上海市特殊教育师资的需求及其对策[J]. 中国特殊教育，2003（1）：13-16.
[35] 蒋衡．西方20世纪70年代以来关于教师角色的研究[J]. 高等师范教育研究，2002（6）：72-77，57.
[36] 昝飞，刘春玲．中日特殊教育比较与思考[J]. 中国特殊教育，2001（1）：7-9，12.
[37] 朴永馨，顾定倩，邓猛．特殊教育辞典（第3版）[M]. 北京：华夏出版社，2014.
[38] 方俊明．特殊教育学[M]. 北京：人民教育出版社，2005.
[39] 刘捷．专业化：挑战21世纪的教师[M]. 北京：教育科学出版社，2002.
[40] 王文锦．礼记译解（下）[M]. 北京：中华书局，2016.
[41] 张福娟，马红英，杜晓新．特殊教育史[M]. 上海：华东师范大学出版社，2000.
[42] 周东华．民国浙江基督教教育研究 以“身份建构”与“本色之路”为视角[M]. 北京：中国社会科学出版社，2011.
[43] 李拉．我国特殊师范教育制度研究[M]. 南京：南京大学出版社，2016.
[44] 顾定倩，朴永馨，刘艳虹．中国特殊教育史资料选（下卷）[M]. 北京：北京师范大学出版社，2010.
[45] 陈云英．中国特殊教育学基础[M]. 北京：教育科学出版社，2004.
[46] 彭霞光．中国特殊教育发展报告[M]. 北京：教育科学出版社，2013.
[47] 石学云．特殊教育教师胜任力研究（实践卷）[M]. 北京：教育科学出版社，2012.
[48] 何东昌．中华人民共和国重要教育文献（2003—2008）[M]. 北京：新世界出版社，2010.

[49] 韦布 . 美国教育史：一场伟大的试验 [M]. 陈朝阳，译 . 合肥：安徽教育出版社，2010.

[50] 贝林 . 教育与美国社会的形成 [M]. 王晨，章欢，译 . 合肥：安徽教育出版社，2014.

[51] 何爱霞 . 成人教育工作者专业社会化的叙事探究 [M]. 北京：中国人民大学出版社，2014.

[52] 克努兹·伊列雷斯 . 我们如何学习：全视角学习理论 [M]. 孙玫璐，译 . 北京：教育科学出版社，2014.